Teatro Brasileiro
Ideias de uma História

Coleção Debates
Dirigida por J. Guinsburg

Equipe de Realização – Edição de Texto: Yuri Cerqueira dos Anjos; Revisão:
Marcio Honorio de Godoy; Produção: Ricardo W. Neves, Sergio Kon,
Luiz Henrique Soares e Raquel Fernandes Abranches.

j. guinsburg e
rosangela patriota
TEATRO BRASILEIRO: IDEIAS DE UMA HISTÓRIA

 PERSPECTIVA

cip-Brasil. Catalogação-na-Fonte
Sindicato Nacional dos Editores de Livros, rj

G971t

Guinsburg, J. (Jacó), 1921-
    Teatro brasileiro: ideias de uma história /
J. Guinsburg e Rosangela Patriota. – 1.ed. – São
Paulo: Perspectiva, 2012.
    (Debates ; 329)

    isbn 978-85-273-0956-1

    1. Teatro – História e crítica. 2. Teatro (Li-
teratura). i. Patriota, Rosangela, 1957-. ii. Título.

12-6472.   cdd: 792.0981
           cdu: 792(81)

06.09.12   19.09.12   038848

Direitos reservados à

EDITORA PERSPECTIVA S.A.

Av. Brigadeiro Luís Antônio, 3025
01401-000 São Paulo sp Brasil
Telefax: (11) 3885-8388
www.editoraperspectiva.com.br

2012

SUMÁRIO

Nota de Apresentação 13

Introdução 15

1. A Experiência Teatral – Um Capítulo da História
   da Literatura Brasileira do Século xix....................... 25

2. Construção Historiográfica da História do Teatro
   Brasileiro 45

3. Em Busca do Moderno e da Modernização:
   O Primado da Crítica 91

4. Nacionalismo Crítico – Liberdade – Identidade
   Nacional 135

5. Fim dos Grandes Temas e da Ideia
   de Abrangência: A Diversidade Como Temática
   e Como Fazer Teatral.. 175

6. O Finito do Infinito 211

Finalmente – As Vozes da Diferença 263

Um texto "aberto" continua, ainda assim, sendo um texto, e um texto pode suscitar uma infinidade de leituras sem, contudo, permitir uma leitura qualquer. É impossível dizer qual a melhor interpretação de um texto, mas é possível dizer quais as interpretações erradas. No processo de semiose ilimitada é possível passarmos de um nó qualquer a qualquer outro nó, mas as passagens são controladas pelas regras de conexão que a nossa história cultural de algum modo legitimou.

UMBERTO ECO[1]

---

1. *Os Limites da Interpretação*, trad. Pérola de Carvalho, 2. ed.,São Paulo: Perspectiva, 2004.

Se a historiografia resulta de uma operação atual e localizada, enquanto escrita, repete um outro início, impossível de datar ou de representar, postulado pelo desdobramento, à primeira vista simples, da cronologia. Dobra o tempo gratificante – o tempo que vem a vocês, leitores, e valoriza o lugar de vocês – com a sobra de um tempo proibido. A ausência, pela qual começa *toda literatura, inverte (e permite) a maneira pela qual a narrativa se preenche de sentido e o discurso estabelece um lugar para o destinatário. Os dois se combinam e ver-se-á que a historiografia tira sua força da transformação da genealogia em mensagem e do fato de se situar "acima" do leitor, por estar mais próxima daquilo que confere poder. O texto reúne os contraditórios deste tempo instável. Restaura, discretamente, a sua ambivalência. Revela, na surdina, o contrário do "sentido" através do qual o presente pretende compreender o passado.*

MICHEL DE CERTEAU[2]

2. *A Escrita da História*, trad. M. L. Menezes, Rio de Janeiro: Forense Universitária, 1982, p. 99.

NOTA DE APRESENTAÇÃO

A motivação inicial para a realização deste livro foi a de interpretar criticamente obras que se dispuseram a construir uma História do Teatro Brasileiro. Entretanto, diante da diversidade justificada pelos contextos temporais e pelas diferenças de personalidade e de abordagens, perguntamo-nos sobre o porquê desta pluralidade.

Afora as atribuições já clássicas e conhecidas (econômica, social, cultural etc.) e as análises causais reiteradas por estes livros e pela bibliografia crítica que as cercaram e as sucederam, pareceu-nos que se poderia encontrar, em cada conjunto epocal, uma convergência para determinadas tendências, métodos, concepções que, por si, se constituíram em uma espécie de ideias-forças cristalizadoras do processo, seja como emissão, seja como recepção.

Dessa feita, por esse viés, desenvolvemos os ensaios que compõem este volume. Eles estão reunidos em sucessão histórica, mas não têm a pretensão de fornecer chaves definitivas para o debate crítico que, por certo, tem a sua maior qualidade na divergência, oposição, contradição dos indivíduos e do modo como as realidades, entre elas, no nosso caso, privilegiadamente, a teatral, articulam-se.

Se o leitor discordar de nossos pontos de vista, convidamo-lo a acrescentar as suas considerações ao intérmino debate...

J. Guinsburg e Rosangela Patriota

INTRODUÇÃO

Há muito tempo, com efeito, nossos grandes precursores, Michelet, Fustel de Coulanges, nos ensinaram a reconhecer: o objeto da história é, por natureza, o homem. Digamos melhor: os homens. Mais que o singular, favorável à abstração, o plural, que é o modo gramatical da relatividade, convém a uma ciência da diversidade. Por trás dos grandes vestígios sensíveis da paisagem, [os artefatos ou as máquinas,] por trás dos escritos aparentemente mais insípidos e as instituições aparentemente mais desligadas daqueles que as criaram, são os homens que a história quer capturar. Quem não conseguir isso será apenas, no máximo, um serviçal da erudição. Já o bom historiador se parece com o ogro da lenda. Onde fareja carne humana, sabe que ali está a sua caça.

MARC BLOCH[1]

1. *Apologia da História ou O Ofício de Historiador*, trad. André Telles, Rio de Janeiro: Jorge Zahar, 2001, p. 54.

15

Como interpretar as *ideias teatrais* que alimentaram as críticas e os debates no país? Da mesma forma, como apreender a contribuição destas para o estabelecimento de uma periodização identificada como História do Teatro Brasileiro? Mais que perguntas, o intento dessa problemática é o de propor o exame de alguns dos princípios e dos marcos que ora impulsionaram ora fundamentaram reflexões e análises do debate sobre a experiência teatral no Brasil. Para isso, torna-se indispensável indagar: o que tradicionalmente se convencionou denominar História e Historiografia do Teatro Brasileiro?

A fim de que esse percurso seja minimamente alinhavado, deve-se, em primeiro lugar, indagar: o que se pode entender por história? Evidentemente, tal interrogação não pretende chegar a uma definição que encerre todo e qualquer confronto seja com a história como disciplina e área de conhecimento, seja como conjunto de ações concretas e/ou simbólicas que evidenciam a atuação dos homens no tempo.

De maneira indiscutível, as ponderações de Marc Bloch, destacadas na epígrafe desta Introdução, vêm ao encontro das expectativas de quem, em meio à multiplicidade das ações humanas, propõe debruçar-se sobre as manifestações estéticas não só com o interesse de compreendê-las e/ou interpretá-las, mas também de dar a elas inteligibilidade por intermédio de uma narrativa que, à medida que se constitui, ordena os fatos ao longo do tempo e, com isso, estabelece uma temporalidade.

Mais do que proceder a esta reconstituição cronológica, por demais dócil à ficção de uma linearidade do tempo, pareceu preferível tornar visível o lugar *presente* onde esta interrogação tomou forma, a *particularidade* do campo, do material e dos processos (da historiografia "moderna") que permitiram analisar a operação escriturária e os *desvios metodológicos* (semióticos, psicanalíticos etc.) que introduziram outras possibilidades teóricas e práticas no funcionamento ocidental da escrita[2].

2. Michel de Certeau, *A Escrita da História*, Rio de Janeiro: Forense Universitária, 1982, p. 10-11.

Ou, em outros termos:

Recusar a ficção de uma metalinguagem que unifica o todo é deixar aparecer a relação entre os procedimentos científicos *limitados* e aquilo que lhes *falta* do "real" ao qual se referem. É evitar a ilusão, necessariamente dogmatizante, própria do discurso que pretende fazer crer que é "adequado" ao real, ilusão filosófica oculta nos preâmbulos do trabalho historiográfico e da qual Schelling reconheceu maravilhosamente a ambição tenaz: "O relato dos fatos reais é doutrinal para nós". Este relato engana porque acredita fazer a lei em nome do real[3].

Enfrentar as armadilhas inerentes a uma escrita histórica homogênea e linear é, talvez, o grande desafio do pesquisador contemporâneo, na medida em que a advertência de Certeau apresenta escolhas que dizem respeito não apenas aos procedimentos metodológicos, mas também ao efeito de verdade que decorre do texto.

O elemento ficcional, para além das urdiduras do texto, revela-se pela busca de identidade entre o acontecido e o narrado e, sob esse prisma, enfrentar a descontinuidade, as lacunas e as informações parciais é tarefa do historiador que, mesmo reconhecendo tais limitações, não pode e não deve se furtar a narrar e a interpretar. Pelo contrário, através das evidências disponíveis, deve tornar o conhecimento possível, embora sujeito às circunstâncias de sua própria produção.

Buscar ações dos homens no tempo tem sido a grande ambição da história e dos historiadores. Em virtude disso, temas, períodos e interpretações são revisitados com vistas a não somente estabelecer um conhecimento de fatos ocorridos no passado, mas também a revisitar experiências de outrora por intermédio de proposições, debates e/ou questionamentos do tempo presente.

Para isso, constituiu-se uma sutil articulação entre as evidências históricas e o discurso elaborado que se tornou

---

3. Idem, ibidem.

a base a partir da qual a história tem sido escrita e reescrita ao longo dos tempos, embora, em diversos momentos, tal empreitada haja almejado a universalidade e a abrangência caras ao conhecimento científico. Contudo, reflexões que discutiram, com grande acuidade, a busca desse estatuto para o texto histórico observaram que a ele é inerente a existência de um lugar de origem a partir do qual as regras e os procedimentos metodológicos, intrínsecos à construção dessa escrita, constituem-se, ou novamente recorrendo às palavras de Michel de Certeau:

> Toda pesquisa historiográfica se articula com um lugar de produção socioeconômico, político e cultural. [...] É em função deste lugar que se instauram os métodos, que se delineia uma topografia de interesses, que os documentos e as questões que lhes serão propostas, se organizam[4].

Desse ponto de vista, os complexos caminhos da *escrita da história* são constituídos pela tessitura estabelecida entre o *discurso* e o *real* sem, contudo, prescindirem de, pelo menos, dois pressupostos essenciais. O primeiro ressalta o caráter específico do conhecimento produzido por essa escrita, enquanto o segundo enfatiza os procedimentos que dão à história o caráter disciplinar e a impossibilitam de prescindir de evidências e de materialidade capazes de garantir as validades de sua produção.

Sob esse aspecto, se por um lado as investigações na área de história têm demonstrado vigor e dinamicidade em nível teórico e metodológico, por outro elas ainda não conseguiram realizar uma efetiva interlocução com as demais escritas da história (isto é, outras áreas do conhecimento). Assim, se é correto reconhecer que a história pode ser identificada como sendo *a ação dos homens do e no tempo*, também é pertinente afirmar que – apesar dos esforços empreendidos a fim de potencializá-la com os estudos multidisciplinares – ela ainda permanece tributária de paradigmas

4. Idem, p. 66-67.

18

estabelecidos no século XIX, momento de constituição das áreas do saber, das disciplinas e do surgimento do especialista. Os trabalhos científicos tornaram-se circunscritos a campos específicos, talvez também em decorrência da organização das universidades em unidades e em departamentos. Na verdade, como bem observou Michel Foucault, o campo epistemológico fragmentou-se, ou melhor, explodiu em diferentes direções[5].

Dessa maneira, se a história como campo de conhecimento vem no último século buscando estabelecer, de forma efetiva, o seu espaço de atuação, o mesmo não pode ser dito, pelo menos com relativa tranquilidade, no tocante à História do Teatro Brasileiro, uma vez que esta foi e tem sido escrita a partir dos esforços empreendidos por profissionais de distintas formações, dentre as quais ganham especial destaque as letras e as artes cênicas, secundadas pela sociologia, filosofia, antropologia, economia, política e história, afora a imprescindível contribuição ofertada por críticos e estudiosos do teatro, que realizam seus trabalhos fora do circuito acadêmico. Porém, no que tange a essas realizações, há que se considerar o volume de pesquisas produzidas no âmbito das artes cênicas graças à expansão dos programas de pós-graduação desta área.

No entanto, acerca da escrita da História do Teatro Brasileiro deve-se recordar que ela surgiu, inicialmente, de forma não sistematizada em meio a relatos de viajantes e/ou investigadores que visavam registrar ritos e representações, em sua maioria, religiosas. Posteriormente, em meio às movimentações em prol de práticas nacionalistas, a dramaturgia passou a ser vista como um ramo da literatura e, com isso, a literatura dramática tornou-se um capítulo da história da literatura no Brasil.

A proximidade entre literatos, críticos e textos teatrais tornou-se importante não só para confecções de volumes

---

5. Para informações melhor sistematizadas, consultar: Michel Foucault, *As Palavras e as Coisas*, 3. ed., Rio de Janeiro: Forense-Universitária, 1983.

19

voltados para a trajetória do teatro em nosso país, como foi responsável pela inserção do teatro nos estudos de graduação e pós-graduação nas universidades. Nesse item, sem sombra de dúvida, houve numerosas e importantes contribuições. Entretanto, citar todos aqueles que se envolveram nessa empreitada é praticamente impossível nos limites desse trabalho. Mas, por outro lado, torna-se quase que obrigatório mencionar o papel desempenhado pelo crítico e professor Décio de Almeida Prado na formação de pesquisadores voltados para os estudos teatrais.

A parceria entre os estudos literários e o teatro, dentre outros estímulos socioestéticos, foi uma das bases a partir das quais nasceram, por exemplo, a Escola de Arte Dramática de São Paulo (EAD) e o curso de Artes Cênicas, na Escola de Comunicações e Artes da USP. Assim como a primeira, a segunda, mais consolidada em termos de estrutura universitária, contribuiu decisivamente para a capacitação dos professores que, mais à frente, foram responsáveis pela implementação de programas de pós-graduação voltados para este campo de interesse.

Sob esse prisma, a Universidade de São Paulo consolidou uma área de pesquisa, em nível de mestrado e de doutorado, que possibilitou que, em médio prazo, novos programas se consolidassem em outros estados da federação. Isso redundou na existência, nos dias de hoje, de cursos de graduação e de pós-graduação em praticamente todas as regiões do Brasil.

Desta vasta produção acadêmica em artes cênicas, sobressaem-se reflexões de caráter monográfico que, à medida que se faz necessário, articulam questões específicas do objeto focalizado (atores, diretores, dramaturgos, companhias e/ou grupos teatrais, correntes estéticas, movimentos artísticos, cenografia, performance etc.) em narrativas abrangentes identificadas como a História do Teatro no Brasil.

O recurso a tais sínteses históricas, na maioria das vezes, auxilia o investigador a estruturar questões inerentes à sua própria escrita, especialmente aquelas que requerem contextualizações adequadas do objeto de estudo.

20

Tal empreitada em geral apresenta resultados satisfatórios em virtude da construção narrativa vincular o específico a abrangências sociais, históricas, estéticas e culturais que auxiliam no estabelecimento dos nexos e dos sentidos do acontecimento analisado.

Evidentemente essa *operação historiográfica* não é apenas oportuna como também contribui de forma essencial para a inteligibilidade da reflexão. Contudo, para que tal empreendimento alcance o êxito desejado, diferentes perspectivas e possibilidades são elididas do processo para que uma temporalidade seja estabelecida por determinadas ideias e/ou acontecimentos.

Nesses termos, a escrita da História do Teatro Brasileiro que, além de textos teatrais, cadernos de direção, fotografias, depoimentos, programas, acervos documentais, entre outros, tem no trabalho dos críticos uma imprescindível base documental, em algumas oportunidades deixa de considerar a seguinte advertência tão bem acentuada por Sábato Magaldi em um debate ocorrido em São Paulo no ano de 1987:

> É muito difícil separarmos aquilo que é um valor circunstancial daquilo que é um valor permanente, que nem existe muito. Nós temos que convir, quando examinamos o teatro grego, que o câmbio dos trágicos gregos variou muito com a época. [...] Essa mudança de valores é inerente às necessidades de cada geração, e nós temos que entender que, assim como os valores são passíveis de discussão a cada geração, os valores críticos se modificam. Uma obra não existe isolada. Uma peça de Shakespeare é ela mesma e mais tudo o que se escreveu sobre ela. Hoje, quando se fala em *O Rei da Vela*, algumas pessoas têm a imagem do espetáculo, que é ele mesmo mais tudo o que se escreveu sobre ele. Uma obra de arte acaba incorporando todos os reflexos que ela produziu através do tempo, e é esta uma das razões que justificam a crítica. Quando a crítica é aguda, atilada, honesta e sincera, ela está refletindo não apenas os valores do crítico, mas, na medida do possível, todos os componentes de uma sociedade pensante que, naquele momento, reflete sobre a arte e sobre o teatro em particular[6].

6. Sábato Magaldi et al., *Os Princípios da Crítica*, São Paulo, 22 set. 1987, p. 83-84 (original datilografado).

Essa reflexão sobre o papel da crítica teatral é extremamente inspiradora ao alertar para o fato de que, na realidade, uma obra de arte, na medida em que possa ser considerada como tal, pelo poder de atualizar e transmitir seus valores estéticos e, com eles, os demais que estejam nela contidos, não pode simplesmente estar fechada em si mesma. Pelo contrário, ela deve permanecer aberta para a relação palco e plateia ou, dito de outra maneira, para que o diálogo arte e sociedade seja capaz de, continuamente, redimensioná-la e, por conseguinte, ressignificá-la.

Ao mesmo tempo que essa advertência abre, de forma significativa, espaço para que a *recepção* seja incorporada aos esforços interpretativos das obras de arte, as palavras de Magaldi trazem também questões que devem ser observadas quando o propósito é o de se escrever a história seja de um espetáculo, seja de uma peça, seja de um dramaturgo ou de qualquer outro elemento de composição da cena teatral.

Esse alerta é de grande valia porque, às vezes, no intuito de se aproximar o máximo possível do objeto estudado, o pesquisador deixa de considerar a maneira pela qual as interpretações realizadas ao longo do tempo (de uma peça, de um espetáculo, de um artista etc.) são incorporadas às escritas da história e tornam-se parte integrante do próprio acontecimento.

Nesse sentido, quando se deixa de realizar uma cuidada análise do processo e dos sujeitos que participaram dos acontecimentos estudados, geralmente corre-se o risco de não se apreender, nem esclarecer, as intenções e as premissas que nortearam a escrita de inúmeras Histórias do Teatro no Brasil.

Assim, em meio a essa complexidade, como refletir sobre as ideias que nortearam a História do Teatro e a crítica teatral no Brasil? Ao lado disso, como observar se as mesmas foram incorporadas pelas manifestações artísticas (cena ou textos)?

Evidentemente propor tal empreitada requer um exame minucioso da produção bibliográfica disponível sob distintas proposições de análise. É claro que, por sua envergadura, tal tarefa não se restringirá apenas a esses escritos.

Por esse motivo, a fim de que consigamos realizar a discussão proposta por este livro, selecionamos obras e autores que tiveram papéis seminais na elaboração de hipóteses e no aprofundamento de importantes aspectos da História do Teatro Brasileiro, tanto no que diz respeito às interpretações que deles decorrem quanto à sua urdidura narrativa.

Contudo, é preciso, mais uma vez, reiterar: tais escolhas realizaram-se não sem prejuízo da ausência de outros tantos trabalhos de semelhante envergadura intelectual que, nesse momento, não puderam ser incorporados. Todavia, isso não significa, pelo menos a juízo dos autores deste trabalho, que eles pudessem alterar substancialmente a abordagem aqui adotada.

Assim, após estabelecer as obras e os autores, com os quais dialogaremos neste percurso interpretativo, buscamos, no decorrer dos momentos históricos analisados, apreender as ideias-forças que nortearam as reflexões sobre o teatro brasileiro.

Dito de outra forma: ao observarmos as premissas estéticas e culturais que impulsionaram as criações artísticas, constatamos que as reflexões construídas sobre as mesmas foram elaboradas a partir de ideias que, ao serem, sistematicamente, defendidas, tornaram-se referências para práticas teatrais transformadas em marcos ordenadores da temporalidade que conhecemos como História do Teatro Brasileiro.

Por esse motivo, tais ideias transmutaram-se em forças polarizadoras, isto é, foram capazes de sintetizar dinâmicas e processos que, invariavelmente, são constituídos por perspectivas plurais que, em seu próprio desenvolvimento, acolhem ideias diferenciadas.

Entretanto, a capacidade de agregar distintas percepções fez com que temas como nacionalismo, modernização, nacionalismo crítico, politização, entre outros, tornassem-se ideias-forças e adquirissem um poder hipnótico para subsidiar reflexões, por um lado, e qualificar inúmeras iniciativas, de outro.

Finalmente, recorrer a este procedimento metodológico permitiu aos autores transitarem por distintos tempos e escritas diferenciadas e nelas não apenas reconhecerem, mas apreenderem o impacto das ideias-forças na consolidação de uma ideia maior: a História do Teatro Brasileiro.

1. A EXPERIÊNCIA TEATRAL –
UM CAPÍTULO DA HISTÓRIA DA LITERATURA
BRASILEIRA DO SÉCULO XIX

*O teatro que possuímos é o único teatro que po-
demos possuir. A arte cênica é arte culminante,
que só se incorpora aos povos quando os povos
atingem a esfera da alta cultura.*

VIRIATO CORREIA[1]

No livro *Compêndio de História da Literatura Brasileira*, de autoria de Sílvio Romero, historiador da literatura considerado por Sábato Magaldi como aquele que mais se interessou pela dramaturgia, em colaboração com João Ribeiro, encontramos a seguinte avaliação acerca da presença do nacional nas letras:

1.*Origens e Desenvolvimento do Teatro Brasileiro*, apud J. Galante Souza, *O Teatro no Brasil*, Rio de Janeiro: MEC/INL, 1960, v. 1, p. 41.

A segunda metade do século XVIII representa o momento *decisivo* da história literária, como é o da emancipação do pensamento político que tenta o primeiro esforço da separação entre a colônia, já próspera e forte, e a metrópole.

O *nacionalismo*, que começa vago e objetivamente em Anchieta e progressivamente no século XVII e na primeira fase do século XVIII, agora é já um sentimento subjetivo, forte e incoercível[2].

Em termos ideais, a mobilização estética, política e cultural efetivou-se a partir do instante em que historicamente reconheceu-se a Inconfidência Mineira como o momento que inaugurou um sentimento de nacionalidade identificado com o anseio de autonomia política do Brasil. Entretanto, no que se refere ao teatro, nem os estudiosos nem os próprios contemporâneos identificaram no decorrer dos séculos XVI, XVII e XVIII a presença de ideias capazes de unificar e dar inteligibilidade à produção dramatúrgica e às apresentações artísticas. Para tanto, basta recordar as seguintes palavras de Décio de Almeida Prado:

Ninguém negará a Domingos José Gonçalves de Magalhães (1811-1882) no mínimo duas grandes virtudes: historicamente ter percebido antes de qualquer outro a necessidade de renovar a literatura nacional, usando para tanto, ao lado da poesia, o teatro; esteticamente, ter tentado distinguir o drama romântico da tragédia clássica em nível de acuidade conceitual até então inédito em âmbito brasileiro.

Parte dessa superioridade sobre os coetâneos provinha de sua experiência europeia, dos anos que passou, entre 1833 e 1837, em países como a França e a Itália. Ele teve assim a oportunidade tanto de enxergar e julgar o Brasil à distância, beneficiando-se da mudança de perspectiva, quanto de presenciar, no centro dos acontecimentos, a luta que travavam os últimos herdeiros do século XVIII e os jovens representantes do século XIX. Debate teórico e prático que se desenrolava em torno dos palcos parisienses, onde a tragédia estava sendo posta em questão depois de reinar por cerca de duzentos anos. Aí, na capital do mundo civilizado, é que se decidiria a disputa.

2. Sílvio Romero; João Ribeiro (colab.), *Compêndio de História da Literatura Brasileira*, em Luiz Antonio Barreto (org.), *Obras Completas*, Rio de Janeiro/Sergipe: Imago/Universidade Federal de Sergipe, 2001, p. 107.

[...] Ele mesmo, com perfeita compreensão do papel que lhe coubera, reivindicou tal primazia no prefácio de *Antônio José ou Poeta e a Inquisição*, publicado em 1839: "Lembrarei somente que esta é, se não me engano, a primeira tragédia escrita por um brasileiro, e única de assunto nacional"[3].

Almeida Prado, ao comentar o drama *Antônio José ou Poeta e a Inquisição*, optou por elaborar uma narrativa na qual fato/interpretação tornou-se sinônimo do que historicamente ocorrera. Ao lado disso, observou que os elementos justificadores da criação artística de Magalhães fundaram-se na ideia de que a civilização, a ser construída, só poderia surgir pelas experiências vivenciadas na capital do mundo. Assim, se tal proposta encontrou no teatro um dos veículos para sua materialidade, tal eleição não se deu em seus aspectos amplos, mas sim por intermédio de um lugar específico: textos que escolheram temáticas atinentes à vida e aos valores brasileiros. Todavia, o autor, em outro trabalho de balanço, retomou considerações feitas em *O Drama Romântico Brasileiro* com o intuito de nuançar o lugar do trabalho de Gonçalves de Magalhães.

É discutível, no entanto, que o protagonista da peça de Gonçalves de Magalhães seja brasileiro. Que Antônio José da Silva (1705-1739), o Judeu por antonomásia, nasceu no Rio de Janeiro, não há dúvida. Por esse lado, relativo ao homem, ele pertence de fato ao Brasil. Mas toda a sua formação social, assim como toda a sua carreira de comediógrafo, autor de "óperas" bem aceitas pelo público, desenvolveram-se em Portugal, para onde partiu ainda menino, em companhia dos pais e já sob as vistas nefastas da Inquisição, que acabaria por condená-lo à morte, num dos últimos Autos-de-fé realizados em terras lusas.

Não era esse, contudo, o ponto de vista de Gonçalves de Magalhães. No prefácio da peça ele declara "que esta é, se não me engano, a primeira Tragédia escrita por um Brasileiro, e única de assunto nacional". E reitera tal opção: "Desejando encetar minha carreira dramática por um assunto nacional [...]". A preocupação com a nacionalidade era um traço característico do romantismo que

3. *O Drama Romântico Brasileiro*, São Paulo: Perspectiva, 1996, p. 12.

intencionava fincar as suas raízes históricas no passado de cada país, fugindo ao modelo supostamente universalizante que os clássicos franceses haviam bebido entre os gregos e os romanos[4].

Ao questionar os dados de nacionalidade brasileira, tanto na trajetória de vida quanto na produção artística de Antônio José, Décio de Almeida Prado vinculou-se a uma perspectiva analítica que legitimou a existência de uma história e de um teatro brasileiros em sintonia com os debates e com as lutas em torno da autonomia política e da identidade do país. Mesmo inserido nesse universo interpretativo, aceitou a encenação da peça de Gonçalves de Magalhães como marco da tragédia nacional no Brasil, embora, em seu movimento periodizador, tenha concedido grande destaque às peças identificadas como *dramas históricos nacionais*. *Calabar* (Agrário de Menezes), *O Jesuíta* (José de Alencar), *Sangue Limpo* (Paulo Eiró) e *Gonzaga ou a Revolução de Minas* (Antônio de Castro Alves)

formam sem dificuldade um bloco único, se submetidos à perspectiva histórica. Não mantiveram na realidade qualquer relação entre si, mas buscam todos dizer alguma coisa sobre o Brasil, como país independente ou como nacionalidade. Nesse sentido, inscrevem-se, um tanto tardiamente, no romantismo social desabrochado depois de 1830.

Tais peças escritas entre 1858 e 1867, tendo objetivos estéticos parecidos, apresentam estruturas semelhantes. Como local de ação, os países europeus desaparecem. O próprio Portugal passa do papel de pai nobre ao de pai tirano. O quadro ficcional é amplo no espaço, no tempo e no número de personagens, não excluindo como simpático pano de fundo, que surge nos finais de ato, nem mesmo o povo. [...] Enfim, traço essencial, o enredo entrelaça, entre as personagens, figuras imaginárias e pessoas de comprovada existência histórica. E, se os autores interrogam o passado, é para esclarecer o presente e projetar possivelmente o futuro[5].

---

4. D. de A. Prado, *História Concisa do Teatro Brasileiro: 1508-1908*, São Paulo: Edusp, 1999, p. 42-43.

5. Idem, p. 65-66.

Esse repertório dramático, cujas temáticas versaram sobre acontecimentos históricos que tanto enfatizaram o *nativismo* como privilegiaram a busca e a conquista da autonomia política, traduziu esteticamente os anseios e as motivações presentes nas esferas política e social e em outras instâncias da vida intelectual da jovem nação.

A fim de demonstrar tais articulações, Prado apresentou sinopses devidamente circunstanciadas que desvelaram a feliz apropriação dos temas caros à formação histórica do Brasil como matéria-prima para o desenvolvimento dramático de sua literatura. Entretanto, tal reflexão não se fez desprovida do modelo estético, ao contrário, caracterizou-se por uma franca sintonia com o romantismo francês, assim como em relação a outras correntes artísticas. Em outras palavras:

> O romantismo alargara na França, mestra do Brasil, a porta estreita do classicismo para que o fluxo do século XIX pudesse passar. Nada de tempo e espaço ficcionais limitados de antemão, nada de regras impostas à visão poética do escritor, nada de enredos centralizados em torno de uma história só. O poeta, ou seja, o criador, pois esta é a raiz etimológica da palavra, deve voar na amplidão, sustentado pelas asas da imaginação, pelo dom da fantasia que lhe faculta, em princípio, todas as liberdades, as formais não menos que as de conteúdo. A arte foi feita para libertar, não para constranger[6].

A literatura dramática, tendo em vista esses pressupostos, passou a desempenhar papel capital na tarefa de constituir as bases culturais do Brasil, pois, à semelhança da cultura francesa, os brasileiros deveriam reconhecer na atividade artística não somente o entretenimento, mas também a pilastra essencial para a constituição da cidadania e da civilização[7].

---

6. Idem, p. 77.

7. É importante recordar que os intelectuais brasileiros desde o século XVII, não apenas realizaram seus estudos na Europa como mantiveram estreito contato com o pensamento veiculado no Velho Continente e alimentado pelos ventos de liberdade oriundos do Novo Mundo, mais

Esse vínculo transpôs para a dimensão cultural/intelectual aspectos da relação metrópole/colônia e trouxe para o Brasil um conjunto de ideias e valores que, em primeiro lugar, estabeleceram o entendimento do que era civilização para, em seguida, identificar o teatro como sendo um dos veículos apropriados para a disseminação do conteúdo necessário para que essa finalidade fosse atingida.

O espaço ocupado pela questão nacional, em que pese toda a envergadura da discussão, não destituiu, em absoluto, uma preocupação que perpassou, em diferentes níveis e graus, o apoio às iniciativas artísticas e culturais: a ideia de civilização.

Esta esteve presente no teatro de catequese dos jesuítas, nos decretos de d. João autorizando a construção de uma casa de espetáculos, nas temporadas das companhias estrangeiras, e na criação do Conservatório Dramático que, por princípio, teria a função de zelar pela qualidade, nos termos enunciados, das peças encenadas no Brasil. Aliás, divergências à parte, porque essas não são alvo de nosso interesse, Machado de Assis, na exposição de argumentos que justificavam suas discordâncias com o Conservatório Dramático, afirmou:

> Se o Conservatório Dramático é um júri deliberativo, deve ser inteligente e por que não há de a inteligência assinar os seus juízos? Em matéria de arte eu não conheço suscetibilidades nem interesses. Emancipem o espírito, que hão de respeitar-lhes as decisões.
> Será fácil uma emancipação do espírito neste caso? É. Basta que os governos compreendam um dia esta verdade de que o teatro não é uma simples instituição de recreio, mas um corpo de iniciativa nacional e humana.
> Ora, os governos que têm descido o olhar e a mão a tanta coisa fútil, não repararam ainda nesta nesga de força social, apeada de sua

precisamente dos Estados Unidos da América. Essa prática formativa continuou atuante no decorrer do século xx e continua presente até os dias de hoje. Entretanto, é preciso reconhecer que, com a fundação e o desenvolvimento acadêmico das universidades brasileiras, em especial com seus programas de pós-graduação, redimensionou essa relação que, além de formativa, tem gerado diálogos e parcerias intelectuais.

30

ação, arredada de seu caminho por caprichos mal entendidos, que a fortuna colocou por fatalidade à sombra da lei[8].

Apesar da importância desse debate e de seus desdobramentos na História do Teatro no Brasil, nesse momento interessa-nos enfatizar a forma pela qual a ideia de civilização tornou-se imprescindível a qualquer reflexão que se voltasse para a prática teatral. Dito de outra maneira, o teatro não poderia estar restrito ao entretenimento porque, diante do seu impacto social e da herança cultural a ele vinculada, a sua responsabilidade como atividade formativa deveria estar acima de suscetibilidades e interesses particulares. Aliás, esse entendimento tornou-se recorrente no século XIX como também atestam as palavras do poeta e dramaturgo Álvares de Azevedo:

Quando o teatro se faz uma espécie de taverna de vendilhão, vá que se especule com a ignorância do povo. Mas quando a Companhia de teatro está debaixo de inspeção imediata do Governo, deverá continuar esse sistema verdadeiramente imundo?

Não: o teatro não deve ser escola de depravação e de mau gosto. O teatro tem um fim moralizador literário: é um verdadeiro apostolado do belo. Daí devem sair as inspirações para as massas. Não basta que o drama sanguinolento seja capaz de fazer agitarem-se as fibras em peitos de homens-cadáveres. Não basta isto: é necessário que o sonho do poeta deixe impressões ao coração, e agite na alma sentimentos de homem.

Para isso é preciso gosto na escolha dos espetáculos, na escolha dos atores, nos ensaios, nas decorações. É desse todo de figuras grupadas com arte, do efeito das cenas, que depende o interesse. Talma o sabia. João Caetano, por uma verdadeira adivinhação de gênio, lembra-se disto.

Além, essas composições sem alma, que servem apenas para amesquinhar a plateia, esses quadros de terror e de abuso de mortualha que servem apenas para atufar de tédio o coração do homem que sente, mas que pensa, e reflete no que sente e no que pensa.

---

8. O Conservatório Dramático (1859-1860), em João Roberto Faria (org.), *Ideias Teatrais*, São Paulo: Perspectiva/Fapesp, 2001, p. 501.

Mas o que é uma desgraça, o que é a miséria das misérias é o abandono em que está entre nós a comédia[9].

Outro exemplo elucidativo da defesa intransigente desses princípios pode ser encontrado nas páginas da *Revista Dramática* (editada em 1860, no total de 22 números). Nelas, a crença nos pressupostos da arte e da cultura, como pilastras essenciais para a constituição da sociedade e do país, e a defesa inconteste de um projeto de nação compreendido pela força das ideias, a exemplo de como a Inconfidência Mineira foi recordada, tornaram-se as bases organizadoras dos ensaios críticos. Havia um ponto de vista a ser defendido, no qual a formação humanística cumpriria a função de disseminadora de valores e formas civilizatórias, a partir do papel social e pedagógico atribuído ao teatro, preceito defendido à luz de experiências históricas do Ocidente e relidas pela sociedade francesa do século xix. O ideário romântico inspirando perspectivas de nação, pátria, povo e os princípios do teatro realista, orientando criação e interpretação de personagens e temáticas sociais, foram os referenciais acolhidos[10].

O estabelecimento desses valores artísticos norteou, direta ou indiretamente, as escritas da História do Teatro e isso nos leva a refletir acerca do lugar em que essas narrativas foram elaboradas. Provenientes dos estudos literários, em sua maioria, elas preservaram tais valores como normas absolutas[11], e o interesse que o teatro suscitou deveu-se

9. Carta Sobre a Atualidade do Teatro Entre Nós (1851, data provável), em J. R. Faria (org.), op. cit., p. 357-358.

10. Sobre a *Revista Dramática*, consultar: *Revista Dramática* [edição fac-símile], São Paulo: Edusp, 2007.

11. Exceção deve ser feita a Lafayette Silva, que elaborou e redigiu suas reflexões a partir das determinações do edital do Ministério da Educação e Saúde ao qual submeteu seu trabalho. Dada a especificidade das circunstâncias, o livro de Silva ateve-se aos quesitos exigidos e, em decorrência disso, mesmo adotando os marcos referenciais estabelecidos por críticos e literatos, buscou registrar, sem o intuito de hierarquizar, as peças elaboradas por brasileiros (mesmo que estivessem fora do território, caso de Antônio José) e as apresentações artísticas ocorridas no país.

particularmente à literatura dramática e às possibilidades estéticas nele contidas.

Essa perspectiva manteve-se também quando das considerações sobre a presença do realismo, pois se em Paris a ordem burguesa e a disciplina social sobrepuseram-se ao tema da liberdade (inicialmente para as nações e na sequência para os indivíduos), no Brasil, a escravidão, de fato, era o problema social. Nesse sentido, em um viés de aclimatação, os temas que na França foram considerados de natureza privada, especialmente por serem ambientados em espaços específicos, em nossos palcos transmutaram-se em abordagens políticas, históricas e sociais. Sob esse prisma, mesmo de forma indireta, o *nacional* manteve-se no centro das preocupações.

À luz desses encaminhamentos, a exemplo da interpretação construída por Décio de Almeida Prado, surgiram as balizas a partir das quais o teatro deveria ser compreendido e avaliado. Sob essa égide, a trajetória empreendida pelo teatro francês (uma vez que à França coube o papel de *mestra do Brasil*), mais precisamente a partir do romantismo, tornou-se a base das concepções que nortearam estudiosos e críticos dos palcos brasileiros. Aliás, o acolhimento dos ideais e dos valores estéticos franceses para a constituição dos parâmetros de análise dos espetáculos e da literatura dramática constituiu-se na fundamentação dos intelectuais que imputaram o não florescimento de textos dramáticos à grande afluência da comédia e das revistas-de-ano nas temporadas teatrais. Para eles, como salientou Almeida Prado, a inclinação do público em direção ao cômico justificou, em larga medida, o não desenvolvimento de uma dramaturgia marcada por valores culturais dignos de uma concepção europeia de civilização.

Ao realismo, se a história tivesse lógica, seguir-se-ia o naturalismo, como aconteceu na França, e no que diz respeito ao romance também no Brasil, com Aluísio de Azevedo sucedendo a José de Alencar. Mas nos palcos do Rio de Janeiro, cidade que concentrava

33

praticamente todo o teatro nacional, essa sequência foi interrompida por uma espécie de avalanche de música ligeira, que arrasou o pouco que o romantismo e o realismo haviam conseguido construir sob a designação de drama. A irrupção da opereta francesa, acompanhada por suas sequelas cênicas, trouxe consigo a morte da literatura teatral considerada séria. Não se deixou por isso de pensar sobre o Brasil – e sobre o que mais poderíamos pensar? –, porém em termos de comédia ou de farsa, em continuação a Martins Pena, não a Castro Alves ou Alencar. Tal inflexão foi condenada por todos os interessados – autores, intérpretes, críticos –, menos pelo público, que de qualquer forma nunca dera atenção aos nossos escritores[12].

Nesses termos, Décio de Almeida Prado incorporou à sua narrativa histórica as ideias e as hierarquias elaboradas por críticos e literatos. Por intermédio delas, avaliou que as formas teatrais, constantes nos palcos do país, fosse comédia de costumes fosse teatro musicado, atestavam a decadência dos esforços empreendidos pelos dramaturgos para tornar os espetáculos aptos a contribuir com a formação de um repertório cultural e de um ideal de civilização.

Todavia, mesmo com esse compartilhamento, Prado conseguiu ir além. Ao comentar *As Doutoras* – de França Júnior, encenada em 1890, que versou sobre a formação acadêmica e profissional de Luiza (médica) e de Carlota (advogada) –, após destacar o conjunto de peripécias que se encerrou com as personagens felizes ao lado de seus respectivos maridos e bebês, constatou:

> Haveria, então, uma lei da natureza, certamente biológica, que impediria à mulher o acesso à medicina e ao direito, apesar de Carlota aludir por duas vezes ao caráter social do feminismo, referindo-se a "conquista sociológica" e ao "programa das reformas sociológicas femininas". França Júnior, pelo que se deduz, estava a par do problema, mas preferia reservar à mulher o espaço que se define na sua peça como "o círculo do amor", ou seja, em termos menos belos e mais diretos, a fecundação e a procriação. Que ponto de vista tão indiferente ao destino humano da mulher tenha sido defendido depois de Ibsen haver escrito *Casa de Boneca* cobre de vergonha a

12. D. de A. Prado, *História Concisa do Teatro Brasileiro*, p. 85.

34

dramaturgia nacional. Mas nem por isso *As Doutoras* achavam-se atrasadas em relação ao meio que as concebeu. O Brasil, com efeito, mal começava a ter as suas primeiras médicas e advogadas.

[...] *As Doutoras* decepcionam como pensamento e não entusiasmam como diversão. Bem engendrada, não há dúvida, construída sobre o jogo de simetrias e antíteses, faltam-lhe, para igualar-se aos modelos franceses, seja o dom da fantasia, um maior número de achados e surpresas cômicas, seja, em contraposição, mais tecido conjuntivo, que, disfarçando a ossatura do enredo, convencesse pela naturalidade do retrato. Como se apresenta, situando-se entre a comédia de costumes e a peça de tese, não se realiza plenamente nem em um nem em outro sentido[13].

Essa passagem é extremamente elucidativa em relação à acuidade de Décio de Almeida Prado ao examinar o fenômeno teatral. Embora os aspectos cênicos, isto é, os espetáculos propriamente ditos, não fossem, nesse momento, objeto de discussão, uma vez que o centro de suas preocupações estava voltado para o texto dramático, ele, como crítico, conseguiu apreender a sintonia estabelecida entre o que se levava ao palco e a recepção favorável do público que, em linhas gerais, identificou-se não só com a trama, mas em particular com o desfecho atribuído às protagonistas. Assim, se, no jogo de ideias, a comédia de França Júnior estava aquém de todas as expectativas depositadas no teatro brasileiro, no âmbito social e cultural ela muito significou por estabelecer expressivas sintonias com o gosto do público de então.

Em meio a essa multiplicidade de perspectivas e de práticas, o lugar a partir do qual historiadores e agentes históricos formularam suas premissas e princípios argumentativos foram definidores para a consolidação de uma escrita da História do Teatro Brasileiro assentada em parâmetros literários (que se traduziu na primazia da palavra sobre a cena) e em ideias que justificaram histórica e socialmente o investimento nessa atividade artística e cultural. Foi a partir do estabelecimento de tais princípios que ao longo dos estudos sobre teatro brasileiro encontramos, de um lado, o

13. Idem, p. 137-138.

chamamento em favor de uma dimensão civilizatória e nacional para a ribalta e, de outro, a insatisfação com as obras produzidas por nossos dramaturgos.

Sob esse prisma, iniciativas estéticas que não estabeleceram a primazia da palavra identificada com anseios e expectativas da sociedade brasileira ficaram fora de uma classificação, ou melhor, de um ordenamento cronológico e temático do teatro no Brasil. A fim de que se possa dar transparência a essa afirmação, voltemo-nos para a avaliação que Machado de Assis fez da obra de Antônio José, mais especialmente de *Guerras de Alecrim e Manjerona*:

> Um dia destes, relembrando uma passagem da tragédia que Magalhães consagrou à memória de Antônio José, adverti na resposta dada pelo judeu ao conde de Ericeira, quando este lhe recomenda que imite Molière; o judeu responde que Molière escrevia para franceses e ele não. Será essa resposta rigorosa expressão da verdade? Antonio José não se modelou, certamente, pelas obras do grande cômico, não cogitou jamais da simples pintura dos vícios e dos caracteres. Molière caminhou do *Médico Volante* e dos *Zelos de Barbouillé* à *Escola das Mulheres* e ao *Tartufo*; Antônio José não passou das *Guerras do Alecrim e Manjerona*, e, dado que tentasse fazê-lo, é certo que não poderia ir muito além. Não tinha centro apropriado, nem largas vistas; faltavam-lhe outros meios, outros intuitos.
>
> [...] Nenhuma das comédias do judeu se pode dizer excelente e perfeita; há porém graus entre elas, e a todas sobreleva a das *Guerras de Alecrim e Manjerona*. [...] Salvo *Alecrim e Manjerona*, todas as suas peças são inteiramente alheias à sociedade e ao tempo; a *Esopaida* tem por base um assunto antigo; a *Vida de D. Quixote* põe em cena o personagem de Cervantes; as outras peças são todas mitológicas. Podiam estas, não obstante o rótulo, conter a pintura dos costumes e da sociedade cujo produto eram; mas, conquanto em tais composições influa muito o moderno, não se descobre nelas nenhuma intenção daquela natureza.
>
> Ao contrário, a intenção quase exclusiva do poeta era a galhofa que transcendia muita vez as raias da conveniência pública. Nenhuma de suas peças – óperas é o nome clássico –, nenhuma é isenta de expressões baixas e até obscenas, com que ele, segundo lhe arguia um prelado, "chafurdou na imundície". Tinha razão o prelado, mas não basta ter razão; cumpre saber tê-la. [...] As óperas

36

do judeu eram dadas num teatro popular; não as ouvia a corte de D. João v, mas o povo e os burgueses de Lisboa, cujas orelhas não teriam ainda os melindres que mais tarde lhes atribuiu Figueiredo. A diferença entre Antônio José e os outros era afinal uma questão de quantidade; mas se o tempo lhe permitia e, com o tempo, a censura, que muito é que o poeta reincidisse? Não é isto escusá-lo, mas explicá-lo. Deixemos os trocados e equívocos, que são um chiste de mau gosto, mácula de estilo, que o poeta exagerou até à puerilidade, cedendo a si mesmo e ao riso das plateias[14].

A apreciação de Machado de Assis sobre a dramaturgia de Antônio José, considerado por diversos estudiosos como o mais importante autor de teatro do período colonial, ajuda-nos, e muito, a compreender as balizas que nortearam os esforços em estabelecer as diretrizes que foram definidas como adequadas ao teatro brasileiro do século xix. Machado tomou a herança europeia como a base dos juízos estéticos que deveriam orientar o exercício crítico e a confecção da literatura dramática do Brasil de então. Como desdobramento dessa escolha, não podemos esquecer que esse referencial constituiu-se por intermédio de um patrimônio cultural hierarquizado que teria na *tragédia* o seu modelo primeiro, mas que no decorrer do desenvolvimento histórico cedera o seu espaço referencial ao *drama* que, do ponto de vista temático e formal, fora capaz de realizar efetivas interlocuções com a sociedade que o gerou.

Contudo, isso não significou o repúdio da comédia, desde que estruturas e pressupostos fossem respeitados. Nesses termos, as comédias de Molière tornaram-se patrimônio artístico e, ao mesmo tempo, modelares por possuírem elegância verbal, argumentos refinados e sutileza de humor.

Os padrões assim estabelecidos propiciaram a Machado de Assis o anteparo para discutir as fragilidades temáticas e artísticas das peças de Antonio José. Para ele,

14. M. de Assis, Antônio José, em J. R. Faria (org.), *Machado de Assis: Do Teatro. Textos Críticos e Escritos Diversos*, São Paulo: Perspectiva, 2008, p. 649, 651, 652.

os contrapontos com Molière e também com Gil Vicente, foram fundamentais para justificar os "apelos fáceis" em direção ao populacho que se traduziram em linguagem chula.

Ainda, de acordo com Machado de Assis, o comediógrafo criara tramas e situações que só poderiam agradar ouvidos que não foram educados pelas belas-letras e por esse motivo eram incapazes de apreender e fruir a grandeza artística e social que deveriam ser inerentes ao fazer teatral, assim como não possuíam educação e repertório para notar sua ausência.

Através dessa premissa, se o Judeu fora autor de obras que não se utilizaram e nem se voltaram para os assuntos nacionais, seja temática e/ou idealmente, a contribuição das mesmas para a efetiva formação da nação brasileira seria praticamente nula porque se o caráter nacional do teatro deveria estar fundado em sua literatura dramática, era de se esperar que a mesma estivesse voltada para temas e questões que colaborassem com a construção da unidade do país em termos políticos, territoriais e culturais.

Essa avaliação, de um lado, apresenta elementos importantes para que se possa pensar em nível de um repertório de época e em evidências acerca de uma história cultural do Brasil do século XIX. Por outro lado, essas ideias confrontadas às obras que efetivamente foram realizadas expuseram as disparidades existentes entre o que se almejava e o que se produzia. Dessa tensão surgiram desdobramentos e dimensões analíticas que tornaram juízos de valor em normas para a interpretação crítica do que no Brasil se produziu. Sob esse viés, aceitaram-se os argumentos de baixa formação intelectual e a ausência de repertório artístico por parte da plateia do país como responsáveis pela proliferação da comédia sem a dimensão que lhe concedeu, por exemplo, Molière.

Nesse ambiente, outra discussão que se notabilizou foi a que envolveu o crítico Cardoso da Mota e o comediógrafo Artur Azevedo. Nela, foi atribuída a Azevedo a responsabi-

38

lidade pela desmoralização do teatro no Brasil[15], que assim respondeu às acusações que lhe foram imputadas:

> Não é a mim que se deve o que o sr. Cardoso da Mota chama o princípio da *débâcle* teatral, não foi minha (nem de meu irmão, nem de *quelqu'un des miens*, como diria o lobo da fábula) a primeira paródia que se exibiu com extraordinário sucesso no Rio de Janeiro.
>
> [...] Quando aqui cheguei, já o Vasques tinha feito representar, na Fênix, o *Orfeu na Roça*, que era a paródia do *Orphée aux Enfers*, exibida mais de cem vezes na Rua da Ajuda.
>
> Quando aqui cheguei, já o mestre que mais prezo entre os literatos brasileiros, passados e presentes, havia colaborado, embora anonimamente, nas *Cenas da Vida do Rio de Janeiro*, espirituosa paródia d'*A Dama das Camélias*.
>
> [...] Escrevi *A Filha de Maria Angu*, por desfastio, sem intenção de exibi-la em nenhum teatro. Depois de pronta mostrei-a a Visconti Coaracy, e este pediu-me que lha confiasse, e por sua alta recreação leu-a a dois empresários, que disputaram ambos o manuscrito. Venceu Jacinto Heller, que a pôs em cena.
>
> O público não foi da opinião do Sr. Cardoso da Mota, isto é, não a achou desgraciosa; aplaudiu-a cem vezes seguidas, e eu, que não tinha nenhuma veleidade de autor dramático, embolsei alguns contos de réis que nenhum mal fizeram nem a mim nem à Arte.
>
> [...] Em resumo: todas as vezes que tentei fazer teatro sério, em paga só recebi censuras, ápodos, injustiças e tudo isto a seco; ao passo que, enveredado pela bambochata, não me faltaram nunca elogios, festas, aplausos e proventos. Relevem-se citar esta última fórmula de glória, mas – que diabo! – ela é essencial para um pai de família que vive da sua pena![16]

15. "Cardoso da Mota, num artigo a propósito do ator Simões, censurava acremente Artur Azevedo: '*A Filha de Maria Angu*, paródia desgraciosa a *La Fille de Madame Angot*, foi por assim dizer o início dessa longa série de disparates que hoje, para nossa vergonha e como atestado do nosso atraso e nenhum cultivo, constitui o melhor do repertório das nossas companhias e do infeliz teatro nacional'. E mais adiante, referindo-se ainda ao mesmo: 'Prosperou, tornou-se notável pelo seu talento pelo seu trabalho, produziu muito, mas, cousa singular e inexplicável!, bate-se hoje como um leão pela moralidade do teatro, moralidade que foi ele o primeiro a violar'". J. Galante Souza, op. cit., v. 1, p. 233.

16. Múcio da Paixão, *O Theatro no Brasil. (Obra Posthuma)*, Rio de Janeiro: Brasília Editora. O prefácio data de 16 de agosto de 1936, apud J. Galante Souza, op. cit., p. 232-234.

A postura de Artur Azevedo nesse debate foi a de materializar o conflito vivenciado pelo teatro brasileiro no decorrer do século xix e primeira metade do século xx. Como artista e homem de teatro, ele compartilhou da avaliação feita por Cardoso da Mota por constatar que a cena teatral abrira mão de um conteúdo capaz de contribuir com a elevação cultural e formativa da plateia brasileira. Todavia, como escritor, ele não aceitou a acusação feita a ele e a seu trabalho.

De forma evidente, se essa restrição fosse levantada nos dias de hoje, diante das ideias que norteiam o debate teatral no Brasil, com certeza seria extremamente fácil mobilizar argumentos com o intuito de demonstrar a fragilidade da acusação do sr. Cardoso da Mota em relação ao trabalho de Artur Azevedo. Tal afirmação surge até prosaica perante os estudos hoje disponíveis sobre o comediógrafo que ressaltam a construção cênica, a composição das personagens tipo, os elementos de brasilidade que se articulam pelo uso da paródia e pelo diálogo com seu tempo presente[17].

Entretanto, no ambiente cultural de fins do século xix e início do século xx, os ideais de civilização, marcados por formas e temáticas do "teatro sério" (a tragédia e o drama), foram predominantes inclusive para o próprio Artur Azevedo, que enxergou em seu trabalho apenas uma forma de sobreviver com dignidade. Em nome da sobrevivência de sua família, associou ao seu nome gêneros por ele considerados inferiores em relação às aspirações que tanto ambicionou.

Contudo, caso ele próprio tivesse compreendido sua dramaturgia no interior do processo histórico em que a mesma floresceu, talvez pudesse ter, no nível das ideias, realizado a crítica a concepções geralmente estanques e

---

17. Dentre as inúmeras reflexões existentes, gostaríamos de recordar: Rubens José de Souza Brito, *A Linguagem Teatral de Artur Azevedo*, dissertação de mestrado, eca-usp, São Paulo, 1989; Alberto Ferreira da Costa Júnior, *Teatro Brasileiro de Revista: De Artur Azevedo a São João del-Rei*, tese de doutorado, eca-usp, São Paulo, 2002; Fernando Mencarelli, *Cena Aberta: A Absolvição de um Bilontra e o Teatro de Revista de Arthur Azevedo*, Campinas: Editora da Unicamp, 1999.

redimensionado, em muitos aspectos, a cisão que se estabeleceu entre o ideal temático e formal que teve na Europa o seu paradigma e os gêneros que efetivamente realizaram diálogos com o público brasileiro de então.

Em outras palavras: a compreensão vigente fez com que a reflexão crítica avaliasse os palcos brasileiros, gerado em circunstâncias específicas, a partir de correntes artísticas e recursos cênicos estrangeiros. Em vista desse procedimento, Viriato Correia escreveu:

> Nasceu cedo demais o teatro no Brasil. Fruto temporão. E é, com certeza, por ter nascido fora de tempo que a arte dramática brasileira arrasta, durante quatrocentos e tantos outros, uma existência sem beleza e sem vitalidade. [Mais adiante, porém, acrescenta:] Devemos, por isso, desprezá-lo como fez o esnobismo nacional? Não. O teatro que possuímos é o único teatro que podemos possuir. A arte cênica é arte culminante, que só se incorpora aos povos quando os povos atingem a esfera da alta cultura. E, por mais que nos gabemos, a verdade é que somos apenas um começo de civilização[18].

Esse texto, publicado em forma de artigo em 1954, remete-nos ao debate que norteou inúmeras reflexões sobre teatro no Brasil. Sob esse prisma, a defesa desses juízos estéticos e culturais foi qualificada como "esnobe" por Correia ou, dito de outra maneira, resultado de uma visão "colonizada" que não enxergava as especificidades do nosso teatro. Por esse motivo, os partidários dessa visão foram incapazes de reconhecer que a performance cênica e a escrita teatral estavam em sintonia com o universo simbólico e social brasileiro.

Contudo, o reconhecimento dessas circunstâncias históricas não impediu, em absoluto, que Viriato sentenciasse que o estágio do teatro no início do século XX traduzia o nível cultural do país, ainda abaixo das expectativas, pois o Brasil era uma jovem civilização que não tinha atributos

---

18. Origens e Desenvolvimento do Teatro Brasileiro, *Academia Brasileira de Letras. Curso de Teatro*, Rio de Janeiro: 1954, p. I e XXXI, apud J. Galante Souza, op. cit., p. 3.

necessários para se colocar em nível de igualdade artística com o "mundo civilizado".

O parâmetro para Correia também estava colocado, porém com a atenuante de que se deveria ser paciente porque, no futuro, o teatro chegaria a um estágio de arte ideal. Assim, se por um lado, a perspectiva de um mundo civilizado esteve no horizonte almejado, de outro, a sua realização só poderia ser entrevista sob o signo do dramático.

Tais considerações repetidas reiteradamente evidenciaram uma avaliação corrente, no âmbito crítico: os artistas brasileiros apresentaram, tanto no nível artístico quanto moral, trabalhos de qualidade inferior quando comparados às companhias estrangeiras em temporada no país e ao teatro desenvolvido no exterior, especialmente na França. Os motivos apontados foram vários: desde a organização social do trabalho (manutenção de companhias, criação de categorias para os atores que deveriam ter salário fixo, imitação em relação ao que acontecia no estrangeiro, ausência do Estado para regular e estimular a atividade, repertório sem mérito artístico etc.) até a inexistência de uma escola de arte dramática.

Nesse sentido, a apreensão da experiência teatral brasileira do século xix e início do século xx, tanto no palco como na escrita dramatúrgica, por intermédio das escolas literárias e das realizações artísticas europeias, em particular as francesas, possibilitou construir avaliações pelo exercício comparativo.

Todavia, tal procedimento, em última instância, impossibilitou que as singularidades florescessem no interior das análises críticas, como também não vislumbrou que a sintonia entre espetáculo e público, em absoluto pode estar circunscrita a modelos exteriores a esta dinâmica.

Em verdade, a busca pela identidade nacional, nos moldes pré-estabelecidos, fizeram com que o temperamento, a época e as motivações de um tempo não fossem observados nas avaliações dos escritores/críticos contemporâneos dos acontecimentos. Como desdobramento interpretativo, apesar de algumas exceções, o olhar para o teatro, sob a égide da literatura dramática, deixou de percebê-lo como *fenômeno* para destacá-lo como mais um capítulo da palavra escrita.

Assim, diante das contribuições e dos limites desta prática interpretativa, cabe-nos indagar: haveria outras formas de apreender e de narrar a História do Teatro Brasileiro?

2. CONSTRUÇÃO HISTORIOGRÁFICA DA HISTÓRIA DO TEATRO BRASILEIRO

Ainda está por escrever-se uma História do Teatro Brasileiro. Somente quando se fizer um levantamento completo de textos se poderá realizar um estudo satisfatório de todos os aspectos da vida cênica – dramaturgia, evolução do espetáculo, relações com as demais artes e com a realidade social do país, existência do autor, do intérprete e dos outros componentes da montagem, presença da crítica e do público. Por enquanto, mesmo que seja imensa a boa vontade, se esbarrará em obstáculos intransponíveis. Talvez a tarefa não seja de um único pesquisador: exige busca paciente em arquivos e jornais, leitura de alfarrábios e inéditos, a esperança de que se publiquem documentos inencontráveis. Todos fornecemos subsídios para a obra que – acreditemos – um dia virá a lume.

SÁBATO MAGALDI[1]

1. *Panorama do Teatro Brasileiro*, 3. ed., São Paulo: Global, 1997, p. 289.

Existem diferentes maneiras de se escrever a história de um país, de um período, de um fato, assim como há distintas formas de registrar as atividades artísticas de uma sociedade.

No que diz respeito ao teatro, o caráter híbrido de sua historiografia faz com que não seja tarefa fácil estabelecer um eixo condutor das discussões, dos temas e das abordagens a ele inerentes. Nesse aspecto, mesmo que seja em forma de anotações, é importante observar que ao longo da nossa história as atividades teatrais foram, de várias maneiras, registradas. Por exemplo, encontramos notas esparsas nos livros de Francisco Adolfo de Varnhagen, de Fernão Cardim, além dos textos de José Alexandre Melo Morais Filho. Esses trabalhos forneceram pistas, indícios de grande valia, em termos informativos, para aqueles que se dispusessem a refletir sobre essa manifestação cultural e a pensá-la no âmbito histórico.

Salvo melhor juízo, foram os críticos e os literatos da segunda metade do século XIX e inícios do século XX os primeiros que se voltaram para o propósito de elaborar sínteses históricas das experiências teatrais no Brasil. Autores como Sílvio Romero, Afrânio Coutinho, Múcio da Paixão, José Veríssimo, Carlos Süssekind de Mendonça, Cláudio de Sousa, Décio de Almeida Prado, entre outros, deram inestimáveis contribuições à difícil tarefa de periodizar, organizar e sistematizar o teatro brasileiro. Entretanto, a empreitada por eles proposta realizou-se, *sobretudo*, pelo viés da literatura dramática e, a partir dela, constituíram-se interlocuções entre o que se produzia no Brasil e as criações artísticas europeias, especialmente com as que tiveram lugar em Portugal e na França. Aliás, essa perspectiva também foi adotada pelos críticos de época, tais como Machado de Assis, José de Alencar, Fagundes Varella, Álvares de Azevedo, Pessanha Póvoa, dentre outros.

Diante do volume de reflexões produzidas, da diversidade de autores e, sem dúvida alguma, da importância destes para a história da cultura no Brasil, optamos por estruturar nossa discussão a partir de três obras que, à luz de seu tempo, construíram panoramas do teatro brasileiro, isto é, fizeram suas abordagens buscando abranger o conjunto e não apenas a literatura dramática. São elas: *História do Teatro Brasileiro*, de Lafayette Silva, *O Teatro no Brasil*, de J. Galante de Souza, e *Panorama do Teatro Brasileiro,* de Sábato Magaldi.

Apesar de haver anteriormente realizado diversos estudos sobre teatro no Brasil, Lafayette Silva escreveu seu livro, editado em 1938, mobilizado pelo interesse do Ministério da Educação e da Saúde do governo do presidente Getúlio Vargas, cujo Ministro da Educação à época era o sr. Gustavo Capanema, para que fosse elaborada uma História do Teatro Brasileiro. O edital que deu forma à proposta foi publicado no *Diário Oficial* em 26 de novembro de 1936 com a enunciação dos seguintes objetivos que deveriam ser atingidos pelos trabalhos inscritos na seleção:

1. A obra deverá fazer circunstanciado estudo do desenvolvimento do teatro nacional, considerando todos os aspectos do problema: os edifícios; a literatura dramática; a dansa [sic]; o teatro lírico; os atores e a sua preparação; o teatro infantil; o teatro escolar etc.
2. Deverá ser feita uma introdução sobre o teatro português e outros teatros estrangeiros, mostrando a influência que tenham exercido ou estejam exercendo na formação do teatro brasileiro.
3. O plano da obra fica ao critério dos autores[2].

Embora o teatro brasileiro mobilizasse a atenção e os esforços de vários estudiosos, a monografia de Lafayette Silva foi a única inscrição que aquele edital recebeu. Nessas circunstâncias, mesmo havendo um único concorrente, a Comissão Julgadora, composta por Mucio Leão, Oduvaldo Vianna, Francisco Mignone, Sérgio Buarque de Hollanda, Olavo de Barros, Benjamin Lima e Celso Kelly, tinha a prerrogativa de não aprová-lo. Contudo, o trabalho de Silva,

---

2. Lafayette Silva, Apresentação, *História do Teatro Brasileiro*, Rio de Janeiro: Ministério da Educação e Saúde, 1938, p. 5-6.

por atender aos requisitos determinados pelo Ministério, foi aprovado e o prêmio obtido foram dez contos e a edição da obra em livro.

Sobre o trabalho propriamente dito, no que se refere à sua estrutura, mesmo que exista uma organização cronológica que tem início em Portugal, com o objetivo de justificar a presença do teatro no Brasil do século XVI, e siga linearmente até o início do século XX [1929], a divisão em capítulos foi feita por intermédio das temáticas abordadas: Os Primórdios do Teatro no Brasil; Primeiros Escritores Nacionais; Companhias Organizadas no Brasil; Principais Artistas Portugueses que Estiveram no Brasil; Revistas Portuguesas; Teatro Francês de Declamação; Teatro Francês de Opereta; Teatro Francês de Ópera e Ópera Cômica; Teatro Italiano de Declamação; Companhias Italianas de Opereta e Ópera Cômica; Companhias Alemãs; Companhias Espanholas; Figuras da Cena Argentina; Teatro Infantil; Teatro Escola; Música e A Dança.

À primeira vista, um olhar descontextualizado não consegue apreender as motivações que justificaram tal ordenamento, pois nele não estão presentes nem etapas de evolução, nem escolas literárias, nem uma ideia central que fundamente a seleção do conteúdo abordado. Ao contrário, o trabalho surge diante do leitor como uma reunião de ensaios independentes que, no conjunto, constituem um panorama das atividades artísticas. Este não se constituiu apenas das apresentações dos espetáculos ou de comentários das peças, mas também da composição cênica (figurinos, cenários etc.) e dos espaços (encenações que ocorreram em vias públicas, nos adros das igrejas, em espaços improvisados e em edifícios erguidos para essa finalidade). Por fim, em consonância com os desígnios do edital, o livro, além das apresentações dramáticas, registrou as demais artes cênicas (óperas, dança, musicais).

Em decorrência dos temas e das abordagens, novos aspectos surgiram com bastante força na narrativa de Lafayette Silva. Em relação ao período colonial, à medida que foram empreendidos esforços para registrar momentos do

48

teatro de catequese, Silva os fez sob a óptica da Companhia de Jesus e não a partir das apresentações propriamente ditas. Já quando os comentários voltaram-se para os demais espetáculos, ganharam relevância as iniciativas de particulares, especialmente a ação da monarquia (portuguesa e depois brasileira) no apoio à construção de Casas da Ópera e várias outras Casas de Espetáculos.

Evidentemente, não possuímos informações suficientes para afirmar que havia uma intenção explícita de Lafayette Silva em destacar o papel das instituições (Igreja e Estado) na formação e no desenvolvimento do teatro no Brasil. Todavia, a leitura de seu trabalho remete a ações tanto da Igreja quanto do Estado que, cada qual a seu modo, forneceram importantes contribuições no sentido de fortalecer uma ideia de unidade que, de forma tênue, pode ser vista como significativo embrião de um projeto de nação e de nacionalidade para o Brasil.

A esses dados, pode-se acrescentar o fato de que à época em que o estudo foi confeccionado estava em curso um projeto para consolidar uma *ideia de nacionalidade* (tanto na perspectiva de uma proposta nacionalista estreita quanto em relação a uma aspiração mais abrangente do nacional), em termos políticos, culturais, artísticos e educacionais. Nesse sentido, não se deve ignorar que tal iniciativa justificou práticas de repressão, cerceamento e coerção inerentes ao Estado Novo (1937-1945), como também se apresentava essencial a estratos marcantes do pensamento e do movimento operário na sociedade brasileira, ao presidente Getúlio Vargas e a muitos de seus adversários.

Estabelecidas essas ponderações, voltemos ao conteúdo do livro de Lafayette Silva que, como já foi mencionado, iniciou sua narrativa por um rápido panorama do teatro português, com ênfase em artistas considerados marcos de sua renovação: Gil Vicente e Almeida Garrett. O primeiro definido como fundador do teatro em Portugal e o segundo como responsável pelo programa de renovação da cena do qual se originou o drama português.

Essa pequena síntese, exigência do edital do MES, cumpriu a tarefa de informar as bases históricas das companhias que chegaram ao Brasil para temporadas artísticas. Dentre elas, houve especial destaque para a que se formou em Lisboa, em 1829, a fim de trabalhar no Teatro S. Pedro de Alcântara e apresentar um repertório de peças francesas de Victor Hugo, Scribe, Bouchardy, D'Ennery, Fournier, Alexandre Dumas, Voltaire e Delavigne. A adoção desse caminho aproximou a escrita dessa *História do Teatro Brasileiro* à estratégia adotada por inúmeros compêndios de história do Brasil: traçar uma pequena biografia política, econômica, social e cultural da corte portuguesa para, em seguida, estabelecer os nexos que configurariam o impacto da metrópole sobre a colônia.

Assim, cumprida a primeira exigência, o texto de Lafayette Silva pode ser entendido a partir do seguinte desdobramento: há capítulos em que a narrativa visou organizar os acontecimentos que direta ou indiretamente tiveram impacto sobre a atividade teatral brasileira. Já em outros, está à disposição do leitor a relação das casas de espetáculos acompanhadas de pequenas fichas das apresentações[3]. É

3. O esforço empreendido por Lafayette Silva foi o de arrolar as companhias teatrais desde a Companhia João Caetano até o início do século XX. Tal empreitada constituiu-se pela apresentação geral das companhias, seus integrantes, período de atuação e textos representados. Dessa maneira, as companhias não foram dissociadas de seus artistas que, por intermédio de pequenas biografias, contribuíram para que fosse traçado um pequeno perfil das mesmas. Nesse sentido, além das já mencionadas, destacaram-se a Companhia do Florindo, Companhia Joaquim Heliodoro, Companhia Germano de Oliveira, Companhia Furtado Coelho, Companhia Martins, Companhia Ismênia dos Santos, Companhia Leopoldo Fróes, Companhia Dramática Nacional, Companhia Abigail Maia, Companhia Procópio Ferreira, Companhia Jaime Costa, Companhia Dulcina-Odilon, Companhia Nacional do São José, entre tantas outras. Relacionou as Revistas Nacionais, as Revistas Portuguesas, os mais importantes artistas portugueses, a Opereta e a Ópera Cômica do Teatro Francês seguidas do Teatro Italiano de Declamação. Ao lado dessas manifestações artísticas, Lafayette arrolou as companhias italianas de opereta e ópera cômica, as companhias alemãs e espanholas, além dos destaques da cena argentina que aportaram no Brasil. Abordou também o teatro infantil, o teatro escola, a música (com referências a óperas, libretos, compositores e apresentações) e a dança.

50

mister destacar também que em algumas passagens deu-se especial atenção à figura do ator e empresário João Caetano e de suas iniciativas em prol do teatro e do texto brasileiro. Em relação a esse artista, Silva transcreveu trechos do livro *Lições Dramáticas* em meio a relatos que enfatizaram o talento e a performance do referido ator[4].

Acerca da dramaturgia estrangeira, além dos dramaturgos franceses já mencionados, os palcos brasileiros receberam textos dos portugueses Mendes Leal, Almeida Garrett, Alexandre Herculano, Braz Martins, José Romano, entre outros. Em 1838, com o retorno de Domingos de Magalhães e Araujo Porto Alegre, chegaram ao país novas formas de representar, além de traduções para o português das tragédias de William Shakespeare. Já na década seguinte, por iniciativa do ator José Lapuerta, a dramaturgia espanhola tornou-se conhecida no Brasil. Posteriormente, coube a Joaquim Heleodoro e Furtado Coelho darem visibilidade à literatura dramática de Alexandre Dumas Filho, Emilio Augier, Julio Sandeau e Jorge Ohnet.

Constituída a síntese dramatúrgica que propiciou pontos de contato entre a Europa e o Brasil, Silva voltou-se para os primórdios da atividade no país a fim de apresentar ao leitor momentos e iniciativas que propiciaram o exercício da prática teatral. Para tanto, estabeleceu alguns comentários acerca do que definiu como as bases a partir das quais se pode, em épocas posteriores, falar em Teatro. Comentou a apresentação dos autos jesuíticos que ocorreram em adros e em terreiros das igrejas e elencou os textos que vieram a público[5].

---

4. Sobre esse assunto, vale consultar a seguinte obra: L. Silva, *Figuras de Theatro*, Rio de Janeiro: Livraria Editora Leite Ribeiro Freitas Bastos & Cia, 1928.

5. As informações disponibilizadas pelo autor foram obtidas pela leitura dos estudos de Fernão Cardim e de José Alexandre Melo Morais Filho: F. Cardim, *Tratados da Terra e Gente do Brasil*, São Paulo: Edusp, 1980 (1583); J. A. M. Morais Filho, *Festas e Tradições Populares no Brasil*, 3. ed., Rio de Janeiro: F. Briguiet, 1946 (1888); idem, *Os Escravos Vermelhos*, Rio de Janeiro: Faro & Fino, [s/d]; idem, *O Teatro de Anchieta*, Rio de Janeiro, Archivo do Districto Federal, jan. 1897.

São atribuídos ao padre Cardim os comentários acerca da representação de *Pregação Universal*, no dia 20 de janeiro de 1584, no adro da igreja da Misericórdia, no Rio de Janeiro, com especial destaque para o diálogo, de autoria de Álvaro Lobo, que versa sobre cada palavra da "Ave Maria", assim como há algumas evidências, mesmo com o intuito de enfatizar o caráter evangelizador, do trabalho do intérprete.

Os atores não se poupavam a sacrifícios para que corresse regularmente a representação. Fernão Cardim cita que o intérprete do papel de São Sebastião concordou em ser atado a um pau, quase nu e a receber as setas como se fosse o próprio santo. E conclui que a abnegação "causou muitas lágrimas de devoção e alegria a toda a cidade, por representar muito ao vivo o martírio"[6].

Já as informações fornecidas por Melo Morais Filho, incorporadas ao estudo de Lafayette Silva, são, talvez, pelo esforço do autor em registrar e catalogar as festas populares (dentre elas, o teatro), preciosas no sentido de fornecer subsídios para o entendimento da cena jesuítica no período colonial.

Melo Morais Filho diz que para tais representações era o teatro armado de improviso, geralmente no terreiro das igrejas. Ao lado havia o camarote ou pavilhão ocupado pelos padres da Companhia, enfeitado com folhagens e painéis religiosos, símbolos sagrados e custosos estofos. O teatro propriamente dito consistia num tablado em torno do qual cresciam festões vegetais, formados de trepadeiras e parasitas odoríferas, servindo de pano de boca duas cortinas vermelhas de damasco, que escondiam os personagens às vistas dos espectadores, tendo ao fundo um compartimento de reserva para os figurantes da peça. O sinal para o início do espetáculo era dado pelos músicos cobertos de penas e listrados de urucu. Os padres forneciam os trajes e cuidavam da preparação da cena.

Melo Morais descreve os rudimentares maquinismos, dizendo: "Havia um rio artificial, alçapões que tragavam e expeliam demônios. Os truques eram admiráveis de simplicidade. Para representar

6. L. Silva, *História do Teatro Brasileiro*, p. 17.

a lua, por exemplo, um índio assomava ao fundo do palco improvisado, segurando uma lanterna: outro, para figurar o vento, enchia umas bochechas de deus Éolo, soprava com a cabeça fora dos bastidores e um rancho de diabos vermelhos rolava no tablado"[7].

Esses relatos ganharam maior autenticidade quando Silva, amparado em estudiosos como Ferdinando Wolf, Vieira Fazenda e Adolfo Varnhagen, recordou que celebrações políticas e religiosas tiveram na arte teatral um de seus mais importantes eventos[8]. Aliás, tais atividades trouxeram à tona outro tema sobre o qual Lafayette Silva debruçou-se: *o espaço teatral*.

Pelas informações fornecidas, provavelmente as apresentações teatrais não dispunham de espaços próprios, tanto que, em seu texto, a primeira menção a um edifício destinado a esse fim foi a construção da Casa da Ópera, no Rio de Janeiro, pelo padre Ventura[9]. Na sequência, surgiu o Teatro de Manuel Luiz, um protegido do vice-rei Marques do Lavradio. Talvez, em decorrência disso, essa casa

---

7. Idem, p. 16-17.

8. "Duas comédias de Antonio José, *Porfiar Amando* e *O Anfitrião* foram levadas na Baía, nas comemorações do esponsalício da princesa, depois d. Maria I. Quando d. José foi aclamado rei de Portugal celebraram-se pomposas festas públicas em Pernambuco, tendo sido nas noites de 14, 16 e 18 de fevereiro de 1752, representadas, segundo indicação de Varnhagen, as comedias espanholas *La Ciencia de Reinar*, *Cueba y Castillo de Amor* e *La Piedra Dilosofal*, ensaiadas pelo ator, Francisco de Sales Silva. Em Vila Rica obtiveram agrado várias composições teatrais do inconfidente Claudio Manuel da Costa, originais umas e outras traduzidas". Idem, p. 19.

9. "Na sua *Crônica dos Tempos Coloniais*, assim se refere Velho da Silva à Casa da Ópera: 'foi em 1767 que o padre Ventura se lembrou de fundar no largo do Capim um teatrinho que o povo da capital ainda bisonho, na arte das plateias ignorantes na ciência dos aplausos e pateadas, chamava a Casa da Ópera, frase obsoleta, arcaísmo que repugna à ciência dos teatros modernos [...] as pessoas que tiveram a ventura de ir à Casa da Ópera do padre Ventura ficaram atônitos, não podiam compreender como aquilo tudo se fazia. As mutações de vistas, a rapidez com que caia o pano, a colocação dos bastidores, a entrada e saída dos comediantes, os trajes de que vinham adornados, os diálogos e monólogos, tudo parecia sobrehumano, era tudo um verdadeiro conto de fadas". Idem, p. 19-20.

de espetáculos foi bastante frequentada pela aristocracia. Acerca das apresentações que lá ocorreram, através das informações oferecidas pelos escritos de Melo Morais Filho, Lafayette Silva expôs alguns detalhes sobre o repertório e os adereços do Teatro de Manuel Luiz.

De um vasto salão, formando a plateia, circulado de duas ordens de camarotes que terminavam na boca de cena, constituía-se o famoso teatro da colônia, iluminado por arandelas e lustres de cristal, destacando-se à direita, ampla e ornamentada, a tribuna do vice-rei, cujas cortinas, de damasco e ouro, eram encimadas pelo escudo real e os dragões de Bragança. Adornado de vistosas bambinelas, sobressaia no acanhado palco de riquíssimo pano de boca, pintado pelo pardo Leandro Joaquim, artista de reputação célebre e seu principal cenógrafo.

Melo Morais afirma que era "modesto o repertório, que não passava de comédias de Molière, da D. *Inez de Castro*, de mágicas e cantorias, tornando-se mais do que estas de predileção pública as óperas de Antonio José, prestigiadas pelo triunfo alcançado em Lisboa".

O guarda-roupa do teatro achava-se provido de cabeleiras de rabicho, de fardas abertas no peito e arredondadas nas abas, de calções e sapatos com fivela, de chapéus a Frederico, etc., vestuários esses mais comuns e usados na generalidade das peças[10].

O Teatro de Manoel Luiz encerrou suas atividades com a chegada da Família Real ao Brasil[11]. Contudo, a cidade do Rio de Janeiro não ficou destituída de casas de espetáculos. Por meio de um decreto datado de 28 de maio de 1810 foi criado o Real Teatro S. João (atual Teatro João Caetano) que, no mencionado documento, foi assim justificado:

---

10. Idem, p. 23.

11. "Melo Morais informa que o Teatro de Manuel Luiz encerrou as suas portas pouco depois do suplício de Tiradentes. Há, todavia, no arquivo do Instituto Histórico uma representação do Conde de Resende vice-rei do Brasil, contra o desembargador Antonio Diniz da Cruz e Silva por ter faltado a uma procissão no dia do aniversário da rainha e ser visto à noite no espetáculo realizado na Casa da Ópera. Com a vinda da família real para o Rio de Janeiro deixou de existir o Teatro de Manuel Luiz, sendo o edifício aproveitado para a instalação dos empregados do Paço". Idem, p. 24.

Fazendo-se absolutamente necessário nesta capital que se erija um teatro decente e proporcionando à população e ao maior grau de elevação e grandeza em que hoje se acha pela Minha Residência nela e pela concorrência de estrangeiros e de outras pessoas que veem das extensas províncias de todos os mais Estados. Fui servido encarregar ao dr. Paulo Fernandes Viana, do meu Conselho e Intendente Geral da Polícia, do cuidado e diligência de promover todos os meios para ele se erigir e conservar sem dispêndio das Rendas Públicas e sem ser por meio de alguma nova contribuição que grave mais os Meus Fiéis Vassalos, a quem antes desejo aliviar de todo ela: E havendo proposto o mesmo Intendente que grande parte de Meus Vassalos residentes nesta Corte lhe havia já feito conhecer que por esta obra de Meu Real agrado e de notória necessidade se prestarão de boa vontade a dar-lhe mais uma prova do seu amor e distinta fidelidade, concorrendo por meio de ações a fazer o fundo conveniente, principalmente se Eu houvesse por bem de tomar o dito teatro debaixo de Minha proteção e de permitir que com relação ao Meu Real Nome se determinasse o Teatro Real de São João[12].

No documento acima, depreendem-se os dados para que se compreenda a importância do espaço e da atividade teatral para uma cidade que se tornara sede do Império. Mais que relevante, nas palavras de d. João, era imprescindível para que o Rio de Janeiro estivesse à altura de seus nobres habitantes e das pessoas que seriam atraídas para a capital pelos mais diversos motivos. Entretanto, não era suficiente autorizar a construção (que ocorreria sem prejuízo das Rendas Públicas), era preciso criar algo decente e para isso as responsabilidades foram atribuídas ao Intendente Geral da Polícia. Nesses termos, mesmo sem explicitar, o decreto revela uma noção subjacente de juízo de valor estético e moral, haja vista que, nesse momento, o teatro tornou-se uma questão de polícia.

Ainda nos limites dessa temática, houve particular destaque à criação, em março de 1843, do Conservatório Dramático Brasileiro que no artigo 1º de seu estatuto chamou para si a seguinte tarefa:

12. Idem, p. 25.

Animar e excitar o talento nacional para os assuntos dramáticos e para as artes acessórias, corrigir os vícios da cena brasileira, quando caiba na sua alçada, interpor o seu juízo sobre as obras, quer de invenção nacional, quer estrangeira, que já tenham subido à cena ou que se pretendam oferecer às provas públicas, e finalmente dirigir os trabalhos cênicos e chamá-los aos grandes preceitos da arte, por meio de uma análise discreta em que se apontem e combatam os defeitos e se indiquem os métodos de os emendar[13].

Para além da importância que o Conservatório Dramático Brasileiro adquiriu na cena brasileira, é de grande significado observar a tarefa que ele chamou para si, isto é, responsabilizar-se pela qualidade artística do teatro que se fazia no país. No entanto, deve-se também considerar que, de certa forma, as pretensões apontadas nesse artigo foram expandidas por decisão do ministro José Antonio da Silva Maia, em "Avisos" de 10 de novembro de 1843 e de 22 de fevereiro de 1844, e o Conservatório passou a exercer a *censura dos teatros*. Nessas circunstâncias, a atividade teatral deixou de ser uma *questão de polícia* e tornou-se uma *questão de Estado*, isto é, por intermédio das atribuições concedidas pelas instituições públicas, o Conservatório Dramático passou a exercer uma função que, em última instância, pressupunha, para sua plena execução, uma ideia prévia dos valores e dos padrões artísticos que deveriam ser apresentados no Brasil.

Em relação à dramaturgia brasileira, Lafayette Silva trabalhou com dois períodos bem definidos. No primeiro, intitulado *Primeiros Escritores Nacionais para o Teatro*, o autor discutiu os primórdios da escrita teatral no país e o marco foi estabelecido pela presença do fidalgo e cristão-novo Manuel Botelho (1636-1711 – Bahia), que estudou em Coimbra e escreveu duas comédias que, de acordo com Varnhagen, "foram as primeiras investidas com vistas a introduzir a comédia espanhola no país". Todavia, tal avaliação não foi compartilhada por Carlos Süssekind de

13. Idem, p. 35.

56

Mendonça e Ferdinando Wolf, já que estes não reconhece-ram, no trabalho de Botelho, qualidades teatrais nem na estrutura dramática nem na urdidura dos diálogos. Apesar disso, uma de suas comédias (*Hay Amigo para Amigo*) foi modernizada e editada por Claudio de Sousa.

Escritores como Salvador de Mesquita, José Borges de Barros, Gonçalo Ravasco Cavalcanti de Albuquerque, Alvarenga Peixoto, Luiz Alves Pinto foram arrolados como importantes contribuições. Entretanto, Lafayette Silva concentrou suas atenções em Antonio José da Silva (nascido no Rio de Janeiro, em 1705, mas aos oito anos embarcou para Lisboa para estudar e viver) qualificado como a maior artista do teatro brasileiro do período colonial devido à qualidade e ao volume de sua produção. Para isso, elencou suas oito peças (sem resumos de enredos), assim como as apresentações ocorridas no Brasil, acrescidas dos nomes dos atores que as interpretaram, além de uma bibliografia atualizada (da década de 1930) sobre a arte de Antonio José. Por fim, com vistas a emitir um juízo crítico sobre os textos de dramaturgia de Antônio José, recorreu ao seguinte comentário de Sousa Bastos:

> Antonio José demonstrou nas suas peças uma imaginação ardentíssima, uma veia cômica inesgotável e uma alta propensão para ser o criador de uma escola e o reformador de um teatro, se nele se tivessem dado outras circunstâncias, que não as de uma vida atribulada por ódios, invejas e perseguições[14].

Após esse olhar panorâmico sobre a obra de Antonio José, Silva voltou-se para Martins Pena – identificado como "o legítimo criador da comédia nacional", pois suas peças desenvolviam-se em ambiente brasileiro, tais como *O Juiz de Paz na Roça*, *Os Ciúmes de um Pedestre*, *O Noviço*, *Quem Casa Quer Casa*, *As Desgraças de uma Criança*, *Judas em Sábado de Aleluia*, entre outras, que também foram comentadas a partir de suas apresentações públicas. Em decorrência

---

14. Apud L. Silva, *História do Teatro Brasileiro*, p. 132-133.

disso, se a Martins Pena coube o papel de "pai fundador" da comédia nacional, Domingos José Gonçalves de Magalhães, por sua vez, foi reconhecido como autor do primeiro drama nacional, *Antônio José*, que versa sobre a trajetória do comediógrafo brasileiro morto pela Inquisição. Sobre a peça propriamente dita, mais uma vez o comentário crítico foi feito por intermédio da cena já que *Antonio José* foi levado aos palcos pelo ator e empresário João Caetano.

Voltando no Rio de Janeiro, em 1837, Magalhães entregou o seu drama a João Caetano para representá-lo no São Pedro de Alcântara.

Os ensaios de *Antonio José* exigiram longo tempo, principalmente por se tratar de uma peça escrita em verso. A primeira representação realizou-se a 13 de março de 1838, fazendo João Caetano o papel do desventurado poeta. O êxito excedeu a todas as expectativas, e, entusiasmado pelo seu grande intérprete, Domingos de Magalhães mandou-lhe, por intermédio das colunas do *Jornal do Comércio*, um agradecimento em verso.

Dizia o autor de *Antonio José*:

> "D'ímpia fogueira, pelo tempo extinta,
> de um poeta tirei as frias cinzas
> e um nome fiz surgir que a pátria adorna...
> Com isto levantei um monumento,
> uma estátua compus; dei-lhe a palavra
> e tu lhe deste o movimento e a força..."[15]

Finalmente, com o intuito de completar o panorama proposto, surgiram os nomes e as peças de Joaquim Manuel de Macedo, José de Alencar, Machado de Assis, Artur Azevedo, França Junior, Moreira Sampaio, Artur Rocha, Oduvaldo Vianna, Abadie Faria Rosa, Benjamin Lira, Viriato Correia, Cláudio de Sousa, Paulo Barreto (João do Rio), Joracy Camargo, Armando Gonzaga, dentre vários outros.

Em síntese geral, no livro *História do Teatro Brasileiro* interessa-nos compreender a maneira como ele foi construído, destacar as contribuições que apresenta, assim como apontar as possibilidades e os veios anunciados que

15. Idem, p. 138-139.

não foram devidamente explorados pelo autor. O nosso objetivo é, pois, apreender como o texto foi urdido e quais foram as premissas e os temas que subsidiaram a realização de uma obra cuja maior ambição era fixar uma História do Teatro no Brasil. Para isso, Silva estabeleceu uma cronologia linear, com a intenção de apreender o que ocorreu de mais significativo, ao longo do tempo, a fim de dar um sentido evolutivo às experiências artísticas.

Nesse sentido, seu primeiro aspecto diz respeito à estrutura adotada por Lafayette Silva que, ao dar visibilidade às manifestações artísticas ocorridas no país ao longo dos séculos XVI, XVII, XVIII, XIX e início do século XX (teatro, apresentações musicais, ópera, dança etc.), não constituiu uma hierarquia temática e/ou de formas de expressão. Ao contrário, na tarefa de atender os desígnios do edital, adotou uma narrativa a partir do seguinte pressuposto: para que uma História do Teatro possa ser urdida é necessário que ele seja compreendido como a arte da feliz conjunção de texto, palco e ator. Mas, para que isso seja materializado é preciso que existam companhias, repertórios e espaços definidos socialmente para sua realização.

A motivação do edital – provavelmente vinculada a um projeto maior do Estado brasileiro que seria o de, por meio de diferentes estratégias e campos de atuação (política, social, econômica, territorial, educacional, cultural e artística), estreitar a consciência da unidade nacional e impregnar a vivência cotidiana com símbolos de *nação* e da *nacionalidade* – fez com que Lafayette Silva tomasse como ponto de partida o que foi efetivamente representado e assistido em diferentes momentos da história do Brasil. Assim, mesmo eximindo-se de formular juízos próprios sobre dramaturgos, peças, encenações, ele conseguiu confeccionar uma narrativa plural onde os mais diferentes prismas estiveram contemplados.

No entanto, se por um lado Silva apresentou uma pesquisa abrangente, de outro, ficou restrito às informações contidas nos documentos consultados sem ousar conclusões, bem como caminhos interpretativos. Por exemplo, no que se refere ao teatro jesuítico, as fontes de referência são os escritos do padre Fernão Cardim e do pesquisador José Alexandre Melo Morais Filho, sendo que o primeiro privilegiou o caráter religioso e a capacidade que aquelas apresentações teriam no sentido de estreitar a crença religiosa do público. Já o segundo enfatizou descrições que contribuíram para o conhecimento sobre as práticas culturais em seus mais diversos aspectos e, dentre elas, as teatrais ocuparam lugar de destaque em suas preocupações.

Todavia, as motivações desses autores não foram devidamente analisadas por Lafayette Silva; ao contrário, foram incorporadas acriticamente. Esse procedimento, sem a devida mediação, impossibilitou Silva de entrever o diálogo com os recursos cênicos e com a estrutura dramática do teatro medieval que, sem dúvida, legou significativa contribuição ao desenvolvimento técnico da cena europeia propriamente dita.

Se Lafayette Silva tivesse explorado as potencialidades contidas nos registros de Cardim e Melo Morais e as tivesse ampliado para além do teatro jesuítico, provavelmente, o que está subjacente viria para o centro de seu texto: *a cena como eixo de sua narrativa*. Dito de outra maneira: na realização do trabalho, Silva assumiu a posição de um narrador onisciente que se ateve aos documentos e procurou lê-los de forma imparcial. Não houve de sua parte um esforço em compreendê-los como registros de época, isto é, perceber as intenções que os motivaram e a qual processo histórico eles estavam vinculados.

A nosso juízo, caso Lafayette Silva tivesse estabelecido um diálogo crítico com o material utilizado, ele teria observado com maior clareza que os dados coletados apontaram eficazmente para a construção de uma História do Teatro *sob a óptica de uma manifestação teatral propriamente dita, na medida em que sua abordagem orientou-se pelo que foi encenado em diversos momentos históricos.* Em outros termos, os documentos produzidos em circunstâncias específicas pelos sujeitos históricos estavam libertos de estruturas

60

interpretativas que *a posteriori* ordenaram as experiências teatrais sob a égide da literatura dramática e das escolas literárias.

Entretanto, mesmo com essas limitações e com as duras restrições que foram feitas a esse trabalho por Sábato Magaldi[16], Lafayette Silva fez com que os fios condutores do material consultado viessem à tona na redação final e, por conseguinte, revelaram temas, ideias e lugares a partir dos quais a História do Teatro pôde ser pensada.

Por sua vez, J. Galante de Souza, ao contrário de Lafayette Silva, introduziu, na abertura de seu livro *O Teatro no Brasil*, uma "Nota ao Leitor" com o objetivo de não somente explicitar a perspectiva por ele adotada para a realização do trabalho, como de refutar algumas ideias recorrentes nas Histórias do Teatro Brasileiro.

A primeira diz respeito à percepção de que as atividades teatrais no país estavam em descompasso com o nível de desenvolvimento encontrado em outras áreas, isto é, comparado à literatura o teatro deixava muito a desejar, especialmente se se considerasse as expectativas suscitadas e os resultados obtidos. Ao lado dessa ressalva, Galante de Souza destacou mais três.

Em relação ao estudo de Lafayette Silva, Galante questionou a cronologia adotada, pois mesmo sendo partidário do pressuposto de que "não se faz a história do presente",

---

16. "Pouco acrescenta aos trabalhos anteriores, também, a *História do Teatro Brasileiro*, de Lafayette Silva. Candidato único em concurso promovido pelo Ministério da Educação, o livro nem logrou o maior prêmio, sendo providenciada a sua publicação, por aquela pasta, em 1938. É estranhável a fraqueza do estudo, que se limita quase apenas à citação de nomes e iniciativas, se considerarmos que o autor escreveu *João Caetano e Sua Época (Subsídios para a História do Teatro Brasileiro)*, em *Boletim do Instituto Histórico*, de 1936 – a melhor obra de que dispomos sobre o ator e o panorama cênico de meados do século XIX. Chega a irritar a leviandade de Lafayette Silva, revelando que não leu peças que resume, como *O Jesuíta*, de José de Alencar, cujo entrecho nada tem a ver com o dado por ele". *Panorama do Teatro Brasileiro*, 3. ed., São Paulo: Global, 1997, p. 290.

ressentiu-se da ausência de acontecimentos recentes da cena brasileira, bem como recordou que a narrativa de Silva privilegiou os acontecimentos que tiveram lugar na cidade do Rio de Janeiro. Para ele, tal procedimento denotou um provincianismo que foi de encontro ao título da obra em questão: *História do Teatro Brasileiro*. Já a última restrição voltou-se para Melo Morais Filho que, em seus textos sobre teatro no período colonial, não mencionou devidamente as fontes utilizadas[17].

No que se refere à obra propriamente dita, a sua organização, de acordo com o autor, obedeceu a periodização adotada por Carlos Süssekind de Mendonça para a História do Teatro no Brasil (em *História do Theatro Brasileiro*), em contraponto àquelas que se organizaram em consonância com as histórias da literatura, tais como as de Sílvio Romero, Múcio da Paixão, entre outros[18]. Em vista disso, diferentemente do que, em geral, ocorre com periodizações fundadas na história da literatura, a de J. Galante estruturou-se em torno da ideia do *nacional* que se constituiu em seu marco divisor.

É evidente que esse marco não foi estabelecido pelo autor. Ao contrário, ele o recolheu de escritas sobre a História do Teatro que o antecederam. Para ele, o grande cerne da discussão teatral no Brasil estabeleceu-se na busca de uma

---

17. Assim, no intuito de não repetir essa falha, o primeiro capítulo de seu livro *O Teatro no Brasil* é um levantamento bibliográfico sobre o que se produziu até a década de 1960 que foi dividido nos seguintes itens: Obras Gerais (Síntese), Obras Parciais (Fase Colonial, Fase Romântica, Fase Realista e Fase Contemporânea), Teatro Regional (Estados da Federação) e Várias (Coletânea de peças teatrais, Escolas de Arte Dramática, Cenografia, Linguagem Teatral, Teatro Amador, Congressos, Espécies Dramáticas – Teatro Infantil, Legislação – Censura, Crítica – Crônica – Assuntos Diversos), Obras Subsidiárias (Biobibliografia, Histórias da Literatura, Antologias, Pseudônimos) e Periódicos (Estados da Federação).

18. Devido a tal escolha, a estrutura do livro e seu conteúdo foram divididos em duas grandes partes. A primeira intitulada "Primeiro Período: Dos Jesuítas (séc. XVI) à Fundação do Teatro Nacional (1838)" e a segunda denominou-se "Segundo Período: Da Fundação do Teatro Nacional (1838) aos Nossos Dias".

manifestação artística articulada à ideia de nação. Entretanto, se o plano geral da obra teve a questão nacional como parâmetro, a subdivisão em dois grandes períodos foi feita a partir das correntes literárias e ordenados à semelhança de autores e obras que foram objetos de suas ressalvas.

Dessa feita, o primeiro grande período do teatro brasileiro não destoou dos demais trabalhos. O seu marco inicial foi o século XVI com o teatro jesuítico recuperado pelas obras de padre Fernão Cardim, Melo Morais Filho (utilizados por Lafayette Silva), padre Serafim Leite (*História da Companhia de Jesus no Brasil*) e Simão de Vasconcelos (*Vida do Venerável Padre José de Anchieta*), além das *Cartas Jesuíticas – II – Cartas Avulsas, 1550-1568*.

Galante expôs aspectos das temáticas presentes nos autos, nas tragédias e nas comédias (estas duas últimas admitidas nos colégios) e do idioma utilizado (português, tupi ou espanhol, sendo que o latim tornava-se obrigatório tanto na tragédia quanto na comédia). Fez menções às personagens, aos atores (amadores) e aos locais das representações que, em geral, ocorriam nos adros e em espaços próximos das igrejas destinados a esse fim. Contudo, no norte da colônia, em decorrência das chuvas, muitas vezes elas ocorreram no espaço religioso mesmo sem o consentimento de Roma.

Porém, o que motivou os jesuítas a empreenderem tal atividade?

Sirvamo-nos textualmente das palavras do valioso historiador da Companhia de Jesus no Brasil, Pe. Serafim Leite: "O teatro da Companhia, com escopo essencialmente humano e progressivo, nos seus começos divertia e ensinava o índio, com elementos tirados da vida *brasileira* de então, *anhangás*, plumagens, expressões tupis, certamente a primeira manifestação do teatro brasileiro… Depois, quando o auditório se ampliou, e os atores eram alunos brancos, mamelucos ou moços pardos, o teatro preparava os homens para as lides da vida pública com o uso fácil da palavra, e das boas maneiras, sem descurar a emoção estética, elevando o ambiente, dentro dos princípios sólidos, mas ao mesmo tempo *tolerantes*, lema constante da Companhia". Compreende-se, é óbvio, que o teatro jesuítico não podia estar divorciado das finalidades da Companhia e, no nosso caso, da catequese. É possível mesmo, ou quase certo, que essa finalidade se tenha anteposto a preocupações de ordem estética, não só no que diz respeito à literatura dramática, como também naquilo que se relaciona propriamente com a cena. É preciso, porém, não esquecer as condições do meio, a espécie de auditório a que se destinava aquele teatro e o próprio objetivo da missão jesuítica[19].

Através das evidências apresentadas por Serafim Leite, surgiram justificativas para o estabelecimento do teatro jesuítico fundadas na ideia de civilização:

Nas primeiras correntes migratórias concorria gente de todas as camadas sociais, até mesmo criminosos, "com exceção única dos réus de heresia, traição, sodomia e moeda falsa". Quanto ao colono, comenta Ronald de Carvalho: "O Brasil era para tal gente apenas um ponto de referência passageiro, nunca um assentamento permanente. As bolsas estavam aqui, mas as ideias, os planos de família, os desejos de felicidade e os projetos de fortuna estavam em Portugal". Justificam-se ambos os fatos. Compreende-se que uma e outra cousa haviam de acontecer. E também por aí se pode fazer uma ideia do aspecto geral dessa sociedade que, padecendo de todos os defeitos e dificuldades dos organismos sociais em formação, estava ainda agravada por males oriundos às vezes da incúria da administração. De um lado, o colono ambicioso e geralmente sem escrúpulos; de outro, o indígena rude e pouco afeito ao trabalho disciplinado; em ambos a necessidade do freio moral, que não havia. Nessa sociedade, como se costuma dizer "sem rei nem lei", tudo estava por fazer, e o que se fazia, quase sempre, não era tudo.

[...] Muito cedo viu d. João iii que não podia contar exclusivamente com os seus capitães-mores. O problema não se limitava a dirigir a massa de colonos imigrados. Havia o indígena que era necessário humanizar. Fazia-se preciso, ao lado do elemento colonizador, alguém que acreditasse em alguma cousa além da felicidade material, que se deixasse nortear por sentimentos diferentes da ambição e da luxúria. Foi então que o rei *Piedoso* resolveu pedir o auxílio dos filhos de Loiola, para a catequese do gentio. E assim chegou aqui, em 1549, a primeira missão jesuítica, chefiada por

19. J. Galante de Souza, *O Teatro no Brasil*, v. 1, p. 85-86.

64

Manuel de Nóbrega. Anchieta viria mais tarde, com o segundo governador geral, em 1553[20].

Civilizar a colônia era a tarefa a que se propôs d. João III. Porém, como essa tarefa não poderia ficar restrita somente à ação dos portugueses, decidiu o rei buscar o apoio dos "filhos de Loiola". Entretanto, um dado de grande importância foi ignorado no arrolamento das justificativas: as motivações da própria Companhia de Jesus, os desdobramentos da guerra religiosa na Europa e as ações da Contrarreforma que, se de um lado promoveu a catequese com os jesuítas, de outro, instituiu os tribunais da Inquisição.

A justificativa urdida por J. Galante é, sem dúvida, dotada de verossimilhança e, por que não dizer, de indícios de verdade, mas em momento algum foram apontadas as circunstâncias históricas que envolveram a criação da Companhia de Jesus e, sem a devida crítica, justificou-se o estabelecimento do processo civilizatório. Agora, em decorrência do procedimento metodológico adotado, o autor colocou sob suspeição algumas narrativas acerca da cena jesuítica elaboradas por Melo Morais.

Alguns historiadores do nosso teatro se têm referido aos recursos de cena utilizados pelos jesuítas. Dizem eles que os cenários se limitavam a simples cortina que forrava o fundo do palco. Muitas vezes, a própria floresta servia de pano de fundo. Se, por um lado, havia maquinismos complicados, como os alçapões que tragavam e expeliam demônios, por outro lado, dominava uma simplicidade verdadeiramente rudimentar para certos efeitos cênicos. [...] A verdade é que, de tudo isso, perfeitamente compreensível e explicável, não se dignaram indicar as fontes os nossos historiadores. Quem mais se preocupou com tais pormenores foi Melo Morais Filho, que infelizmente nunca indica onde foi buscar o que afirma, e que, em vários passos de sua obra, claudica na exatidão das informações ou historia ao sabor da imaginação[21].

20. Idem, p. 81-82.
21. Idem, p. 91-92.

As observações feitas sobre as evidências fornecidas por Melo Morais são pertinentes e estão plenamente sintonizadas ao seu propósito de escrever uma História do Teatro no Brasil, fundada em princípios metodológicos adequados à prática da pesquisa histórica no nível acadêmico, embora ele próprio tenha sido enredado nesse tipo de armadilha intelectual como foi acima demonstrado. Além disso, mesmo com tais ressalvas, J. Galante teve de se servir da literatura produzida por esses estudiosos diante da ausência de relatos mais "confiáveis" sobre o teatro jesuítico no Brasil Colônia.

Estabeleceu procedimentos de crítica interpretativa, sem, contudo, contestar ou avançar em relação ao que foi estabelecido pelos autores que são continuamente referências bibliográficas sobre o assunto, pois, ao trilhar as sendas estabelecidas por Lafayette Silva, ampliou o debate crítico e historiográfico sem, com isso, constituir outra temporalidade ou hipóteses capazes de invalidar os resultados obtidos na década de 1930.

Vencida a discussão sobre teatro jesuítico, Galante traçou um percurso histórico semelhante àquele adotado por Lafayette Silva em relação às casas de espetáculos e à descrição das apresentações que lá ocorreram entre os séculos XVI e XVIII. Já o século XIX faz seu ingresso na narrativa com a peça *Antonio José ou o Poeta e a Inquisição*, de Gonçalves de Magalhães, ao lado da obra e da figura de Martins Pena. Com o devido respaldo bibliográfico, foram estabelecidos como fundantes do teatro nacional. Por intermédio dos critérios e da estrutura adotada, mais uma vez pode-se reconhecer o caminho que fora anteriormente adotado por Lafayette Silva entremeado pelos comentários críticos baseados especialmente nas ideias de José Veríssimo. A partir desse momento, dramaturgos, espetáculos e casas de apresentações são nomeados. Escritores como Joaquim Manuel de Macedo, José de Alencar, França Júnior, Machado de Assis, Quintino Bocaiuva e Artur Azevedo – este último qualificado como o mais acabado homem de teatro – passaram a povoar a narrativa de Galante.

Em síntese geral, o livro de J. Galante seguiu muito de perto não só a estrutura, mas também as referências artísticas tratadas por Lafayette Silva. Em ambos, observa-se uma abordagem híbrida da questão teatral a partir dos esforços empreendidos no sentido de mapear as casas de espetáculo que iniciaram e/ou encerraram suas atividades ao longo dos períodos estudados. Foram arroladas as companhias e as apresentações. Houve comentários acerca das performances, figurinos, cenários, dentre outras dimensões das atividades cênicas. Entretanto, quando foi necessário estabelecer rupturas com vistas a construir marcos periodizadores da História do Teatro Brasileiro, ambos recorreram à cronologia constituída pelas escolas literárias.

O trabalho de Galante, porém, guarda diferenças significativas em relação ao estudo de Lafayette Silva pelo fato de que pode ser compreendido como um desdobramento crítico das ideias e da abordagem daquele que o antecedeu. A partir desse elemento diferencial, emergem questões que, do ponto de vista histórico e metodológico, merecem efetivas considerações.

A primeira diz respeito a uma ideia central que se tornou constante nas diversas escritas, mas que Galante tornou o *leitmotiv* de sua narrativa: o tema do nacional como elemento justificador dos esforços empreendidos para a constituição de uma cena teatral no país, seja em relação às iniciativas estatais, seja pela escrita dramatúrgica, seja pelo anseio em reconhecer a existência de um teatro que estivesse atento aos temas e às questões do país, mas que também estivesse em consonância com os parâmetros artísticos internacionais.

Ao mesmo tempo em que o autor perseguiu tal trilha, no diálogo estabelecido com a bibliografia disponível e com os documentos confeccionados pelos agentes sociais, ele expôs os argumentos que justificaram tal opção, isto é, a escolha da questão nacional não é algo estabelecido posteriormente, pelo contrário, ela foi instituinte das propostas culturais e artísticas que impulsionaram o Brasil no século XIX e em grande parte do século XX.

Dessa feita, se houve um esforço em inúmeros relatos para com o registro dos espetáculos, das companhias e do repertório, entre outros elementos, no decorrer dos séculos XVI e XVII, em relação a esses períodos observou-se que eles foram avaliados *a posteriori*, mais precisamente a partir dos projetos de unificação e de unidade nacional que passaram a permear a vida política e institucional do Brasil.

A terceira obra selecionada, *Panorama do Teatro Brasileiro*, de Sábato Magaldi, procurou destacar a abrangência do teatro brasileiro. Escrito originalmente em 1962, esse trabalho, como o próprio título revela, ao contrário dos anteriores, não se propôs a confeccionar uma História do Teatro Brasileiro e sim apresentar um panorama do que tem sido a atividade teatral no Brasil desde a chegada dos portugueses na América. Essa ressalva é de grande importância em decorrência da afirmação feita pelo autor em nota introdutória à edição de 1997:

> Como a realidade, sob múltiplos aspectos, se alterou, acrescentaram-se ao volume de 1962 dois trabalhos – um, de 1987, que apresenta uma síntese da dramaturgia moderna e o segundo, de 1996, que dá conta das tendências contemporâneas em nosso palco.
> Talvez apenas uma verdadeira História do Teatro Brasileiro, realizada por vários estudiosos, possa satisfazer a legítima curiosidade dos leitores[22].

Tal afirmação, por um lado, expõe a consciência que o autor tem de sua própria obra, no sentido de compreender as contribuições que dela poderão advir, assim como de não se furtar a destacar o caráter limitado e histórico que toda reflexão intelectual possui. Nesse sentido, ciente da impossibilidade de que uma única obra possa abarcar toda complexidade inerente à escrita da História do Teatro Brasileiro, Magaldi propõe ao leitor um panorama com o intuito de apontar as possibilidades interpretativas e a

---

22. S. Magaldi, op. cit., p. 8.

68

discussão de ideias que subsidiaram diversas Histórias do Teatro no Brasil.

Sem sombra de dúvidas, esse posicionamento diante do objeto estudado marca efetiva distinção perante aqueles adotados por Lafayette Silva e J. Galante de Sousa que, por motivos diferenciados, almejaram, com seus trabalhos, elaborar narrativas históricas capazes de abranger a diversidade dos acontecimentos cênicos no país. Porém, ao mesmo tempo, Magaldi utilizou o repertório mobilizado por Silva e por Sousa e dispôs de suas próprias obras para discutir momentos da trajetória dramática e cênica no Brasil no âmbito das ideias e das interpretações.

Essa evidência apresenta-se de maneira nítida quando o tema abordado é o teatro de catequese. Embora tivesse mantido as descrições presentes nos textos que se tornaram fontes primárias sobre o assunto, Magaldi, por intermédio dos autos de Anchieta, conseguiu promover a interlocução entre o teatro português e Gil Vicente e, ao contrário de seus antecessores, foi além do que estritamente dizia a documentação e desenvolveu o diálogo dessas atividades com a herança do teatro medieval.

Embora escrito em tempos já esclarecidos pela Renascença, o teatro de Anchieta, quer por ser de autoria de um jesuíta, quer pelos objetivos a que se destinava, deveria filiar-se à tradição religiosa medieval. Nenhuma outra forma se ajustava mais que o auto aos intuitos catequéticos. A análise das peças não revela apenas um parentesco ou derivação: os milagres dos séculos XIII e XIV e os autos vicentinos, passando por exemplos Ibéricos, entrosam-se para formar a fisionomia dos textos anchietanos. Todo o universo religioso, presente na dramaturgia medieval, se estampa nas oito obras mais caracteristicamente teatrais conservadas do canarino. A hagiografia fornece matéria para vários textos. A intervenção de Nossa Senhora, como nos milagres, permite o desfecho feliz de uma trama. O paganismo anterior da vida dos silvícolas, com seus costumes condenáveis, é estigmatizado à luz do bem e da moral cristãos[23].

23. Idem, p. 17-18.

Nesse sentido, a visão histórica aliou-se a uma perspectiva estética que permitiu descortinar, pelo menos em nível de esboço, um referencial cênico para o período identificado com a catequese. Em termos metodológicos, tal procedimento é decorrência de uma interpretação que parte das evidências, porém as articula ao repertório que lhe permite construir um contexto com vistas a dar inteligibilidade aos acontecimentos.

Essa perspectiva de trabalho demonstra a intenção deliberada do autor em explicitar a presença das ideias na organização temática e cronológica da narrativa que, ao longo dos tempos, passou a ser identificada como a História do Teatro Brasileiro. Nesse aspecto, por não identificar nos séculos XVII e XVIII nenhuma proposição teórica dominante, Magaldi optou por qualificar esses duzentos anos como a materialização de um vazio teatral, embora mencione em rápidas linhas a existência das casas de espetáculos e faça alusões a textos escritos no período como *O Parnaso Obsequioso*, de Cláudio Manuel da Costa. Quanto a Antônio José, não lhe foi atribuído um lugar na História do Teatro Brasileiro, pois:

> Sua família já deixou o Brasil quando ele tinha apenas oito anos, ao que parece por ordem da Inquisição: acusaram a mãe de judaísmo. Perseguido estupidamente pela corte religiosa, sob torpes alegações, teve de esconder-se no anonimato. Em contraste com a condição de vítima, suas peças se destinam ao riso franco e com frequência ao menos elegante. Num dilaceramento íntimo que deve ter sido dos mais trágicos, Antônio José precisou renegar sempre a origem, para garantir a sobrevivência, que afinal lhe foi recusada. Como poderia ele buscar as raízes brasileiras? E essas raízes, sobretudo no caso, não seriam raciais, dominando as lembranças de um solo episódico? Em face da biografia, o teatro de Antônio José parece uma alienação de si mesmo – quanto mais do nascimento no Brasil[24].

Para além dessas justificativas, as preocupações de Magaldi estavam sintonizadas na seguinte questão:

24. Idem, p. 31.

O vazio do século XVIII pode ser transformado, assim, numa lenta e paciente preparação de um florescimento que viria mais tarde, quando fossem inteiramente propícias as condições sociais. No início do século XIX, não se alteram muito as características aqui apontadas. Será necessária a Independência política, ocorrida em 1822, para que o país, assumindo a responsabilidade de sua missão histórica, plasme também o seu teatro[25].

Esse talvez seja um dos momentos mais significativos de *Panorama do Teatro Brasileiro*, no qual a construção da narrativa histórica associou-se a uma ideia e a um projeto político, isto é, confeccionar uma escrita que tivesse como *leitmotiv* a construção de uma nação e o forjar de um sentimento de nacionalidade. E foi sob essa premissa que o historiador refletiu sobre a tragédia de Gonçalves de Magalhães e sobre as comédias de Martins Pena.

Em termos de periodização, o livro de Magaldi não diferiu dos demais, inclusive, em termos analíticos, permaneceu muito mais restrito ao centralizar as suas discussões na produção dramatúrgica. Entretanto, o que, em um primeiro momento, poderia sugerir uma perda em termos de abrangência, mais adiante revelou-se um significativo aprofundamento das análises porque privilegiou os dados de originalidade (temática e esteticamente) na composição dos textos, proveniente não de cópias, mas de aclimatação das perspectivas artísticas e culturais da Europa do período.

Em vista disso, Sábato Magaldi organizou os capítulos de *Panorama do Teatro Brasileiro* com essa preocupação: compreender os caminhos percorridos pela dramaturgia para que, no decorrer do século XIX, emergisse um teatro que pudesse ser identificado como nacional. Estabelecido o marco inaugural, Magaldi selecionou autores e obras que, por meio das temáticas discutidas, permitissem entrever afirmação e/ou reafirmação de valores, assim como introduzissem no palco abordagens e/ou temáticas originais para a questão nacional. Nesse sentido, é digno de nota que

---

25. Idem, p. 33.

o único capítulo destinado ao fenômeno teatral propriamente dito versou sobre João Caetano, especialmente pelo fato de ele ser identificado com a tarefa de construir uma *interpretação nacional*, em decorrência de sua construção cênica da personagem Antônio José na peça de Gonçalves de Magalhães e das reflexões por ele registradas no livro *Lições Dramáticas*.

Foi sob esse prisma que diferenciados aspectos da dramaturgia de Joaquim Manuel de Macedo, José de Alencar, Artur Azevedo, França Jr., Coelho Neto foram abordados. Por meio do esquadrinhamento das temáticas, Sábato Magaldi introduziu o debate do século xx, especificamente aquele relativo à questão da modernização que, em termos dramáticos, fora anunciada pelos textos de Oswald de Andrade: *A Morta* e *O Rei da Vela*.

A partir desse momento, o livro percorre temas, peças, dramaturgos e periodizações que marcaram as interpretações do teatro brasileiro na segunda metade do século xx. Em verdade, desse momento em diante, o leitor entra em contato com uma das narrativas matrizes da História do Teatro no Brasil para o último quartel do século passado. Para tanto, se o anúncio da modernidade no campo teatral fizera-se pelas peças de Andrade, a sua presença nos palcos materializou-se pela montagem da peça *Vestido de Noiva* (Nelson Rodrigues), em 1943, pelo grupo amador Os Comediantes (rj), sob a direção do diretor polonês Z. Ziembinski.

No Rio de Janeiro, Nelson Rodrigues, Ziembinski, Santa Rosa, Os Comediantes. Em São Paulo, Teatro Amador, Teatro Brasileiro de Comédia (tbc), Escola de Arte Dramática (ead), Décio de Almeida Prado, Alfredo Mesquita, Franco Zampari, Companhia Maria Della Costa, Luciano Salce, Adolfo Celi, Gianni Ratto etc. Nesse pequeno arrolar estão presentes dramaturgos, diretores, companhias, críticos, professores e empresários que capitanearam um processo de modernização que transformou a concepção cênica, dramática e interpretativa do teatro que se fazia no país, mesmo mantendo a diversidade temática que abarcou questões rurais

(Abílio Pereira de Almeida, Jorge Andrade, dentre outros escritores), e a religiosidade popular (Ariano Suassuna).

Um momento precioso desse debate está no capítulo "Introdução dos Conflitos Urbanos". Nele, são discutidas peças e as contribuições de Gianfrancesco Guarnieri à dramaturgia brasileira pela inclusão das camadas subalternas da população como protagonistas. O impacto estético, político e cultural de *Eles Não Usam Black-tie*, o fortalecimento do Teatro de Arena (SP) na cena teatral paulistana e posteriormente brasileira, ao lado de reflexões que clamavam por um efetivo diálogo entre arte e política, marcou o que se definiu como o momento de uma dramaturgia nacional e crítica[26].

Em *Panorama do Teatro Brasileiro* está sintetizado um programa de revisão e fundamentação de nossa herança dramatúrgica e cênica, não apenas como exposição de concepções e problemas gerais, mas como estudo sistemático dos textos e das montagens, dos autores e dos atores, no seu ambiente estético-histórico. Os quatro séculos emergem dos bastidores sob nova luz teatral. Trata-se, até certo ponto, de uma "revelação", não de fatos sensacionais, mas da intimidade estrutural dos eventos cênicos, de suas articulações sociais e de suas motivações artísticas. João Caetano, por exemplo, com sua presença de ator, que é a do comediante brasileiro, revive para as novas gerações, graças a uma reavaliação de suas *Lições Dramáticas*. Todavia, é a literatura dramática quem mais se beneficia dessa crítica que, por vezes, expõe aspectos inesperados. O olhar lançado para a dramaturgia de José de Alencar é uma feliz demonstração da contribuição da obra de Sábato Magaldi para a História e para a Historiografia do Teatro Brasileiro.

Em relação a esse item, Magaldi realizou um balanço das referências bibliográficas disponíveis para aqueles que

---

26. As últimas edições incorporam ao livro *Panorama do Teatro Brasileiro* dois textos. O primeiro, de 1987, intitula-se "O Texto no Moderno Teatro" e o segundo, de 1996, denomina-se "Tendências Contemporâneas". Esses dois trabalhos não serão abordados nessa parte da reflexão, mas mais adiante, em situação oportuna.

se interessam por teatro brasileiro. Dentre as mencionadas, estão vários trabalhos de autoria de críticos literários que se voltaram majoritariamente para a literatura dramática (Sílvio Romero, José Veríssimo, Múcio da Paixão, Carlos Süssekind de Mendonça, Décio de Almeida Prado etc.) Entretanto, para nossa discussão, para além da avaliação feita em relação à obra de Lafayette Silva[27], interessa-nos destacar os comentários feitos ao livro de J. Galante de Sousa:

> O juízo sobre *O Teatro no Brasil*, dois tomos de J. Galante de Sousa lançados pelo Instituto Nacional do Livro em 1960, depende do ponto de vista em que se coloque o observador. Para a elaboração deste livro, por exemplo, foram um apoio permanente e indispensável, pela honesta referência bibliográfica, pelo trabalhoso levantamento de fontes. As omissões do segundo tomo (*Subsídios para uma Biobibliografia do Teatro no Brasil*) foram mais notadas que as compactas 581 páginas, o que há de mais completo e útil no gênero. É verdade que, não sendo J. Galante de Sousa homem de teatro, cometeu erros típicos de quem lida em terreno pouco familiar. Não será esse motivo para negar a grande importância do que foi compilado e que poderá aperfeiçoar-se numa segunda edição. Consideramos mais grave, embora desejada, a omissão crítica do autor, no Tomo I (*Evolução do Teatro no Brasil*): substitui ele sempre a sua visão pessoal, que poderia inclusive alterar o esquema metodológico, pelo juízo de outros comentaristas, sobretudo de Décio de Almeida Prado. A obra de J. Galante de Sousa é indubitavelmente, porém, o ponto de partida para qualquer futura história do teatro brasileiro[28].

Evidentemente, essas ponderações mereceriam ser discutidas sob vários aspectos, a começar pela maneira como ele apreendeu a escrita de J. Galante. Todavia, aqui, interessa-nos destacar a afirmação de que *O Teatro no Brasil* deverá ser "ponto de partida para qualquer futura história do teatro brasileiro". Acreditamos que o motivo de tal afirmação se justifique não só pelo levantamento bibliográfico à disposição de futuros pesquisadores, mas pela maneira como Galante apresentou interpretações e valores estéticos

27. Cf. nota 15.
28. S. Magaldi, *Panorama do Teatro Brasileiro*, p. 291-292.

de críticos e literatos acerca do fenômeno teatral do Brasil em distintos momentos históricos.

Não obstante todos os esforços empreendidos por Sábato Magaldi, em seu já clássico *Panorama do Teatro Brasileiro*, cabe, ainda, recordar os demais méritos presentes na obra, dentre os quais está o de lançar bases de nossa historiografia cênica, pois

no *Panorama do Teatro Brasileiro* está sintetizado, por assim dizer, o esboço de todo esse programa de revisão e fundamentação de nossa herança dramatúrgica e cênica. Não apenas como exposição de concepções e problemas gerais sobre o tema, mas principalmente como estudo sistemático das peças e montagens. [...] Sábato Magaldi pesquisa a sua evolução em nosso meio. Os quatro séculos assim focalizados emergem dos bastidores verdadeiramente sob nova luz teatral. Trata-se, até certo ponto, de uma "revelação", não de fatos sensacionais, porém de relações até agora mal vislumbradas, da intimidade estrutural dos eventos cênicos, de suas articulações sociais e de suas motivações artísticas[29].

As ponderações elaboradas por ocasião da primeira edição da obra (1962) permitem vislumbrar as ideias e o procedimento de trabalho adotados por Magaldi, no sentido de estabelecer a historicidade das escritas acerca do teatro brasileiro.

A partir dos diálogos críticos estabelecidos e das perspectivas entrevistas por Guinsburg, nosso objetivo é compreender como em determinadas narrativas essas ideias suplantaram o processo histórico e se tornaram a própria história que, constituída de sentidos e finalidades, teceu mecanismos que fundamentaram hierarquias, valores e fixaram uma imagem do teatro brasileiro.

Ao lado dessas três obras, são dignos de nota textos que, sem dúvida, possuem destaque nos debates e nas análises

---

29. J. Guinsburg, Apresentação, em S. Magaldi, *Panorama do Teatro Brasileiro*. Texto confeccionado para a orelha da primeira edição da obra ocorrida em 1962 e mantida nas edições subsequentes.

acerca do teatro brasileiro, porém as suas abordagens são de caráter mais restrito. A razão pela qual isso ocorre deve-se ao fato de que esses estudos originam-se das práticas teatrais que efetivamente se desenvolveram a partir de premissas norteadoras.

O primeiro a ser evidenciado é o livro do escritor, crítico, tradutor, que também participou da criação do grupo de teatro amador Os Comediantes (RJ) e do Teatro de Câmara (RJ), Gustavo Dória: *Moderno Teatro Brasileiro: Crônica de Suas Raízes*[30].

A obra foi organizada tendo a modernização do teatro como ideia central, apesar de as aludidas partes receberem os seguintes títulos: "A Valorização do Espetáculo", "Fixação do Autor Brasileiro" e "Primado do Diretor". Esses, à primeira vista, fazem com que o leitor se imagine diante de textos independentes, na medida em que o objeto do primeiro é o espetáculo teatral propriamente dito. Já o segundo volta-se para o dramaturgo e para o texto dramático, enquanto o terceiro privilegia a figura do diretor.

Entretanto, mesmo com denominações abrangentes, os capítulos não foram compostos de forma despretensiosa e autônoma. Pelo contrário, eles se organizam com vistas a apresentar as iniciativas artísticas que propiciaram a modernização dos palcos. Nesses termos, existe um fato histórico – *a modernização do teatro no Brasil* – e a partir dele são apresentados nos dois primeiros capítulos *os antecedentes* que forneceram subsídios para que o trabalho florescesse (Capítulo 1 – Os Precursores, O Teatro de Brinquedo, Dez Anos de Permeio, O Teatro do Estudante, O Teatro Universitário, Os Comediantes, Os Artistas Unidos e O Teatro Brasileiro de Comédia; Capítulo 2 – O Autor Brasileiro, O Teatro de Câmera, A Presença de Silveira Sampaio, Duas Iniciativas, O Teatro Duse e O Teatro Santa Rosa). Por sua vez, no capítulo três surgem as consequências do processo de modernização (O Novo

30. Rio de Janeiro: SNT, 1975.

76

Teatro, O Arena, O Oficina, Os Comandos Teatrais e Os Amadores).

Depreende-se, da estrutura adotada por Dória, a existência de uma ideia organizadora, isto é, a partir dela os acontecimentos artísticos são apresentados e interpretados. Em decorrência disso, as possíveis diversidades, contidas no processo, são elididas a fim de que seja identificado um fio condutor que caminhe para a efetivação do ideário almejado, por intermédio de juízos de valor constituídos *a priori*, muitas vezes como uma ideia-força contrária à dinâmica teatral constituída historicamente.

Os argumentos de Gustavo Dória são elucidativos para a compreensão dos embates e das concepções que impulsionaram a defesa e a necessidade da modernização teatral. Para tanto, a sua narrativa visa congregar em um único texto o olhar do crítico e historiador conjugado ao do sujeito histórico participante do processo, uma vez que o autor teve destacada atuação no período.

De acordo com sua análise, o teatro brasileiro, de maneira contínua, teve de ser refundado. Primeiramente, no século XIX, é claro que, a bem dizer, fundado, surge como constituinte de uma jovem nação que surgia no cenário mundial, independente da metrópole portuguesa. Com o fito de que isso se efetivasse, foi preciso criar, simbolicamente, as bases identitárias para forjar a unidade da nação e as bases da civilização que deveria florescer.

Para tanto, elegeram-se os temas e as formas norteadoras do universo das representações e, sob essa égide, peças foram escritas, espetáculos realizados e análises críticas elaboradas. Entretanto, apesar dos esforços mobilizados, a dinâmica sociocultural e seu alto grau de complexidade propiciaram a emergência de outras maneiras de efetivação desse simbólico marcadas especialmente pelo riso e por temáticas que, em vários níveis, estabeleceram empatia com o seu público.

Como desdobramentos desses intentos, o teatro no Brasil foi sistematicamente apresentado sob dois aspectos.

O primeiro como o que ele deveria ser (fundado nas tradições francesas, divulgador de temas que enobrecessem os homens e uma das pilastras de veiculação de valores morais, sociais e culturais) e o segundo como ele efetivamente se apresentava aos espectadores (estabelecido pela comicidade das situações cotidianas, presença de personagens-tipo que se aproximavam do homem comum e a partir deles constituía-se o universo da crítica social).

Embora esforços tivessem sido mobilizados, a vocação almejada para o teatro brasileiro não se efetivara. Assim, se a questão nacional e o diálogo com países identificados como detentores de cultura não se impuseram como foram planejados, isso não significou, em absoluto, que a empreitada deveria ser abandonada. Ela continuou presente não apenas como ideia-força, mas como proposições que deveriam marcar a refundação do teatro brasileiro, porém nas bases estabelecidas pelo século XX: pelo viés da modernização.

Nessa direção seguiram também as preocupações do diretor, crítico e professor Hermilo Borba Filho que, em 1936, transferiu-se para a cidade do Recife e lá desenvolveu intensa atividade teatral[31].

---

31. Hermilo Borba Filho é dono de uma trajetória diversificada. Atuou como ator e como ponto. Escreveu textos em parceria com Valdemar de Oliveira (figura fundamental na História do Teatro de Pernambuco), além de se dedicar a traduções e à confecção de textos de cunho teórico e histórico acerca do teatro no Brasil e no Ocidente.
Entre os anos de 1953 e 1957, sediou-se em São Paulo. Nessa cidade, manteve colunas de críticas teatrais nos *Última Hora* e *Correio Paulista*. Além disso, em 1957, dirigiu, para a companhia Studio Teatral, o espetáculo *A Compadecida*, de Ariano Suassuna, que foi responsável pela visibilidade da obra desse escritor no eixo São Paulo-Rio de Janeiro. Retornou ao Recife e, em 1960, junto ao Movimento de Cultura Popular (MCP), no governo de Miguel Arraes, criou o Teatro Popular do Nordeste (TPN) juntamente com Ariano Suassuna, Gastão de Holanda, Capiba, José Moraes de Pinho, José Carlos Cavalcanti Borges, Aldomar Conrado e Leda Alves. No TPN, dirigiu *A Pena e a Lei*, de Ariano Suassuna, e *A Mandrágora*, de Maquiavel. Fundou, em parceria com Alfredo de Oliveira, o Teatro de Arena do Recife, que foi inaugurado com a peça *Marido Magro, Mulher Chata*, de Augusto Boal, que foi seguida por *Eles Não Usam Black-tie*, de Gianfrancesco Guarnieri.

Detentor de um repertório artístico e intelectual, que o colocava em sintonia com as referências históricas do teatro europeu e com os debates artísticos e temáticos do século XX, Hermilo Borba Filho pontuou sua atuação artística, como diretor, com a montagem de peças estrangeiras e brasileiras, fossem elas de autores nordestinos ou de outras regiões do país. Nesse sentido, embora seu repertório fosse eclético, foram dramaturgos como William Shakespeare, Lope de Vega, Luigi Pirandello, entre outros, aliados à dinâmica criativa das manifestações culturais do Nordeste brasileiro, que contribuíram para o estabelecimento de seus parâmetros qualitativos.

Para tanto, basta consultarmos o volume *Cartilhas de Teatro: História do Espetáculo*[32] escrito por ele em parceria com B. de Paiva. Nele, estão dispostos, em vinte e quatro capítulos, os marcos que organizam a História do Teatro do Ocidente, leia-se, essencialmente, o europeu, sendo que, no último capítulo, há destaques para aspectos da cena e da dramaturgia norte-americanas. Sua narrativa inicia-se nas origens gregas do teatro, com destaque para a origem religiosa e campestre das procissões, os ditirambos e o contraste entre o dionisíaco e o apolíneo, que está na base da tragédia e da comédia.

Constituído o marco inicial, os autores voltam-se para uma rápida apresentação dos trágicos gregos para, na sequência, debruçarem-se sobre os elementos da comédia. Encerrado o sobrevoo sobre os gregos, as atenções recaem em direção ao teatro latino: suas origens e suas festas; seus autores cômicos e trágicos, ao lado das representações e dos espaços a elas destinados.

A experiência teatral da Antiguidade finda-se e, com isso, ganham espaço o Período Medieval e as verticalizações relativas à Era Moderna nas cidades-estados italianas, na Espanha, na França e na Inglaterra. Entretanto, antes de dar continuidade ao desenvolvimento cronológico do

---

32. Rio de Janeiro: SNT, 1969.

teatro na Europa, os autores introduzem, entre o medievo e o mundo moderno, um pequeno capítulo destinado à China e ao Japão. Posteriormente, passagens marcantes dos séculos XVII e XVIII e artistas como Molière, William Shakespeare, Giacometti, Pirandello, Ibsen, Strindberg são arrolados, assim como as vanguardas alemãs e russas e as realizações nos Estados Unidos, no sentido de compor um repertório tido como fundamental para aqueles que trabalham com o teatro.

Essa obra, considerada o primeiro manual de História do Teatro publicado no Brasil, procurou articular informações atinentes à dramaturgia e à estrutura das apresentações. Nesse sentido, emergiram da narrativa elementos norteadores acerca do trabalho de interpretação, de composição de palco e de cena e, sob esse prisma, apresentou-se, efetivamente, como uma sistematização didática bastante própria aos estudos teatrais. Ainda, sobre esse livro, é oportuno mencionar:

> As "Cartilhas" pretendem levar a amadores teatrais, estudantes de teatro, e aos que, de qualquer forma, se interessam pela *Arte do Espetáculo*, noções elementares de técnicas e artes teatrais necessárias à concreção de suas vocações. E esse objetivo se alcançará facilmente pela sua maleabilidade de locomoção. Muito mais fácil e menos dispendiosamente, ela chegará onde quem quer que dela necessite. [...] Este primeiro volume se destina ao ensino da História Geral do Teatro. Dela separamos, para um número especial, a parte referente ao estudo do Teatro em Língua portuguesa. Não só por considerarmos a sua importância, mas porque assim estabelecem os currículos oficiais[33].

A breve exposição do conteúdo, aliada às palavras de Felinto Rodrigues Neto, nos permite inferir dados significativos em relação ao pensamento de Borba Filho. O primeiro, evidentemente, refere-se ao esforço em situar aqueles que desenvolvem atividades teatrais, em diferentes

33. Felinto Rodrigues Neto, Apresentação pelo Diretor do SNT, op. cit., v. 1, p. 7-8.

regiões do país, com relação à tradição milenar do teatro no Ocidente. Em consonância com essa perspectiva, o fato de apresentar em separado informações acerca do teatro de língua portuguesa revela, em segundo lugar, a vontade de singularizar a experiência desse idioma, com vistas a integrar as criações brasileiras.

Essas ponderações adquirem pertinência quando nos voltamos para o estudo denominado *Espetáculos Populares do Nordeste*[34], no qual Hermilo Borba Filho analisa a composição cênica e temática do bumba-meu-boi, do fandango, do mamulengo e do pastoril.

No bumba-meu-boi, após identificar suas influências europeias e sistematizar as ponderações de importantes estudiosos, entremeadas por vários exemplos dessa manifestação cultural, Borba Filho elenca as categorias das personagens (humanos, animais e fantásticos).

A partir desse reconhecimento, com ênfase nas práticas que o qualificam como manifestação popular, o autor recupera as aproximações com as representações europeias e com o cunho religioso, que lhe é inerente:

Num espetáculo dessa duração (geralmente começa às nove horas da noite e termina às cinco horas da manhã) é espantoso como os intérpretes dancem, cantem e representem sem mostra de cansaço, tomando cachaça nas várias saídas de cena. Bebem os atores e bebe o público, numa variante atual das comemorações a Dionísio, quando os sátiros e as bacantes entregavam-se à orgia. Num Boi de Natal os figurantes usavam máscaras de pele de bode e é singular que isto aconteça, pois o bode (*tragos*, em grego, dele se originando a palavra *tragédia*) era animal que se identificava com o deus Dionísio, os sátiros (companheiros do deus) vestindo-se com suas peles e a eles se assemelhando pela caracterização. No *Boi Misterioso de Afogados* a máscara também é um elemento importante e os atores que não usam máscaras lançam mão de uma maquilagem bem carregada de carvão ou farinha de trigo que se assemelha à própria máscara. A máscara ainda tem a função – como no teatro grego e no teatro brechtiano – de utilizar um menor número de intérpretes

34. São Paulo: Desa, 1966.

em várias personagens: é só mudá-la e transformar-se em uma nova figura, poupando um elenco numeroso, pois o bumba-meu-boi utiliza perto de quarenta e oito tipos diferentes.

Não há atrizes na representação. Os papéis femininos são definidos por homens vestidos de mulher, à boa maneira dos espetáculos elisabetanos. Uma única exceção é feita para a Pastorinha. [...] Outro exemplo feminino usado no espetáculo é a Cantadeira, sentada ao lado da orquestra[35].

A articulação estabelecida entre a tradição europeia, vista por muitos como erudita, e as manifestações nordestinas, identificadas como populares, evidencia a maneira como Hermilo construiu uma circulação cultural na qual os dados relativos à tradição e à modernização se fazem presentes na cultura da região. Essa perspectiva circular, para compreender as distintas formas de expressão cultural do Nordeste, não é exclusiva do bumba-meu-boi. Por exemplo, no fandango são apreendidas as seguintes evidências:

O FANDANGO, também conhecido nos estados nordestinos como *bailado dos marujos, marujada, chegança dos marujos*, ou *barca*, já era conhecido na primeira década do século XIX. É um auto composto por cantigas brasileiras e xácaras portuguesas, que se representa durante o ciclo de Natal, com personagens vestidos de oficiais da Marinha e outros de marinheiros, cantando e dançando ao som de instrumentos de sopro e cordas dedilhadas.

É um resultado das odisseias marítimas portuguesas, às vezes também apresentando episódios de luta entre mouros e cristãos. A informação mais antiga que se tem a respeito é a de Henry Koster, de 1814, assistindo a um folguedo na ilha de Itamaracá.

É evidente que, se continuássemos a explorar o conteúdo dessa obra, traríamos à tona registros interpretativos que não se pautam por análises de situações dicotômicas nem entre o erudito e o popular, nem entre o regional e o internacional. Pelo contrário, como parte de sua empreitada artística e intelectual, Hermilo Borba Filho, inicialmente,

35. Idem, p. 23-24.

propiciou aos seus leitores um panorama dos marcos, que construíram a História do Teatro no Ocidente.

De posse desse repertório, o autor voltou-se para as práticas culturais identificadas como manifestações populares do Nordeste e, por intermédio delas, apreendeu as formas pelas quais o referencial europeu foi redimensionado e adquiriu novos significados. Dito de outra maneira: conseguimos observar, pelas lentes e pelo procedimento metodológico de Hermilo Borba Filho, importantes índices de um processo de antropologização de realizações artísticas e culturais que, ao longo do tempo, tornou-se elemento essencial da atividade teatral realizada em diferentes locais das regiões Norte e Nordeste do Brasil.

Aliás, essa perspectiva interpretativa foi também apreendida pela crítica Mariângela Alves de Lima, ao analisar a contribuição de Hermilo Borba Filho para a cena teatral no país:

> Para fundamentar sua prática como encenador e dramaturgo, para orientar os grupos e elencos com que trabalhou e, sobretudo, subsidiar a atividade didática informal e universitária, escreveu uma história do teatro tendo como perspectiva central a evolução do espetáculo.
>
> Ângulo inovador entre nós nos anos 50 do século xx, uma vez que ainda estávamos em débito com a história da literatura dramática brasileira, a tese de Hermilo Borba Filho harmonizava as duas batidas pendulares da arte no seu Estado natal. Em Pernambuco, e também em outros Estados do Norte e Nordeste, os espetáculos populares, bem-sucedidos na medida em que seu público se renova há várias gerações, eram predominantemente cênicos e só "literários" de modo secundário. Testemunhavam, portanto, o vigor da comunicação direta, da inteligência original do artista da cena, capaz de recriar e improvisar infinitamente as suas histórias. No contratempo dessa batida havia, e há ainda esse sintoma frequente em culturas que preservam o fascínio pelo universo rural, um ímpeto metropolitano e universalista incitando à abertura para as novidades da vanguarda internacional.
>
> [...] Sem explicitar as referências às vanguardas europeias que valorizaram a encenação e os atores situando-os em um patamar à altura da dramaturgia, o estudo dos mamulengos nordestinos destaca os procedimentos de composição da cena, as estruturas

dramáticas, a vitalidade resultante da ênfase na potência icônica da personagem e, sobretudo, a independência de uma linguagem que se firma nas convenções puramente teatrais, sem ligar a mínima para a forma aparente do real. Esse "realismo superior, porque poético" seria, na perspectiva do ensaio, um ponto de contato íntimo ou uma identificação metafísica entre o teatro contemporâneo e os espetáculos populares[36].

Sobre Hermilo Borba Filho, cabe também destacar: a originalidade de sua escrita decorre de sua apreensão histórica do processo vivido. O encontro dessa experiência artística com as contribuições trazidas por atores e diretores estrangeiros, como Ziembinski e Turkow, que realizaram atividades no Recife, provavelmente possibilitaram a Hermilo a construção de uma narrativa singular da História do Teatro, sob o ponto de vista da cena popular do Nordeste brasileiro.

Ainda nesse mapeamento de obras referenciais para os estudos sobre a experiência teatral no Brasil, outro pensador a ser invocado é Nélson de Araújo que, em 1960, tornou-se professor da Universidade da Bahia para ministrar a disciplina História do Teatro.

Diferentemente de Hermilo Borba Filho, Araújo não foi um homem da ribalta, nem como ator, nem como encenador. No entanto, a sua proximidade com os palcos, tanto pela escrita dramatúrgica quanto pelo estudo sistemático da história, deu origem aos seguintes trabalhos: *Alguns Aspectos do Teatro no Brasil nos Séculos XVIII e XIX*, *História do Teatro*, *Duas Formas de Teatro Popular do Recôncavo Baiano*, *O Baile Pastoril da Bahia*, *La Percepcion de la Realidad Africana en el Brasil* (publicado na Argentina e em Portugal), *Três Novelas do Povo Baiano* e *Folclore e Política*. Foi autor de inúmeras peças, dentre as quais estão *Rosarosal*, *Rosalrosa*, *Auto do Tempo e da Fé*, *Cinco Autos do Recôncavo*.

---

36. Mariângela Alves de Lima, Pensador Universal, Renovou a Cena Artística no Recife, disponível em: <http://propaulo.blogspot.com/2008/01/hermilo-borba-filho.html>, acesso em 07 fev. 2011.

A partir desses trabalhos, depreende-se, no nível da pesquisa e no da criação ficcional, que os elementos populares da região nordestina foram essenciais para a elaboração de seus escritos, na medida em que os enfoques adotados para com a História do Teatro, em caráter abrangente, foram definidos pelos interesses e pela aclimatação em torno do local e do específico.

Um exemplo do que está sendo afirmado, encontra-se no livro *História do Teatro*, editado em 1978 pela Fundação Cultural do Estado da Bahia. Dividido em seis partes – 1. A África e a Ásia; 2. O Teatro da Antiguidade Clássica; 3. A Idade Média; 4. Do Renascimento ao Realismo; 5. O Teatro no Século xx: A Grande Reforma e Novas Fronteiras; 6. Teatro Contemporâneo: Uma Crônica de Três Lustros – esse compêndio tem o mérito de traçar linhas gerais, com a finalidade de propiciar ao leitor uma narrativa que, vinculada aos grandes marcos históricos de periodização (História do Oriente Antigo, História Antiga, História Medieval, História Moderna e História Contemporânea), permita que ele acompanhe os acontecimentos mais significativos para a constituição de um cânon, por meio do qual o fenômeno teatral deveria ser pensado e interpretado. Porém, essa organização corresponde, inclusive, a um propósito que foi devidamente esclarecido pelo autor nas "Observações Preliminares":

Lacunas em trabalhos desta natureza são inevitáveis, podem mesmo ser intencionais, as incorreções ocorrem também. Elaborado, desde o primeiro momento, tendo em vista a sua publicação na Bahia, quis-se, neste, proporcionar, no quadro do teatro brasileiro, informações mais minudentes sobre a Província, sem sacrifício dos acontecimentos significativos de âmbito geral. Não fossem as razões do dimensionamento dos capítulos brasileiros as mesmas que determinaram as provincianas referências da Bahia e do Nordeste, se a visão maior prevalece. *Jus poesis.*
Em plano mundial, foram as grandes tendências que se tentou surpreender, na sua gênese e expansão, enfatizando-se a situação geográfica onde esses dois aspectos de um mesmo processo assumiram maior vulto e poder de influência. Nem tudo sobre determi-

nado país é dito – salvo o suficiente para aclarar o panorama mais extenso; nem todas as obras ou encenações de cada autor ou diretor são mencionadas[37].

Depreende-se dessa advertência preliminar que o impulso gerador do livro foi o de compreender e conhecer o teatro da Bahia e do Nordeste, em geral, através de seus referenciais artísticos e teóricos. Tal empreitada foi tão essencial que acabou por definir a própria arquitetura do livro, na medida em que essas preocupações fundamentaram as abordagens nele realizadas.

Aparentemente a reflexão de Araújo não apresenta caráter inovador. No entanto, uma leitura mais detida permite reconhecer a sua ousadia ao iniciar uma História do Teatro a partir dos continentes africano e asiático. Em relação a esse último, é evidente o destaque dado ao teatro tradicional chinês, ao teatro japonês e às convenções da Índia, em especial ao elemento teatral presente na própria religião. Já, no que se refere à África, Nélson de Araújo destaca:

> Na exposição que ora começa, pode-se fazer recair a escolha sobre tradições de povos mais intimamente ligados ao brasileiro, na própria composição étnica deste, os atuais iorubás e os jejes da África Ocidental, criadores no Brasil do importante complexo jeje-nagô. Na presente distribuição demográfica e política da África, os primeiros se concentram na Nigéria e os últimos, no Daomé. As modalidades selecionadas em sua maioria incorporaram-se à cultura brasileira, em cujo contexto permanecem, com maior ou menor fidelidade aos padrões originais. Este é o caso de uma manifestação iorubá consagrada aos ancestrais, de viva permanência na Nigéria.
>
> [...] Formas associadas aos rituais são encontradas nas grandes festas públicas dedicadas aos orixás, particularmente na tradição jeje--nagô, como se conservou na Bahia. Nestas cerimônias reúnem-se, com maior densidade e equilíbrio, os elementos da dança, música, simbologia visual, indumentária e representação de toda a estrutura do candomblé, e são, a rigor, processos de atualização de mitos. [...] Os elementos de representação afloram ainda mais no decorrer da

37. Nélson de Araújo, Algumas Observações Preliminares, *História do Teatro*, Salvador: Fundação Cultural do Estado da Bahia, 1978, p. 11.

86

cerimônia, no momento em que ela passa ao nível da ação, tal como observa o antropólogo Júlio Santana Braga: "Quando Ogum, em determinadas circunstâncias, se depara com Xangô, adquire um comportamento de luta, como se estivesse a defender alguma coisa, no caso o direito de apossar-se de Iansã, que, no mito próprio, as duas divindades disputaram. A luta termina geralmente em confraternização. Se a mãe de santo conhece claramente a história sagrada, ou apenas a possui na forma das regras rituais, ela deverá colocar Iansã para dançar com Xangô, porque, no mito, é ele o vitorioso"[38].

A preocupação em estabelecer as bases das práticas culturais e religiosas na Bahia tem, para Nélson de Araújo, como uma das premissas observar a maneira pela qual o ritual se estabelece, transforma-se e permanece. Dessa feita, a ideia de rito perpassa o surgimento do teatro baiano, em especial se considerarmos que, mais adiante, inúmeras representações teatrais promovidas pelos jesuítas agregaram elementos importantes do rito e do ritual africano, em especial na província da Bahia. Novamente nos deparamos, aqui, com uma escrita que se direciona no sentido de apreender a perspectiva antropológica, mas, dessa vez, no teatro baiano.

Essa estratégia de abordagem demonstra a singularidade de Araújo em relação à própria História do Teatro porque, embora existam inúmeros estudos que apontem para a origem religiosa do teatro, a incursão pelas manifestações asiática e africana, e em particular por essa última, no que se refere ao teatro brasileiro, no momento em que o livro foi elaborado (década de 1970), é digna de menção.

Através desse olhar, o livro *História do Teatro* inicia seu percurso pelo teatro no mundo ocidental, seja no âmbito dramático, seja em relação a dados de encenação, seja no nível teórico. Porém, no tratamento dado aos períodos estabelecidos, Nélson de Araújo integra os acontecimentos que compõem o que denominamos História do Teatro brasileiro.

Por essa via, ele não compreende o teatro no Brasil dissociado da cena internacional. Pelo contrário, ele o reconhece

38. N. de Araújo, Formas de Transição e Modos Milenários, op. cit., p. 49-51.

como pertencente a um movimento de ideias e de estilos que, ao circularem entre diferentes culturas e localidades, se aclimatam e ressignificam práticas socioculturais. A título de ilustração, convém destacar que no item "O Romantismo e o Realismo", após evidenciar importantes marcos europeus, o autor aborda essas correntes artísticas em Portugal e no Brasil. Já no subtítulo "O Teatro no Século XVIII", encontramos o tema "No Brasil, as Primeiras Casas e Elencos", ao lado de "O Teatro dos Jesuítas", que não é catalogado apenas como um dado da realidade brasileira.

Nesse sentido, o livro de Nélson de Araújo realiza, do ponto de vista da escrita da história, uma espécie de síntese entre compêndios de História do Teatro Ocidental e diversas Histórias do Teatro Brasileiro, com ênfase naquela de autoria de Lafayette Silva, pois tal qual esse autor, Araújo buscou apreender diversos aspectos do que pode ser entendido como História do Teatro, em particular, a encenação.

Contudo, a aproximação entre os dois trabalhos revela outro elemento de originalidade no texto de Araújo: a teoria como inerente à História do Teatro, isto é, sugere que não é possível entender processos artísticos e históricos se não se considerar o movimento das ideias que norteou os mesmos. Assim, quando ele se reporta às experiências teatrais da Antiguidade, o elemento diferencial entre o Oriente e o Ocidente está no fato de os gregos terem formulado "A Primeira Teoria do Teatro" ou, dito de outra maneira, mesmo *a posteriori*, eles foram capazes de refletir teoricamente sobre a sua produção artística.

É bem verdade que esse esforço de Nélson de Araújo, em inúmeras passagens, surge de forma incipiente. Mas a ideia que emerge do seu livro, por um lado, visa a uma perspectiva de totalidade e, de outro, aponta inúmeras possibilidades quando nos referimos à História do Teatro, em consonância com o processo de antropologização e globalização em curso em todo movimento teatral como na sociedade em geral.

Enfim, encerradas as exposições analíticas das ideias de Lafayette Silva, J. Galante de Souza, Sábato Magaldi, Gustavo

Dória, Hermilo Borba Filho e Nélson de Araújo, nesse momento é pertinente indagar: quais as motivações que suscitaram essa reflexão?

Em primeiro lugar, cabe destacar que mesmo as pesquisas monográficas, que atualmente correspondem à quase totalidade da produção universitária do país, buscam nas narrativas abrangentes um referencial para a localização de seus temas no tempo e no espaço.

Como desdobramento dessa evidência, procuramos localizar quais os trabalhos mais citados e, nesse sentido, mesmo reconhecendo a existência de inúmeros outros, constatamos que os livros de J. Galante de Souza, Sábato Magaldi e Gustavo Dória são recorrentes na bibliografia dos estudos sobre teatro brasileiro. Por sua vez, em menor grau, mas com relevância, em algumas pesquisas, estão as reflexões de Lafayette Silva, Hermilo Borba Filho e Nélson de Araújo.

Efetivado esse movimento, quais as implicações das análises aqui apresentadas?

De maneira geral, elas estão organizadas cronologicamente e, em vista disso, estruturam a narrativa dispondo os acontecimentos sob a égide de uma ideia central: o teatro brasileiro traçando sua trajetória em direção à modernidade e à modernização. Ao lado dessa premissa e da forma adotada para transmiti-la, há outro aspecto que merece ser destacado: o lugar da produção de tais trabalhos.

Os textos de J. Galante, Sábato Magaldi e Gustavo Dória, de certa forma, participam do mesmo universo cultural e artístico, na medida em que artistas e críticos das cidades do Rio de Janeiro e de São Paulo militaram efusivamente em favor da modernidade para os palcos brasileiros. Essas cidades passaram ainda a concentrar um número significativo de escolas de teatro que, além de formarem profissionais para a área teatral, passaram a elaborar reflexões sobre o próprio fazer teatral.

Tais motivações, embora com questões e circunstâncias diferenciadas pelo lugar e por suas demandas, estão presentes também nas produções de Hermilo Borba Filho e de Nélson Araújo. Porém, o acento do local, como tentativa de inseri-lo no debate mais amplo, marcam a singularidade e a importância dessas investigações para o estudo do teatro em Pernambuco e na Bahia. Em outras palavras, as empreitadas propostas por Borba Filho e por Araújo, ao estabelecerem ênfase na busca das origens, isto é, nas raízes mais profundas que compõem e dão identidade às culturas produzidas em diferentes regiões do Norte e do Nordeste do país, são contribuições imprescindíveis para que vislumbre a emergência de uma antropologização identitária como realização artística e como estratégia de investigação.

Nesse aspecto, exceção deverá ser feita ao livro de Lafayette Silva que, nos limites de sua investigação, realizou um esforço com a intenção de registrar, da maneira mais completa possível, eventos, manifestações, decisões governamentais, legislação, que trouxessem evidências em relação à atividade teatral no Brasil.

Tal estratégia de abordagem, por parte de Silva, provavelmente pode ser atribuída às condições em que a obra foi elaborada, isto é, de acordo com as regras estabelecidas por um edital do MEC. Porém, o livro de Lafayette Silva, em inúmeros trabalhos, é citado como referência, em nível de informação e de evidências.

Em síntese, os trabalhos apresentados tornaram-se matrizes de uma periodização da História do Teatro Brasileiro cuja força interpretativa concentra-se na busca da modernidade e na ideia de civilização, isto é, salvo o livro de Lafayette Silva, as narrativas dos demais se articularam em torno da ideia e não das nuanças do processo histórico.

Assim, constituídas e comentadas as obras que, ainda hoje, balizam as escritas do Teatro Brasileiro, continuaremos a refletir sobre as formas de narrar a História do Teatro no Brasil, mas, agora, sob a égide das ideias-forças que deram sustentação à temporalidade que organiza e, em muitos casos, unifica distintas experiências em diferentes momentos históricos.

90

3. EM BUSCA DO MODERNO E DA MODERNIZAÇÃO: O PRIMADO DA CRÍTICA

> *O teatro nasce com a cultura de um povo e grau de adiantamento. Ele é o reflexo da sua civilização, a marca indelével de seu progresso intelectual. Só tem teatro os países que se firmaram como nacionalidades de tradições civilizadoras. Toda a América, em formação social, não tem teatro na verdadeira acepção da palavra.*

ABADIE DE FREITAS ROSA[1]

O início do século xx, no Brasil, foi marcado por uma prática teatral na qual a comédia de costumes, a revista-de-ano e o teatro de sessões[2] predominaram especialmente nos palcos

---

1. Apud Gustavo Dória, *Moderno Teatro Brasileiro*, Rio de Janeiro: snt, 1975, p. 19.
2. Espetáculos de curta duração compostos de pequenas peças ou fragmentos de textos maiores apresentados em três sessões diárias.

cariocas. É evidente que tais realizações estavam em descompasso com a renovação cênica empreendida por diretores como André Antoine, Constantin Stanislávski, Gordon Craig e Jacques Copeau, dentre outros, e, provavelmente, esse foi um dos motivos pelos quais os críticos teatrais daquele período avaliaram negativamente essas iniciativas artísticas porque, embora obtivessem grande sucesso de público, elas não foram capazes de estabelecer sintonia com os princípios de modernidade e de modernização – identificados nos textos pela estrutura dramática e pelos temas abordados, enquanto que, do ponto de vista cênico, o trabalho do diretor e a dimensão narrativa da iluminação tornaram-se elementos essenciais da modernidade –, princípios que, naquele momento, marcaram as sociedades europeias e norte-americana.

Porém, o século que florescia não traria somente dissabores à cena teatral. De acordo com estudiosos do tema e do período, houve o renascer da comédia de costumes (*Onde Canta o Sabiá, Nossa Gente, Manhãs de Sol* etc.). Companhias ocuparam as casas de espetáculos não só com revistas e burletas, mas também com dramas e comédias. Artistas/empresários como Leopoldo Fróes, Viriato Correia e Oduvaldo Vianna, ao lado de artistas como Renato Viana, Joracy Camargo, Gastão Tojeiro, marcaram significativamente esse momento da arte teatral.

A atitude patriótica dos empresários Viriato Correia e Oduvaldo Viana não se limitou a programar peças de autores nacionais. Foi mais longe. Nos intervalos da representação de *O Demônio Familiar*, por exemplo, a orquestra executava músicas que evocavam o nosso passado, os nossos costumes, as nossas tradições. Na escolha do repertório, primava a opção pelas peças de costumes nacionais, mormente aquelas que, como *Terra Natal*, constituíam um hino à grandeza e às possibilidades do Brasil, simbolizadas naquele homem rústico que entrava numa das cenas para anunciar que a máquina do engenho voltara a funcionar, consertada por um operário da fazenda, a despeito da opinião do engenheiro contratado nos Estados Unidos[3].

3. J. Galante de Souza, *O Teatro no Brasil*, Rio de Janeiro: MEC/INL, 1960, v. 1, p. 242.

Em suma, se no século XIX foi possível apreender os embates em torno do nacional e da missão civilizatória que caberia ao teatro, o alvorecer do século seguinte não só herdou de seu antecessor tal empreitada como se viu à frente do grande desafio que os novos tempos apresentavam: entrar em compasso com o circuito internacional pelos caminhos da modernidade e da modernização.

Nesse sentido, a passagem de um século a outro foi marcada por interpretações que a definiram como momento de decadência do teatro brasileiro, embora nesse período estivessem em plena efervescência as comédias de costumes, as revistas de ano, as burletas, entre outros gêneros. De forma inequívoca, o diálogo com o público efetivava-se, porém muito distante das expectativas que advogavam a missão civilizatória das artes cênicas.

Companhias teatrais, formadas com bastante sucesso, excursionaram pelo país com seus artistas populares e com um repertório que apostava em talentos individuais e na capacidade de gerar empatia com o público. Artistas estrangeiros continuaram a aportar em terras brasileiras, particularmente com apresentações nas cidades do Rio de Janeiro e de São Paulo. Todavia, o teatro tão acalentado pela crítica não se apresentava e isso, à primeira vista, anunciava o fracasso de todos aqueles esforços em direção a uma cena estética, histórica e agora, também, socialmente consequente.

O novo século recrudesceu ainda mais a situação, pois não bastava apenas congregar ideários nacionalistas aos princípios civilizatórios, mais que isso, naquele momento, civilização passou a ser entendida não somente como a disseminação de valores culturais, formas de comportamento e expectativas de convívio social. Era preciso olhar de frente e estabelecer laços efetivos com a modernização.

O mundo se transformava e caminhava a passos largos em direção à sociedade industrializada e às descobertas tecnológicas. As metrópoles eram uma realidade no continente europeu e já se anunciavam com efetividade em território americano. O cinema apresentava-se como a grande maravilha desses tempos e, nesse novo ambiente, qual lugar deveria ser destinado ao teatro?

Ao contrário do que, até então, se profetizara, a cena teatral não só alimentara inúmeras experiências fílmicas como também foi imensamente estimulada pela sétima arte, em especial no que se refere às possibilidades de narração e às concepções cênicas e interpretativas de tais narrativas.

Em vista disso, os debates, nos quais o teatro no Brasil fora visto e analisado pelas ideias de nacionalismo e de civilização, passaram a incorporar a modernização como um dos percursos a serem trilhados pelas atividades cênicas. Este anseio, aliás, sempre foi subjacente às discussões relativas ao nacional porque, se é correto afirmar que, no decorrer do século XIX, houve esforços e clamores, por parte de críticos e autores, em favor de uma produção com ênfase no fortalecimento da identidade e da unidade do país, também é possível dizer que a mesma deveria estabelecer interlocução com o repertório artístico e cultural do Ocidente. Dessa feita, caberia ao teatro brasileiro construir um caminho que o vinculasse, por um lado, às formas clássicas e, de outro lado, estivesse atento e em compasso com o que estava ocorrendo nos palcos europeus.

Sob esse prisma, à luz da bibliografia disponível, constata-se que, em nível temático, as comédias de costumes, especialmente as de Martins Pena, os dramas e as tragédias, de certa maneira cumpriram, naquelas circunstâncias, a tarefa que lhes fora designada. Contudo, no campo formal, os recursos técnicos e interpretativos para o desenvolvimento da narrativa cênica continuaram restritos. Para muitos, o descompasso entre as ideias e as práticas teatrais deveu-se ao fato de que artistas e produtores, em grande maioria, voltaram seus espetáculos para o gosto médio do público. Tal opção, em certa medida, permite compreender o predomínio das comédias e das revistas-de-ano em face às tendências e aos princípios artísticos e sociais defendidos pela crítica da época.

Assim, para inúmeros críticos e, posteriormente, para vários historiadores, o teatro brasileiro ainda estava sob a égide das comédias de costumes, a exemplo daquelas de autoria de Gastão Tojeiro e Armando Gonzaga, que não eram capazes de, e nem sequer pretendiam, traduzir esteticamente as expectativas que se vislumbravam com o advento das transformações do século xx, como o processo de urbanização e modernização das grandes capitais, como atentou Alcântara Machado, acerca da peça *O Amigo da Paz*, de Armando Gonzaga:

> Diante dos três atos de Armando Gonzaga, *O Amigo da Paz*, levados ontem à cena no Apolo, perante um público muito reduzido, pelo quadro de artistas dirigido por Oduvaldo Vianna, nós preferimos aqui, muito simplesmente, proclamar o desvalor manifesto da peça, reconhecendo mais uma vez o estimável merecimento de seus intérpretes.
>
> Em verdade, *O Amigo da Paz* não tem por onde se lhe pegue. Não possui teatralidade: sua ação se desenrola e se resolve chochamente, inexoravelmente, sem um acidente que desperte interesse, sem um pingo de imprevisto, apresenta graves e muitos defeitos de técnica: o seu segundo ato, por exemplo, é completamente inútil, não contribui em nada para o desenvolvimento da ação, pois não passa, a não ser no final, de mera e estafante repetição do primeiro; é falho na observação, de verdade: um acabado rosário de absurdos.
>
> Terá, ao menos, espírito? Absolutamente nenhum: a peça de Armando Gonzaga tenta fazer rir o público, mas não o consegue com os meios mais grosseiros, mais materiais, mais explorados, à vista de réplicas disparatadas e do ridículo exagerado de suas cenas.
>
> Só merece louvor, portanto, o esforço despendido pelos artistas Apolonia e Durães à frente, para salvar de um fracasso certo *O Amigo da Paz*[4].

As avaliações de Alcântara Machado ilustram, de forma significativa, as projeções que os críticos realizaram em relação à atividade teatral, isto é, os debates artísticos e intelectuais apontavam para ideias e realizações que estavam em sintonia com propostas internacionais, enquanto

---

4. Alcântara Machado, *O Amigo da Paz*, no Apolo, *Jornal do Comércio*, São Paulo, 15 fev. 1923, Seção "Teatros e Música", em Cecília de Lara (org.), *Antônio Alcântara Machado: Palcos em Foco: Críticas de Espetáculos/Ensaios sobre Teatro (1923-1933) – Tentativas no Campo da Dramaturgia*, São Paulo: Edusp, 2009, p. 62.

as comédias escritas e representadas em palcos brasileiros alimentavam-se dos temas e das prosódias das ruas, em particular as da cidade do Rio de Janeiro. Nesse ínterim, é pertinente afirmar que, para Machado, a renovação teatral deveria ocorrer predominantemente na dramaturgia.

Entretanto, essas críticas devem ser lidas à luz dos embates nos quais elas foram escritas, pois seus autores, em sua maioria, estavam vinculados aos círculos modernistas fortemente marcados pelos acontecimentos da Semana de Arte Moderna de 1922, em São Paulo. Por esse motivo, essas percepções devem ser matizadas em interlocução com a própria produção artística que, longe de ser homogênea, comportava um repertório diverso no qual, ao lado das comédias de costumes e das revistas, existiram realizações que, tanto em nível cênico quanto dramático, incorporaram elementos de modernidade e de modernização, mas que, na maioria das vezes, não se voltavam para o grande público.

Esse foi o caso, por exemplo, do Teatro de Brinquedo criado, em 1927, no Rio de Janeiro, por Álvaro Moreyra e Eugênia Moreyra, membros da elite intelectual carioca e frequentadores dos salões onde circulavam pensadores e artistas modernistas.

Embora tenha tido uma existência fugaz, o Teatro de Brinquedo, de acordo com inúmeros críticos, possuía propostas inovadoras para a composição do espetáculo, para a produção, para as relações com o público e encenou em um cassino a peça *Adão, Eva e Outros Membros da Família*, escrita, dirigida e interpretada por Álvaro Moreyra, que permaneceu pouco tempo em cartaz. Já o trabalho seguinte, *O Espetáculo do Arco da Velha*, organizou-se em torno de apresentações isoladas, nas quais cada artista apresentava suas habilidades no campo do modernismo.

Essa iniciativa artística não visava ao circuito comercial. Para Álvaro e Eugênia,

é o teatro da elite para elite, teatro para as criaturas que não iam ao teatro. É uma brincadeira de pessoas cultas... Ele só serve aos que têm curiosidade intelectual. [...] A *mise-en-scène* é de brinquedo como tudo lá [...] O público não existe[5].

Porém, com o fim do Teatro de Brinquedo, o casal Moreyra, geralmente com seus próprios recursos, foi para a periferia da capital ou para o interior do estado do Rio de Janeiro apresentar textos de autores como Pirandello, Ibsen, entre outros, para uma população destituída de um repertório moderno de teatro.

Essa referência acerca do Teatro de Brinquedo confrontada, em alguns aspectos, com as palavras de Alcântara Machado, nos auxilia a perceber a complexidade existente nas tentativas de estabelecer as oposições entre o denominado teatro comercial e as experiências artísticas modernistas. Por exemplo, a título de ilustração, deve-se observar que nesses debates foram desconsiderados os índices de recepção de um espetáculo, pois, de um lado, existia um repertório assimilado pelo grande público, enquanto, de outro, encontravam-se obras e gostos em sintonia com a ideia de modernização defendida pelos críticos.

Esse encaminhamento interpretativo – fundado em iniciativas que visaram, na Europa, afirmar a identidade nacional em termos socioculturais e enfatizar o caráter progressista/modernizador da história da humanidade, por meio de uma filosofia da história que naturaliza o processo vivenciado pelas sociedades – foi fundamental para definir horizontes de expectativas de segmentos importantes da crítica teatral no Brasil.

Sob esse prisma, voltando para os debates acerca do teatro que se fazia e do teatro que se queria no Brasil da primeira metade do século XX, estamos lidando com trabalhos que respondem aos interesses imediatos da plateia da época e com formas, estilos e valores que foram apreendidos em

---

5. Álvaro Moreyra e Eugênia Moreyra apud Rosyane Trotta, O Teatro Brasileiro: Décadas de 1920-30, *O Teatro Através da História,* Rio de Janeiro: Centro Cultural do Banco do Brasil, 1994, v. 2, p. 130.

âmbito universal, mas que poderiam ser singularizados por meio de ações efetivas.

Nesse sentido, o movimento modernista cumpriu um papel fundamental nesse debate porque, em certo nível, a Semana de 1922 deu alguma materialidade ao campo da música, da pintura, da poesia, do romance e da arquitetura. No campo da cinematografia[6] e do teatro, a ausência de cineastas, roteiristas, dramaturgos, diretores, atores, cenógrafos fez com que se produzisse uma fortuna crítica na qual essa ausência tornou-se o *leitmotiv* da crítica para a arte existente e para acumular esforços em prol da modernidade e da modernização, como bem observou Alfredo Mesquita, quando das apresentações de Os Comediantes, em São Paulo, já no fim da década de 1930:

Desde que se principiou a falar na vinda de Os Comediantes a São Paulo, criou-se, em torno dessa temporada, uma atmosfera de interesse e simpática curiosidade. Não só nos meios intelectuais e

6. Apesar de não ter participado das atividades da Semana de Arte Moderna, não se pode, em absoluto, negar o surgimento do filme *Limite*, de Mário Peixoto, que foi concluído em 1931 e estreou no Chaplin Club, fundado no Rio de Janeiro por Octávio de Faria e Plínio Süssekind Rocha, amigo de infância de Peixoto. Este filme nunca foi exibido em circuito comercial.

O seu diretor, Mário Peixoto, vivia da herança da família rica e nunca trabalhou. Ligado à vida teatral do Rio de Janeiro, teve a literatura como sua prioridade, tanto que, também em 1931, publicou o livro de poesias *Mundéu*, que recebeu críticas de Octávio de Faria, Manuel Bandeira e Mário de Andrade. Nesse sentido, o cinema nunca foi assunto de grande interesse para Peixoto, haja vista que *Limite* foi sua única realização, ao lado de uma série de projetos que não se viabilizaram.

Limite foi realizado com a participação de seus amigos de teatro Raul Schnoor, ator principal, e Brutus Pedreira. A fotografia ficou a cargo de Edgar Brazil e Rui Castro fez a assistência de direção. Sobre o filme, propriamente dito, Hernani Heffner, conservador da Cinemateca do MAM, afirmou: "A grande questão é com que ele dialoga. Ele dialoga com o modernismo, dialoga com uma forma cinematográfica mais contemporânea. Mário é um artista moderno, antimoderno, revoluciona o próprio cinema ou dá um passo adiante do próprio cinema? Não é mais ponto de discussão se Mário Peixoto realizou um grande filme. Isso já é ponto pacífico". Sabina Gregori, O Limite de Mário Peixoto, *Jornal da PUC-Rio*, Rio de Janeiro, 29 abr. 2008, disponível em: <http://publique.rdc.puc-rio.br/jornaldapucgi/cgilua.exe/sys/start.htm?>, acesso em: 25 jan. 2011.

artísticos, geralmente bem informados, como nas rodas sociais (não ouso dizer grã-finas, porque a palavra adquiriu tal significado que os mais autênticos representantes da fauna renegam-na pelo menos em público, apavorados).

[…] Ainda sobre o público paulista: Ninguém nega que se ouviram risadas descabidas e idiotas na noite de *Pelleas e Melisanda*. Também houve quem protestasse energicamente contra elas. O fenômeno é universal. Aqui, como no Rio e ainda mesmo na Europa, sempre houve quem primasse pela incompreensão e estupidez. Não é possível, porém julgar um público por uma ou duas vozes discordantes. No nosso país o sintoma parece-me mais grave. É que, por falta de "hábito", por falta de conhecimento do verdadeiro teatro, o nosso público acostumou-se a pensar que teatro é chanchada, como a que lhe apresenta o teatro profissional. Para ele, quem vai a teatro não vai para pensar, para se instruir ou ter emoções elevadas, vai para se divertir como numa feira (já não digo circo…). E ri. Ri de tudo e de nada. A culpa não é dele, coitado, é do que costuma engolir como sendo teatro[7].

As palavras de Mesquita são profundamente esclarecedoras para explicitar a presença de concepções distintas de teatro, estabelecidas entre um teatro feito por e para pessoas informadas e detentoras de um repertório cultural, e outro exercido pelos atores profissionais com o objetivo de obter sucesso e, com isso, garantir o entretenimento das massas.

Nesse debate, porém, não podemos omitir o fato de que não estamos simplesmente diante de uma dicotomia, isto é, de um lado, um teatro comercial, fundado em uma dramaturgia de poucos recursos estilísticos e em uma perspectiva cênica criada em torno do ator/atriz protagonista e, de outro, um projeto teatral capitaneado por uma elite intelectual, em sua maior parte acostumada a frequentar os mais importantes salões da Europa, em particular os de Paris, que se torna diretamente comprometida com as realizações e com as premissas do primitivismo, do cubo-futurismo e da própria modernidade.

7. Alfredo Mesquita, Nota a Visita de "Os Comediantes" a São Paulo, *O Jornal*, São Paulo, 23 jul. 1944, apud *Dionysos*, Rio de Janeiro, SNT/MEC, ano XXIV, dez. 1975, n. 22, p. 85 e 94.

Tal posicionamento de nossa parte, justifica-se porque, se nos voltarmos para a cena teatral, constataremos a presença de iniciativas inovadoras, em termos temáticos e em nível de linguagem, com os trabalhos de Renato Vianna, Oduvaldo Vianna, Joracy Camargo e Oswald de Andrade, entre outros, que necessariamente não têm a sua origem nos círculos acima mencionados. Dito de outra maneira, concepções cênicas e estruturas narrativas, que estabeleceram indícios de modernidade para o teatro brasileiro, não emergiram obrigatoriamente de uma única matriz, e o seu surgimento nem sempre foi perceptível à crítica nem aos seus próprios executores.

Por exemplo, Renato Vianna provavelmente não frequentou os salões das elites modernistas, mas pautou sua trajetória em trabalhos que contribuíssem para alterar a cena e o processo teatral no país. Em 1922, junto com Villa-Lobos e Ronald de Carvalho, fundou a Sociedade dos Companheiros da Quimera. Dois anos depois, criou a Colmeia, com a intenção de mudar o teatro. Em 1932, foi a vez do Teatro de Arte e, em 1934, do Teatro Escola. Embora tenha se notabilizado por ações que almejaram dotar o teatro brasileiro de novos recursos, seus textos (*A Última Encarnação de Fausto*, *Sexo e Deus*) e espetáculos não repercutiram da forma esperada, nem junto ao público nem junto aos críticos.

Já Oduvaldo Vianna tem o seu nome vinculado à cultura brasileira desde o início do século xx. Seja como jornalista, seja como dramaturgo, radionovelista ou diretor teatral obteve reconhecimento nos mais diversos círculos.

> Entre os comediógrafos patrícios, Oduvaldo Vianna é uma exceção, e o é honrosa. Seu teatro traz o selo inconfundível da verdade, da sinceridade.
>
> As figuras que movimenta são reais, são humanas nos seus sentimentos, nos seus gestos, na sua linguagem.
>
> Parece que existem na verdade, que estão no palco acidentalmente, que antes de subir o pano já viveram e que, depois dele descido, continuarão a viver a mesma vida imaginada pelo comediógrafo.

O espectador vê no tablado figuras que lhe são muito conheci-das, com as quais talvez ele tenha cruzado há pouco na rua, que ele cumprimentou há instantes, no saguão do teatro...

Não se julgue que nas peças de Oduvaldo Vianna a plateia as-siste, em toda a sua nudez, aos grandes embates da alma e do cora-ção, ao entrechoque trágico ou sentimental das paixões, à luta corpo a corpo dos interesses e das ambições dos homens que constituem, sem dúvida, o ramerrão da vida, mas cujo estudo seria difícil con-seguir de um autor teatral nosso.

Oduvaldo se contenta em ser um observador, e o é, risonho e fiel, das cenas e dos aspectos vários do meio em que vive. A sua peça mais recente, *A Vida é um Sonho*, pela primeira vez em São Paulo, ontem apresentada no Apolo, é assim uma sucessão de ce-nas conduzidas com habilidade e graça; um perpassar contínuo de tipos, familiares estes e aqueles, ao quadro pitoresco de um arrabalde carioca[8].

O olhar modernista de Alcântara Machado reconheceu que, mesmo estabelecendo interlocuções com a cultura das ruas do Rio de Janeiro, Vianna foi capaz de trazer para a sua dramaturgia temas e soluções artísticas que vieram ao encontro das expectativas do crítico que atuou firmemente em defesa da modernização dos palcos brasileiro. Foi com essa perspectiva crítica que a peça *Amor* (1933) foi rece-bida, pois se tratava de uma comédia de costumes, na qual há uma decupagem da cena em trinta e oito quadros. Sob esse prisma, não se deve ignorar que as experiências artís-ticas de Vianna no rádio e no cinema contribuíram signi-ficativamente para a renovação de seu trabalho.

Seguindo esse esforço de síntese, voltemo-nos, agora, para as criações de Joracy Camargo que, em meio aos debates de atualização artística do teatro, elaborou peças que trou-xeram para os nossos palcos temas em sintonia com aconte-cimentos que redefiniram a primeira metade do século XX: Primeira Guerra Mundial (1914-1918) e a Revolução Russa (outubro de 1917).

---

8. A. Machado, *A Vida é um Sonho*, no Apolo, *Jornal do Comércio*, São Paulo, 2 mar. 1923, em C. de Lara (org.), op. cit., p. 64.

Na peça *Deus Lhe Pague*, de Joracy Camargo, por exemplo, a dinâmica das relações sociais emerge sob o olhar crítico do protagonista, um mendigo profissional que amealhou fortuna como pedinte.

Para isso, Camargo estruturou seu texto em dois tempos bem definidos: passado e presente. Este último, geralmente organizado em diálogos bem específicos do protagonista com outro mendigo, nos quais ele dá ao espectador ciência de suas ideias e valores, bem como relata momentos significativos de sua própria vida. Com esse intuito, o tempo passado surge com vistas a atualizar cenicamente acontecimentos fundamentais de sua trajetória de vida.

Evidentemente, tal realização efetivou-se sem os recursos cênicos que o desenvolvimento da iluminação, como elemento dramático, trouxe para o teatro, porém, à medida que o Mendigo começa a narrar, a rubrica descreve a seguinte ambientação:

MENDIGO: Há 25 anos... Eu vou-lhe contar... (*Apagam-se todas as luzes do Teatro. O Mendigo será substituído por um figurante de igual tipo, que permanecerá em seu lugar. Ao mesmo tempo, sobe o telão, desaparecendo a igreja e deixando ver um tablado superior, provido de luzes fortes. À frente desse tablado cai uma cortina de gaze. As luzes da "avant-scène" ficam apagadas*)[9].

Joracy Camargo trouxe avanços significativos no campo dramatúrgico, assim como são inegáveis as contribuições de *Deus Lhe Pague* no que diz respeito ao debate de ideias no teatro daquele período, como advertiu Afrânio Coutinho.

O que se nota desde logo na arte de Joracy Camargo é a sua seriedade. Sente-se nele a preocupação de estudar, de tornar consciente a sua arte, de armá-la de um arcabouço teórico e de um conteúdo intelectual imprescindíveis, pois não há nada, como disse Jouvet, que seja mais sério do que a comédia, e que exija tanto a aplicação e

---

9. Joracy Camargo, *Deus Lhe Pague/Figueira do Inferno/Um Corpo de Luz*, apresentação de R. Magalhães Júnior, introdução de Afrânio Coutinho, Rio de Janeiro: Ediouro, [s.d.], p. 20.

a consciência profissional. Joracy toma a sério a obra que empreendeu, aprofunda-a no estudo e na meditação, o que constitui já um grande mérito em nosso meio em que a mania da improvisação e da superficialidade estraga todas as iniciativas mais generosas e as mais graves vocações.

Por outro lado, ninguém vá procurar no teatro de Joracy Camargo um puro divertimento. A sua arte não é arte pura ou arte pela arte. Ela encerra uma intenção. O seu teatro é um veículo apenas para um ensinamento, a propagação ou a defesa de uma tese social. É um teatro de ideias. Não se espere apenas achar graça, porém sobretudo aprender, fazer exame de consciência social.

A ação dramática de Joracy Camargo gira toda ela em torno da crítica da sociedade burguesa. Faz parte desse vasto e poderoso movimento intelectual contemporâneo de crítico dos vícios da estrutura social burguesa, e neste sentido nenhum instrumento mais perfurante. Uma peça de teatro é de efeitos muito mais profundos e largos do que mil tratados de moral social ou econômica, centenas de discursos e conferências. A sátira imensa que é a obra de Joracy Camargo tem um alcance como propaganda de ideias contra a burguesia e a concepção capitalista da vida que dificilmente se poderá prever. Nela está caricaturada essa mesma burguesia que o aplaude ruidosamente. [...] Nada mais vivo e mais atual. São os reais problemas e as mazelas da vida moderna que aparecem debaixo do efeito da ilusão dramática. E o seu êxito surpreendente não tem outra explicação senão esta aridez que caracteriza a inteligência contemporânea por uma compreensão dos males que afligem o homem moderno[10].

As ponderações de Coutinho são lapidares no sentido de estabelecer tanto um lugar destacado para Joracy Camargo e sua peça *Deus Lhe Pague*, como para enfatizar a importância de um teatro de ideias com intenção de contribuir com a formação cultural e política do país, a fim de que as estruturas sociais e econômicas pudessem ser pensadas de maneira crítica e historicamente circunstanciadas.

Deus Lhe Pague foi encenada, pela primeira vez, em São Paulo, no Teatro Boa Vista, em 30 de dezembro de 1932, pela Companhia Procópio Ferreira, e teve como protagonista o próprio Procópio que, sobre a obra de Camargo, assim se manifestou:

10. Teatro de Idéias, em J. Camargo, op. cit., p. 7-8.

Deus Lhe Pague... não é simplesmente uma peça que caiu no gosto do público e permaneceu em cartaz por culpa do empresário imbecil. Não é um desses êxitos de gargalhada, deprimentes, despudorados e cretinos que hão de envergonhar suficientemente no futuro.

Deus Lhe Pague... é a grande obra cultural do teatro brasileiro. Marca o início de nossa arte cênica na sua verdadeira expressão: – teatral, cultural e social. Com *Deus Lhe Pague...* o nosso teatro, até agora, acanhada representação de hábitos, usos e costumes, pilhérias, e sem intenções além de distrair, se integra na sua alta missão educativa como fator principal de civilização.

O teatro-cátedra, como o possuem os grandes povos, encontra, nesta obra-prima de Joracy Camargo, o modelo de lição humana, profunda, sadia e lógica, exigida às obras de condução que focalizam os grandes momentos da história. Realização magistral sobre as emoções da hora presente: refletindo as inquietações, as ânsias, os receios e os temores do mais belo dia do mundo. *Deus Lhe Pague...* será para os vindouros o pergaminho precioso onde se escreveram as verdades palpitantes da consciência sofredora de nossos dias. Os louros que lhe atiraram florescerão sempre; cada geração saberá renová-los, porque *Deus Lhe Pague...* é dessa imortalidade sólida dos planetas que não desaparecem nunca. Sei perfeitamente o quanto hão de parecer exagerados, aos olhos dos falhados, dos nulos, dos imbecis e dos despeitados, estas minhas palavras.

Felizmente, isso já não nos tira o bom humor, como outrora. Sabemos o que somos, onde estamos e para onde caminhamos. Já não nos movem a cabeça os zurros de tais alimárias. Dentro de uma profunda solidariedade humana, só nos interessa o bem que possamos fazer à coletividade. Já rompemos o círculo de ferro das competições pessoais. Somos por todos e para todos. Do palco atiraremos aos nossos a verdade com a mais pura das intenções[11].

Assim, se no campo dramatúrgico as conquistas artísticas foram sistematicamente reiteradas, também não se deve ignorar as contribuições que trouxeram para o trabalho do intérprete, seja na composição da personagem, seja no exercício interpretativo.

Outro momento de grande destaque das nuanças da modernização do processo teatral encontra-se nas incursões

11. Prefácio, em J. Camargo, op. cit., p. 12-13.

104

dramatúrgicas de Oswald de Andrade[12]. Em 1916, em parceria com Guilherme de Almeida, escreveu *Leur âme* e *Mon coeur balance* e, em 1917, *O Filho do Sonho*. As duas primeiras foram identificadas como simbolistas, enquanto na terceira, temas políticos como comunismo, anarquismo, foram desenvolvidos através das visões de mundo das personagens; da mesma maneira, a pertinência de se viver na Europa ou no Brasil fez parte dessa composição dramática, que não teve o seu desenlace publicizado pelo autor.

Mas, nesse momento, mais que a qualidade artística desses trabalhos, interessa-nos destacar que, provavelmente, em decorrência de seus ambientes de sociabilidade, os elementos modernizantes já compunham seu universo criativo.

Andrade só retornou à dramaturgia em meados da década de 1930, quando escreveu *O Rei da Vela* (1933), *Homem e o Cavalo* (1934) e *A Morta* (1937). Essas peças são, evidentemente, suas incursões teatrais mais conhecidas e de maior repercussão, sobretudo em decorrência do impacto causado, em 1967, pela encenação de *O Rei da Vela* pelo Teatro Oficina, sob a direção de José Celso Martinez Corrêa.

Esses textos, por meio de situações dramáticas, retomaram, de maneira acentuada, discussões já levantadas por Joracy Camargo em *Deus Lhe Pague* e por seus escritos anteriores. Porém, ao invés de organizar sua trama a partir de um tratamento moral da exploração capitalista, do homem pelo homem, Oswald optou, por meio da sátira e de recursos cênicos, que o aproximaram do circo e do *clown*, por discutir os mecanismos da exploração e do poder em *O Rei da Vela*. Os caminhos e as tarefas das sociedades para a eman-

---

12. Cabe aqui recordar que Oswald de Andrade nasceu em uma família pertencente à burguesia paulista. Frequentou os salões das sociedades paulistana e carioca, além de vários circuitos europeus, especialmente os parisienses. Em 1912, depois de retornar de sua primeira viagem à Europa e após o falecimento de sua mãe, Oswald, além de ser um dos fundadores do jornal *O Pirralho*, esboça, em 1913, o texto teatral, em três atos, *A Recusa*, que versava sobre as relações entre homens e mulheres, ao lado da decadência de costumes, além de exercícios comparativos entre a vida em Paris e a vivência no Brasil. Essa peça permaneceu inacabada.

cipação rumo ao socialismo foram abordados em *Homem e o Cavalo* (nesse texto teatral é possível intuir um diálogo de Oswald com a peça *Os Banhos*, de Maiakóvski, escrita em 1929). Em *A Morta*, por sua vez, os limites e as possibilidades revolucionárias foram os eixos da estrutura narrativa.

Essas temáticas demonstram a inegável dimensão ideológica no teatro de Oswald de Andrade. No entanto, a sua obra dramática é bem mais que isso, ela apresenta uma nova linguagem, na medida em que por meio de personagens dimensionadas socialmente e de recursos estilísticos e narrativos, que o aproximavam da vanguarda cubo-futurista russa e do surrealismo, Oswald trouxe um ritmo e uma dinâmica cênica distinta daquelas que estruturavam as comédias de costumes. Todavia, mesmo com características que suscitariam, no mínimo, curiosidade por parte do público e dos críticos, as suas peças não conheceram os palcos à época em que foram escritas. Diferentemente de seus colegas, Andrade não teve a oportunidade de debater com seus contemporâneos o impacto de sua obra teatral.

Assim, estabelecidas de forma panorâmica as incursões teatrais de Álvaro e Eugênia Moreyra, de Renato Vianna, de Oduvaldo Vianna, de Joracy Camargo e de Oswald de Andrade, cabe, nesse momento, fazer algumas ponderações acerca do debate em torno do moderno e da modernidade cênica no Brasil.

À luz do que foi dito acima, pudemos demonstrar o quão tênue são os limites para o estabelecimento de uma época, de uma data, de uma obra ou de um artista como marco inaugural do moderno em nossos palcos, porque, apesar dos dados sucintos que oferecemos, é possível visualizar como as ideias modernizadoras materializaram-se em práticas teatrais, por meio de vários prismas e distintos espaços de circulação de ideias, que redundaram na absorção particular de cada artista em relação a esse repertório.

Dito de outra maneira, essas evidências permitem dizer o quanto são frágeis as tentativas de estabelecer uma linha evolutiva do desenvolvimento do teatro brasileiro em direção à modernidade, pois, como pôde ser entrevisto, não é possível identificar uma matriz única para a chegada e o estabelecimento de ideias modernizadoras em nossos palcos, como se observa em inúmeras narrativas referentes à História do Teatro Brasileiro.

Por exemplo, Gustavo Dória, em seu livro *Moderno Teatro Brasileiro: Crônica de Suas Raízes*, no que se refere a esse capítulo da cena teatral, assim se manifestou:

Não há como negar importância ao movimento iniciado em 1927, pelo Teatro de Brinquedo, retomado, dez anos depois, pelo Teatro do Estudante e confirmado pelo aparecimento de Os Comediantes. Visava às três iniciativas colocar o nosso teatro, no que se refere à importância de seus espetáculos, em pé de igualdade com o que se fazia nas grandes capitais, situando-o, para isso, como um dos importantes veículos de cultura de um povo.

Porque o que existia, até então, entre nós, salvo esporádicas manifestações em contrário, era um teatro de cunho nitidamente popular, sem maiores pretensões e onde a finalidade era distrair uma plateia não muito exigente, através de realizações para as quais não havia necessidade de muito apuro.

Havia, por isso, dois pontos a considerar: primeiro, a conquista da plateia pequeno-burguesa, que não frequentava habitualmente o teatro porque o que lhe era oferecido não correspondia aos seus apelos, o que acontecia somente com os elencos franceses, italianos ou portugueses que por aqui passavam. Segundo, e como decorrência desse primeiro, tornava-se imperioso oferecer textos de melhor qualidade do que os que eram trabalhados, também, de maneira mais cuidadosa, na interpretação de atores disciplinados, dentro de uma *mise en scène* apurada.

O ideal seria também encontrar o autor brasileiro que refletisse, dentro de um padrão de categoria, os anseios da média sociedade brasileira. Porque havia uma pequena parcela dessa sociedade que pensava somente em termos franceses. E era natural porque os seus componentes aprenderam que cultura e conhecimento vinham somente da França.

O teatro tinha de partir, pois, para a conquista de um campo de difusão sempre mais amplo. E, para isso, necessário se tornava encontrar a maneira brasileira ideal.

Mas somente com o decorrer do tempo é que essa convicção sobre o imperativo de um "teatro brasileiro" em bases estáveis foi-se tornando válida, reconhecida e premente.

Era preciso, contudo, começar. E para começar tínhamos mesmo que aproveitar o modelo estrangeiro no que ele tinha de bom: seus autores e seus conceitos de realização artística séria e durável para espetáculo[13].

A estrutura narrativa adotada por Gustavo Dória pressupõe a existência de uma ideia organizadora, isto é, a partir dela, os acontecimentos artísticos são apresentados e interpretados. As diversidades presentes no processo foram elididas a fim de que fosse identificado um fio condutor que conduzisse para a efetivação do ideário almejado por intermédio de juízos de valor constituídos *a priori* e, muitas vezes, como força contrária à dinâmica teatral constituída historicamente.

Os argumentos utilizados são muito elucidativos para a compreensão dos embates e das ideias que impulsionaram a defesa e a necessidade da modernização teatral no Brasil. Para tanto, a escrita visa congregar, em um único texto, o olhar do crítico e historiador conjugado ao do sujeito histórico participante do processo. Nela, o teatro brasileiro, de maneira contínua, teve de ser refundado. Primeiramente no século XIX, como constituinte de uma jovem nação que emergia no cenário mundial independente da metrópole portuguesa. A fim de que isso se efetivasse, foi preciso criar simbolicamente as bases identitárias para forjar a unidade da nação e as bases da civilização que deveria florescer.

Para tanto, elegeram-se os temas e as formas norteadoras do universo das representações e, sob essa égide, peças foram escritas, espetáculos realizados e análises críticas elaboradas. Entretanto, apesar dos esforços mobilizados, a dinâmica sociocultural e seu alto grau de complexidade possibilitaram a emergência de outras maneiras de efetivação do campo simbólico, especialmente por intermédio de práticas artísticas que privilegiaram o riso e temáticas dotadas de empatia para com o público.

13. Op. cit., p. 5-6.

Com vistas a adequar os acontecimentos teatrais à proposta idealizada por críticos e por teóricos, Gustavo Dória os descontextualizou, com o intuito de que essas experiências fossem imbuídas pelas mesmas motivações que impulsionaram os grupos amadores da década de 1940. Em decorrência disso, o teatro no Brasil foi sistematicamente apresentado sob dois aspectos. O primeiro como o que ele deveria ser (fundado nas tradições francesas, divulgador de temas que enobrecessem os homens e uma das pilastras de veiculação de valores morais, sociais e culturais) e o segundo como ele efetivamente se apresentava aos espectadores (estabelecido pela comicidade das situações cotidianas, presença de personagens-tipo que se aproximavam do homem comum e, a partir deles, constituía-se o universo da crítica social e política).

Ao nos reportarmos às experiências mencionadas e à interpretação construída por Gustavo Dória, verificamos que a opção deste último se fez com base em representações edificadas por críticos e teóricos do teatro que advogavam seus ideais a partir de uma específica perspectiva cultural e artística.

No entanto, as conquistas modernas deveriam chegar ao teatro por meio de iniciativas engendradas por grupos e/ou companhias capazes de apreender e de implementar, em termos abrangentes, perspectivas modernizantes. Talvez, tenha sido esse um dos motivos pelos quais, nas avaliações mais amplas, a dimensão modernizadora presente no circuito comercial ou foi situada como prenúncio de um *devir* ou sequer considerada. Assim, se por um lado nos deparamos com as ponderações de Alcântara Machado acerca do trabalho de Oduvaldo Vianna, de outro lado encontramos as ideias de Abadie de Freitas Rosa, no jornal *A Noite*, em 24 de dezembro de 1927.

Devo repetir coisas já ditas e reditas. No Brasil nunca houve teatro. É um gênero de literatura só compatível com os países que já atingiram maturidade mental. Houve, apenas, entre nós, arte de representar. Representaram-se, com honestidade, peças estrangeiras, dramas românticos e operetas brejeiras… Quanto à produção nacional, mero diletantismo. Todos os nossos homens de letras escreveram pelo menos uma peça. Mas dos escritores que deixaram trabalhos até hoje representáveis só vejo Martins Pena, França Júnior, Artur Azevedo e, mais recentemente, Paulo Barreto. Convenhamos: é muito pouco para um século de vida independente. […] Para justificar o meu ponto de vista devo ainda uma vez relembrar coisas comesinhas. O teatro nasce com a cultura de um povo e grau de adiantamento. Ele é o reflexo da sua civilização, a marca indelével de seu progresso intelectual. Só tem teatro os países que se firmaram como nacionalidades de tradições civilizadoras. Toda a América, em formação social, não tem teatro na verdadeira acepção da palavra"[14].

Mais uma vez, localizamos nas palavras dos contemporâneos os argumentos que construíram uma hierarquia entre os espetáculos que ocupavam os palcos da cidade do Rio de Janeiro e a expectativa depositada no que deveria ser a atividade teatral. Neles continuaram presentes as ideias de civilização e de nação, porém Freitas Rosa vai além ao constatar que a realização do teatro como arte só poderia se efetivar em uma sociedade dotada de *cultura* e, sob esse aspecto, estabeleceu uma equivalência entre cultura e civilização, sendo esta última definida primordialmente em sintonia com padrões franceses e por meio da dramaturgia.

A essa questão, podemos acrescentar outro dado, de grande importância, que foi objeto das ponderações de Alcântara Machado:

O teatro brasileiro põe quase sempre o crítico a braços com este dilema: se ele fizer a sua apreciação, como deve, tendo em vista tão-somente o valor real das peças, o seu maior ou menor coeficiente de beleza e de harmonia, com raríssimas exceções, não haverá original que não tenha direito a rijas palmatoadas, que naturalmente se farão também sentir, embora de modo indireto, na pele inocente dos diretores de companhia e dos intérpretes; se ele considerar, antes de mais nada, que todos os aplausos e incentivos são poucos para premiar o esforço daqueles que se batem por uma causa nobre cercados pela hostilidade, pela indiferença e pela ignorância de um

14. Apud idem, p. 19.

110

meio atrasadíssimo, armado com os óculos escuros da boa vontade, terá, paradoxalmente, para serviço do belo, de exaltar muita a vez da feiura…[15]

As palavras de Alcântara Machado, ao lado das observações de Abadie de Freitas Rosa, colocam em cena um elemento, até então ausente na maioria das discussões, mas fundamental para que um dado projeto se torne viável: o público.

A conquista das plateias em prol da modernização cênica era fulcral para a viabilidade do projeto. Com essa finalidade, o desejo dos segmentos formadores de opinião e de alguns produtores culturais, que atuaram sistematicamente no sentido de transformar demandas específicas em necessidades e vontades coletivas, foi o de desenvolver um exercício de oposição entre um teatro profissional, bem estabelecido em termos de mercado, com atores e escolhas consagradas, e as iniciativas amadoras, que perseguiam a inovação pelo repertório e pela cena. Através desses embates e disputas, autores como Décio de Almeida Prado localizaram o caminho a partir do qual se pode vislumbrar a ideia e o *locus* da modernização no teatro brasileiro.

A ação renovadora do amadorismo não é fato incomum na história do teatro. Assim aconteceu na França, com Antoine, e na Rússia, com Stanislávski, para que o naturalismo pudesse brotar e florescer. Assim aconteceu nos Estados Unidos, com os *Provincetown Players*, para que Eugene O'Neill reformulasse a dramaturgia americana. O ciclo em suas linhas gerais se repete: um teatro excessivamente comercializado; grupos de vanguarda que não encontram saída a não ser à margem dos palcos oficiais, tendo sobre estes a vantagem de não necessitar tanto da bilheteria para sobreviver; a formação de um público jovem que, correspondendo melhor às aspirações ainda mal definidas do futuro, acaba por prevalecer; e o ressurgimento triunfal do profissionalismo, proposto já agora em bases diversas, não só artísticas mas às vezes até mesmo econômicas e sociais.

15. *O Amigo da Paz,* no Apolo, *Jornal do Comércio*, São Paulo, 15 fev. 1923, em Cecília de Lara (org.), op. cit., p. 62.

No Brasil, esse movimento, esboçado por Álvaro Moreyra na década de vinte, permaneceu durante todo o decênio seguinte como simples possibilidade, manifestando-se de preferência sob a forma de espetáculos avulsos, com muito de mundano, de festinha familiar, mesmo quando efetuados com grande pompa. Somente a partir de 1940 é que o amadorismo começa a ganhar consistência, à medida que a prática, mais do que a reflexão teórica, obrigou-o a delimitar com precisão os seus objetivos. Essa difícil passagem do velho para o novo obedeceu à orientação de um pequeno número de pioneiros, homens nascidos entre 1900 e 1910, acostumados, portanto, a enfrentar quase sozinhos o pior adversário daquele momento, o descrédito em que havia caído o teatro[16].

Nesse encaminhamento, não apenas as formas dramatúrgicas e cênicas estavam definidas, assim como aqueles que deveriam levar à frente tal bandeira, isto é, os grupos amadores. Eles, em sua maioria, eram constituídos por estudantes e por membros da elite que se voltaram para o teatro por amor à arte, à cultura e, de certa forma, estabeleceram as primeiras sementes de um teatro político e operário. Foi com esses predicados que suas atuações ganharam visibilidade.

Os momentos de poesia de *Macbeth* (Teatro do Estudante, Fênix) são de tão grande vulto que ninguém os lendo ou ouvindo deixa de ficar impressionado pela força da tragédia e pela justeza da caracterização. [...] E transpô-lo para o Brasil é um problema de solução difícil. [...] E são estudantes que tentaram dar cabo a esta proeza! Não é preciso exagerar, que um grupo novo, com poucos meses de ensaios, teria feito o melhor, nem que fosse na Inglaterra. Mas fomos convidados para ver "Teatro" (nem amador, nem profissional), mas simplesmente teatro. E num ambiente belo, com roupas de valor indiscutível, movimentaram-se os alunos do Seminário de Arte Dramática, com uma segurança e um ritmo extremamente superiores aos que conseguiram na primeira peça do Festival Shakespeare.

[...] O que mais me impressionou foi o conjunto. Tem-se consciência da importância dos menores papéis. Todo mundo até a

16. Décio de Almeida Prado, *O Teatro Brasileiro Moderno*, 2. ed., São Paulo: Perspectiva, 1996, p. 38-39.

112

comparsaria do primeiro ano que nunca teve aula de teatro se lembra que está trabalhando dentro de uma grande tragédia universal e que não deve prejudicá-la nem por um gesto que seja. [...] Tudo isso é devido a Dona Ester Leão que em tão poucos dias ensinou aos novos como tomar uma parte essencial no trabalho do Teatro do Estudante[17].

Por meio dos comentários dessa arquiteta, de origem inglesa, que durante sua permanência no Brasil assinou a coluna do teatro do *Correio da Manhã*, localizamos os temas e as proposições artísticas defendidas por aqueles que desejavam a modernização da cena teatral como forma de garantir a própria sobrevivência do teatro no Brasil. Aliás, nesse aspecto, é extremamente oportuno recordar como as avaliações da sra. Claude Vincent, em particular em relação ao trabalho dos atores, destacaram conquistas que, desde a década de 1920, eram clamadas por Alcântara Machado.

O ator nacional não tem a necessidade de estudar e de observar cá fora, para apresentá-lo com verdade em cena o tipo de que foi incumbido, pois que o seu papel foi feito sob medida, à sua feição, adrede para ele e por ele tão-somente poderá ser criado. Não faltam exemplos. Quem não conhece, no Brasil, um galã famigerado que, em todas as peças nacionais que representa é, sem exceção, um estroina completo, que faz espírito dizendo disparates, e sob hábitos condenáveis, esconde um bom coração? E uma artista, idosa por sinal, que é sempre ou mulher ou viúva de fazendeiro?

O ator brasileiro que uma vez imita com perfeição um gago, nunca mais consegue falar em cena senão aos arrancos, e a atriz que um dia faz com reconhecida maestria a criada, essa, pobrezinha, nunca mais chega a ser patroa em dias de sua vida...

E o resultado é essa colaboração desabusada e prejudicialíssima a que o intérprete força o autor, deformando os papéis, dando-lhes uma feição absurda, emprestando-lhes atitudes falsas, improvisando

---

17. Claude Vincent, A Poesia de *Macbeth* no Fênix, *Correio da Manhã*, Rio de Janeiro, 26 jun. 1949, em *Dionysos*, Rio de Janeiro, MEC/SNT, 1978, n. 23, Especial: Teatro do Estudante do Brasil – Teatro Universitário – Teatro Duse, p. 174-175.

réplicas no palco, certo de que o protagonista é ele mesmo; ele é que é o retratado, o pretexto da peça[18].

O caráter formativo, clamado por Machado, e a viabilidade de estabelecer patamares interpretativos, vislumbrados pela crítica de Vincent ao espetáculo *Macbeth*, estavam em sintonia com a percepção que Paschoal Carlos Magno apresentou de nosso teatro, por ocasião de seu retorno ao país, após servir como diplomata na Europa:

> O *Teatro do Estudante* nasceu de minha mais total loucura. Eu tinha chegado da Europa e via aqui a situação melancólica do teatro brasileiro, um teatro sem muita orientação técnica, representado por atores e atrizes sem a menor preparação. Digo melancólico, porque havia uma crescente ausência de público e um número cada vez maior de companhias que multiplicavam seus frágeis esforços, suas energias, sem encontrar eco por parte da plateia e da imprensa. Naturalmente, é preciso não esquecer que antes de nosso retorno ao Brasil, algumas pessoas isoladas haviam realizado obras gigantescas e que, neste país onde a memória nacional não existe, esses homens de teatro foram duramente esquecidos, sendo a sua lembrança mutilada. Eu me refiro, por exemplo, a esses homens que eu considero extraordinários na história do teatro brasileiro que foram Álvaro Moreyra e Renato Vianna[19].

As ponderações de Paschoal Carlos Magno – que podem ser associadas às de Gustavo Dória, Abadie de Freitas Rosa, Alcântara Machado, Alfredo Mesquita, entre outros – traduzem, ao mesmo tempo, uma avaliação negativa do circuito profissional e a eleição de um modelo teatral que deveria ser instaurado no Brasil, pelo trabalho dos grupos amadores.

Sob esse prisma, o caráter empreendedor das ideias de Paschoal Carlos Magno também impulsionou, no Rio

18. *A Vida é um Sonho*, no Apolo. São Paulo, *Jornal do Comércio*, 2 mar. 1923, em Cecília de Lara (org.), op. cit., p. 63-64.

19. O Teatro do Estudante, *Dionysos*, Rio de Janeiro, MEC/DAC/Funarte/SNT, set. 1978, n. 23, Especial: Teatro do Estudante do Brasil, Teatro Universitário, Teatro Duse, p. 3.

Grande do Sul, o desenvolvimento da atividade teatral entre os estudantes com

a criação, em 1940, na cidade de Porto Alegre (RS), do Teatro do Estudante que ficou sob a responsabilidade da União Estadual dos Estudantes (UEE). Este teatro teve em seu elenco nomes como Walmor Chagas e José Lewgoy e encenou peças como *O Fazedor de Reis*, em 1941, *O Maluco Número 4*, de Armando Gonzaga, 1943, além de *É Proibido Suicidar-se na Primavera*, de Alencastro Casona e *A Mulher sem Pecado*, de Nelson Rodrigues. No decorrer da década de 1950 integraram-se ao grupo Antonio Abujamra, Fernando Peixoto. [Fernando Peixoto, em *Um Teatro Fora do Eixo*, diz:] "Em fins de 1954 e primeiros meses de 1955, o Teatro do Estudante perderia quase todos os seus integrantes e nasceriam três grupos novos de teatro amador, destinados a transformar o movimento teatral gaúcho nos anos seguintes – a Comédia da Província, o Teatro Universitário da União Estadual dos Estudantes e o Clube de Teatro da Federação de Estudantes Universitários do Rio Grande do Sul. [...]

O Teatro Universitário foi fundado em 19.4.1955 e estreou no Instituto de Belas Artes, no mês seguinte, com os espetáculos *O Marinheiro* (Fernando Pessoa), direção de Antonio Abujamra, e *Feliz Viagem a Trenton* (Thornton Wilder), direção de Carlos Murtinho. Nesse mesmo ano, além de outras montagens, o TU promoveu, com o encenador Ruggero Jacobbi, três palestras sobre a questão teatral: "Situação do Teatro no Brasil", "A Expressão Dramática" e "A Função dos Amadores e Pequenos Teatros". Por sua vez, o Clube de Teatro da Federação de Estudantes Universitários do Rio Grande do Sul, em novembro de 1955, estreou com a encenação de *Nossa Cidade*, de Thornton Wilde, e, em 1956, levou aos palcos a peça *Seis Personagens à Procura de um Autor*, de Luigi Pirandello[20].

Esse entendimento acerca do papel dos grupos amadores no processo de modernização não ficou, portanto, restrito apenas ao eixo Rio de Janeiro-São Paulo. Outro exemplo dessa discussão em outras regiões é o de Hermilo Borba Filho, que, no Recife, em 1949, ao comentar o surgi-

---

20. Rosangela Patriota, Teatro Universitário, em J. Guinsburg; João Roberto Faria; Mariângela Alves de Lima (orgs.), *Dicionário do Teatro Brasileiro: Temas, Formas e Conceitos*, 2. ed., São Paulo: Perspectiva/Sesc, 2009, p. 337. Para maiores informações acerca do desenvolvimento do Teatro Universitário no Brasil, consultar o verbete na íntegra (p. 335-343).

mento de uma nova companhia teatral, criada pelos atores Joel Pontes e Norma Andrade, afirmou:

> Recife já comporta, sem sombra de dúvida, uma honesta companhia profissional, ao lado dos vários grupos amadores que deram, nesta terra, uma alta significação ao teatro. Há pouco mais de cinco anos atrás grupo que se formasse no Recife, com vistas na bilheteria, pensaria, antes de tudo, numa comediazinha para rir. Agora não. Diante dos exemplos do Teatro de Amadores, do Teatro do Estudante e do Teatro Universitário, o nível do repertório não pode descer aos armandos gonzagas, porém tem que se equiparar à produção que lança Ibsen, Lorca e Pirandello. Ótimo sintoma[21].

Tais palavras permitem vislumbrar algumas das bases artísticas em que se assentou o trabalho de Borba Filho, bem como evidenciou o lugar a partir do qual a modernização teatral seria disseminada socialmente: os grupos amadores.

Essas ideias, ao lado da expansão dos teatros amadores em território brasileiro, ao se colocarem em sintonia com a periodização cristalizada pela historiografia, na qual a montagem, em 1943, de *Vestido de Noiva* (direção de Ziembinski, cenários de Santa Rosa, realização de Os Comediantes) tornou-se o marco fundador da modernidade cênica, cindiu o tempo em *antes* e *depois* desse acontecimento.

Em termos históricos e historiográficos, essa periodização tornou-se vitoriosa. A partir de tal acontecimento, lançou-se um olhar retrospectivo para experiências artísticas anteriores com o intuito de traçar uma linha evolutiva a partir da qual foram identificados os índices que apontavam o caminho da modernidade e da modernização. Para tanto, fez-se necessário construir uma temporalidade orientadora e balizadora desse núcleo de memória que homogeneizou experiências díspares como as de Álvaro Moreyra e

---

21. Hermilo Borba Filho, em *Folha da Manhã*, Recife (pe), 24 fev. 1949 apud Luis Augusto da Veiga Pessoa Reis, *Fora de Cena, no Palco da Modernidade: Um Estudo do Pensamento Teatro de Hermilo Borba Filho*, tese de doutorado, Programa de Pós-Graduação em Letras – Universidade Federal de Pernambuco, Recife, p. 178.

Renato Vianna, ao mesmo tempo em que elidiu trabalhos marcantes como os de Joracy Camargo e Oduvaldo Vianna.

Esses argumentos foram os motivadores da interpretação elaborada por Décio de Almeida Prado em seu livro *O Teatro Brasileiro Moderno*. Nele, apresentou-se uma síntese sobre o que poderia ser definido como atividade teatral nas primeiras duas décadas do século xx. Para além das comédias de costumes, o crítico destacou a formação das companhias artísticas com atores adequados a vivenciarem nos palcos as personagens-tipo, imprescindíveis ao gênero. No que diz respeito às concepções cênicas, recordou que os cenários de uma peça, geralmente, eram resquícios do que fora utilizado em trabalhos anteriores, bem como não havia cuidados especiais na composição dos figurinos. Por sua vez, com relação à presença do *ensaiador*, afirmou:

> A orientação geral do espetáculo cabia ao ensaiador, figura quase invisível para o público e para a crítica, mas que exercia funções importantes dentro da economia interna da companhia. Competia-lhe, em particular, traçar a mecânica cênica, dispondo os móveis e acessórios necessários à ação e fazendo os atores circularem por entre eles de modo a extrair de tal movimentação o máximo rendimento cômico ou dramático. Papel bem marcado, dizia-se, meio caminho andado.
>
> [...] Saber marcar, marcar não apenas com eficiência, mas com rapidez, já que as estreias se sucediam, dependia mais de tarimba que de criatividade. Por isso confiava-se o cargo seja ao primeiro ator, empresário da companhia, seja a algum artista veterano, aposentado ou em vias de se aposentar, depositário dos legendários "segredos do palco" – conjunto dos recursos empregados tradicionalmente para vencer esta ou aquela dificuldade, para obter este ou aquele efeito. Havia também, claro está, alguns profissionais especializados, muitos deles portugueses, como Eduardo Vieira e Eduardo Victorino, falecidos ambos no Rio, respectivamente em 1948 e 1949[22].

A descrição oferecida por Décio de Almeida Prado ao mesmo tempo em que reconhece o ofício e o conhecimento

---

22. D. de A. Prado, op. cit., p. 16-17.

técnico do *ensaiador*, a quem cabia *marcar*, isto é, assinalar o lugar físico e dramático do ator no palco, fornece elementos para que se constate a dissonância existente entre a cena brasileira e aquela apresentada em outras partes do mundo, especialmente em decorrência dos trabalhos de Antoine, Stanislávski, Gordon Craig, Appia, dentre tantos outros.

Essa ressalva se fez necessária porque o trabalho desses artistas foi essencial para que a arte da encenação ampliasse seus recursos artísticos, além do instrumental técnico e da argumentação crítica. Provavelmente imbuído desse repertório e da diversidade existente, Décio, ao mesmo tempo em que descreveu as habilidades do ensaiador, ofereceu evidências de que no Brasil, mesmo não estando no mesmo nível técnico de profissionais que atuavam no exterior, existia um perfil de encenador que, por sua especificidade de formação e de trabalho, concebeu o palco de forma estanque ou, dito de outra forma, um profissional que não se apropriou das possibilidades narrativas que a cena teatral do século xx passou a comportar.

Essa linha argumentativa voltou-se para a dramaturgia produzida no período em questão e constatou o descompasso entre os textos elaborados por dramaturgos europeus e norte--americanos e aqueles escritos por autores brasileiros, ao lado da pouca familiaridade de nossos palcos com a dramaturgia clássica (tragédias gregas e dramaturgos da Renascença e períodos posteriores como William Shakespeare, Molière, Racine, Schiller, dentre outros). Porém, para além desse exercício comparativo e das restrições, a essa altura já habituais, à comédia de costumes e às revistas-de-ano, interessou a Prado apresentar iniciativas que buscaram atualizar a escrita teatral no Brasil, especialmente as que ocorreram após a Semana de Arte Moderna de 1922 e a Revolução de 1930[23].

---

23. "*Deus Lhe Pague...*, de Joracy Camargo (1898-1973), abriu o caminho nos últimos dias de 1932, trazendo para o palco, juntamente com a questão social, agravada pela crise de 1929, o nome de Karl Marx, que começava a despontar nos meios literários brasileiros como o grande profeta dos tempos modernos. Quem o invocava, vestido num elegante

O que se verificava era a ausência de um diretor, na concepção moderna do termo, capaz de estabelecer o diálogo entre todos os elementos necessários à composição do espetáculo, isto é, alguém dotado de uma visão de conjunto capaz de estabelecer cenicamente uma dinâmica entre inúmeros espaços cênicos e distintas instâncias narrativas. Nesse sentido, ao adotar uma marcação de palco coerente com as exigências do texto (e não definidas previamente) e ao atribuir à iluminação uma perspectiva dramática, Ziembinski promoveu um redimensionamento cênico, que incorporou as conquistas formais à ribalta brasileira.

As interlocuções com o expressionismo, por meio do jogo cênico entre luz e sombra, associadas à peça de Nelson Rodrigues, possibilitaram exacerbar uma narrativa surrealista na medida em que a instância que deflagra as demais, para

---

robe-de-chambre e no aconchego de sua biblioteca, era um mendigo duplamente paradoxal, por ser milionário, apesar de sua profissão, ou justamente por causa dela, e também por amar frases de espírito, jogos de palavras e de pensamentos.

A sensação foi intensa. Proclamou-se o nascimento do verdadeiro teatro nacional, ou pelo menos o surgimento de uma nova era dramática, porque a peça, com não pequena ambiguidade, oferecia um pouco para cada gosto. […]

Não se pode dizer que *Sexo*, de Renato Vianna (1894-1953), haja causado, em 1934, o mesmo impacto que *Deus Lhe Pague…* dois anos antes. As revelações de Freud sobre a infraestrutura da vida emocional, tão determinante para o indivíduo quanto seria a econômica para a sociedade, não pareciam ter alcance e contundência comparáveis às de Marx. […]

Amor…, de Oduvaldo Vianna (1892-1972), tentou em 1933 uma outra espécie de abertura. O seu intuito mais sério era defender o divórcio, libertando o amor. […] O cenário dividia-se no sentido vertical e horizontal, dando origem a cinco áreas de representação e permitindo ao espectador, por exemplo, acompanhar uma ligação em suas diversas fases. […] Os três atos habituais fragmentavam-se em 38 quadros, usando-se a iluminação, o corte da luz por alguns segundos, como um pano de boca que funcionasse instantaneamente, deixando correr sem outras interrupções o espetáculo. Era a maneira nacional, menos sofisticada do que os palcos giratórios europeus, de competir com o cinema, roubando-lhe um pouco de sua fluidez narrativa, do seu ritmo vivo e dinâmico, aspiração de não poucos homens de teatro, escritores e encenadores, durante a década de trinta" (D. de A. Prado, op. cit., p. 22-26).

119

além daquela conduzida pelo repórter, é o inconsciente de Alaíde. Nesse sentido:

> Qualquer que fosse o número exato, indiscutível é a novidade da concepção da iluminação. Não existem, ou pelo menos não puderam ser localizadas, indicações técnicas precisas sobre o desenho da iluminação. Mas os testemunhos são suficientes para a conclusão de que novidade consistia basicamente na quantidade de refletores utilizados, na estratégia da sua distribuição, no entrosamento orgânico do seu uso na estrutura proposta pelo texto e enfatizada pela encenação, na sua contribuição sugestiva para a criação dos climas das diferentes cenas e no impacto de beleza plástica suscitado pelo jogo dos focos que davam a sensação de "esculpir" a imagem cênica. [...] Por que teria sido precisamente a luz de *Vestido de Noiva* a primeira a causar tanta sensação, quando tudo indica que antes Ziembinski já usara uma concepção semelhante de iluminação em *Pelleas e Melisanda* e – dentro dos limites impostos pelo equipamento do teatro – em *Orfeu*? Mas é legítimo supor que a própria estrutura moderna do texto de Nelson Rodrigues, apoiada em três diferentes planos de percepção da realidade, terá contribuído para tornar a importância das sugestões luminosas mais fácil de ser captada pelos espectadores e pelos críticos[24].

Afora a conjuntura em que o espetáculo ocorreu, esse acontecimento constituiu-se em um marco da historiografia do teatro no Brasil como atestam as palavras de Sábato Magaldi:

> A lufada renovadora da dramaturgia contemporânea partiu de *Vestido de Noiva* – não se contesta mais. Nelson Rodrigues conheceu de súbito a glória teatral e a repercussão transcendeu os limites do palco, irmanando-se ele às outras artes. Talvez, em toda a história

---

24 Apesar de a redação de Yan Michalski indicar que a montagem de *Pelleas e Melisanda* fosse anterior ao espetáculo *Vestido de Noiva*, também dirigido por Ziembinski, outras fontes como, por exemplo, *A Enciclopédia Itaú Cultural – Teatro* informam que ambos os espetáculos foram encenados em 1943, porém, o texto de Nelson Rodrigues antecedeu o de Maeterlinck. Nesse sentido, gostaríamos de destacar a importância da reflexão de Michalski, mas não podemos deixar de registrar este pequeno equívoco cronológico. Yan Michalski, *Ziembinski e o Teatro Brasileiro*, São Paulo/Rio de Janeiro: Hucitec/Ministério da Cultura/Funarte, 1995, p. 66-67.

120

do teatro brasileiro, nenhuma outra peça tenha inspirado tantos artigos, tantos elogios, um pronunciamento maciço dos escritores e dos intelectuais. Após a estreia de *Os Comediantes*, em 1943, cada poeta, jornalista ou curioso se sentia no dever de expressar o seu testemunho sobre uma obra que igualava o teatro à nossa melhor literatura, conferindo-lhe cidadania universal[25].

Efetivamente, o teatro brasileiro encontrara seu lugar na modernidade e, a partir daí, em sua diversidade conseguiu elaborar uma referência que deu sentido à cronologia com vistas a estabelecer sintonia com o debate internacional[26]. Contudo, é evidente, a comédia de costumes e outras formas do fazer teatral continuaram a ter lugar nos palcos, mas a força da ideia da modernização mobilizou artistas e realizadores para a tarefa que se apresentava.

Contudo, no que se refere ao processo de renovação cênica, além de Ziembinski, o crédito deve ser estendido a Zygmunt Turkow, Irena Stypinska e Boguslaw Samborski, que ficaram conhecidos como "a turma da Polônia"[27] e também

---

25. *Panorama do Teatro Brasileiro*, 3. ed., São Paulo: Global, 1997, p. 217.

26. Acerca do impacto estabelecido pelo espetáculo *Vestido de Noiva*, Álvaro Lins escreveu: "Li a peça *O Vestido de Noiva* quando estava ainda inédita. Transmiti a Nelson Rodrigues a impressão que me dera – uma realização original e importante no teatro brasileiro – mas sem lhe esconder que o seu êxito estaria em grande parte nas condições do espetáculo. Não era para ser lida apenas, mas representada. Tivemos agora a prova da sua autenticidade teatral com a certeza de que ela causa ainda mais impressão ao espectador do que ao leitor. Levando a sua concepção para os domínios estranhos do subconsciente, fixando um drama do instinto em face da consciência, a tragédia de Nelson Rodrigues precisava de um ambiente cênico que exprimisse e comunicasse todas as fases do desenvolvimento psíquico da personagem em estado de delírio e sonho. E tanto Santa Rosa como Ziembinski tiveram da peça aquela compreensão que serviu para identificá-los com o autor e com o público no efeito da 'tensão dionisíaca', efeito emocional que é o destino de todo verdadeiro espetáculo de teatro". Algumas Notas Sobre "Os Comediantes", *Dionysos*, Rio de Janeiro: Serviço Nacional de Teatro, ano XXIV, dez. 1975, n. 22, p. 63.

27. Sobre esse tema, consultar: J. Guinsburg; Fausto Fuser, A "Turma da Polônia" na Renovação Teatral Brasileira, em Armando Sérgio Silva (org.), *J. Guinsburg: Diálogos Sobre Teatro*, São Paulo: Edusp, 1992, p. 57-92; J. Guinsburg, O Rememorar de um Ofício: Um Professor em Devir, em J. Guinsburg; Rosangela Patriota, *J. Guinsburg, A Cena em Aula: Itinerários*

a Hoffmann Harnisch, que assinou a direção de *Hamlet* para o Teatro do Estudante do Brasil[28].

Todavia, essas ideias e a técnica teatral não ficaram restritas à cidade do Rio de Janeiro ou, quando muito, a São Paulo. Pelo contrário, elas circularam juntamente com esses artistas que, ao aceitarem convites para atuarem nas diferentes regiões do Brasil, suscitaram diálogos com as produções locais e reelaboração da cena artística até então existente.

Por exemplo, a cidade do Recife, em 1940, recebeu Zygmunt Turkow, juntamente com sua esposa Rosa Turkow, para integrar o núcleo de teatro ídiche, do Centro Cultural Israelita de Pernambuco. Quatro anos depois, Valdemar de Oliveira o convidou para dirigir a peça de Paulo Gonçalves, *A Comédia do Coração*, no Teatro de Amadores de Pernambuco (TAP).

O Teatro de Amadores entregou a direção da peça ao ator polonês Zygmunt Turkow que, com seu grande talento artístico e a sua cultura de homem de teatro, soube extrair dos elementos a ele entregues – elementos já por si só talentosos – o máximo de rendimento cênico e interpretativo. Mas não ficou aí Turkow: imaginou o cenário (que é o interior do coração e não o exterior, não tendo cabimento, portanto, a concepção de muita gente que desejou o cenário "em forma de coração (!)", criou a indumentária, produziu efeitos de luz, "marcou" a peça dando a quase todas as cenas o desenho de ballet. E tanto se aproximou do ballet que transformou Alfredo de Oliveira em um bailarino. E dessa idealização nasceram

---

de um Professor em Devir, São Paulo: Edusp, 2009. E J. Guinsburg, *Stanislávski, Meierhold & Cia*, São Paulo: Perspectiva, 2001.

28. Paschoal Carlos Magno, em seu artigo "Obrigado Hoffmann Harnish", após narrar o seu primeiro encontro com Harnish fez sobre ele o seguinte comentário: "Sabia que como principiante, na mocidade longínqua, H.H. tornara-se conhecido interpretando Laertes e, mais tarde, durante dois anos, celebrizara-se com o Hamlet, nos mais importantes palcos da Europa, para mais tarde aparecer como o Rei, papel esse que muitas vezes representou em espetáculos por ele mesmo dirigidos em teatros de Zurique, Stutgard, Hamburgo, Riga, Munique, Berlim, Budapeste, Viena etc." *Dyonisos*, Rio de Janeiro, MEC/DAC/Funarte/SNT, 1978, n. 23, Especial: Teatro do Estudante do Brasil, Teatro Universitário, Teatro Duse, p. 149.

mais coisas bonitas como o efeito de luz que simboliza as bolhas de sabão sopradas pelo *Sonho*. E nasceu a cena da bebedeira da *Paixão*, na qual o vinho não aparece na garrafa, mas embriaga[29].

As evidências acerca do movimento das ideias e dos artistas pelo território brasileiro demonstram que somente um espetáculo não seria suficiente para o estabelecimento de um novo momento para os palcos brasileiros. Todavia, a sua realização, agregada a outras iniciativas, foi definitiva para a consolidação de uma cultura teatral diferenciada que, efetivamente, passou a realizar interlocuções dramatúrgicas e cênicas com o panorama artístico internacional, como vislumbrou Álvaro Lins a partir da encenação de *Vestido de Noiva*:

> Um motivo do sucesso da peça de Nelson Rodrigues está na sua integração nas modernas correntes de teatro. Ao lado do teatro de expressão social, temos hoje uma grande tendência do teatro que se destina à expressão subconsciente. Teatro de Pirandello, de Lenormand, de certas peças de O'Neill. As tendências culturais, as correntes de ideias, os movimentos artísticos encontram-se em cada época e se projetam em todos os gêneros do conhecimento objetivo ou da criação subjetiva. Lenormand explicou que não conhecia Freud quando escrevia as suas primeiras peças que já eram freudianas, mas o que significa isto senão que há correspondência entre a ciência de Freud e o seu tempo? Pouco importa que Proust tenha ou não conhecido a filosofia de Bergson, mas a aproximação que se pode fazer entre o romancista e o filósofo não prova que o bergsonismo reflete a atmosfera espiritual da sua época? Este movimento de ideias e culturas que apresenta, por exemplo, um Bergson ou um Santayana, na filosofia, um Freud ou um Einstein, na ciência, um Proust ou um Joyce, no romance, também deu fisionomia e caráter ao teatro moderno[30].

As ponderações de Álvaro Lins nos colocam diante de uma sociedade que se redimensionava à luz de práticas culturais, sociais, políticas e econômicas, bem como o próprio conhecimento acerca do indivíduo se transformara. Essa

---

29. Hermilo Borba Filho, em *Folha da Manhã,* Recife (PE), 14 de maio de 1944, apud L. A. da V. P. Reis, op. cit., p. 214.

30. Op. cit., p. 63-64.

123

constatação, em absoluto nos autoriza a estabelecer uma relação de causa e de consequência entre esse processo de mutação histórica e as reelaborações estéticas e culturais pelas quais passou o teatro no início do século xx.

Porém, não se pode negar que, de maneira própria e no universo de suas proposições, o teatro consolidou um trabalho que, pouco a pouco, estabeleceu o primado do diretor, isto é, pela intervenção desse actante com função precípua, o palco se transforma em uma instância narrativa, a partir de uma concepção cênica capaz de articular dramaticamente o cenário, o figurino, a sonoplastia, a iluminação e, fundamentalmente, o trabalho interpretativo do ator.

Uma nova perspectiva teatral, fundada em uma multiplicidade cênica, solicitava também um intérprete sintonizado com tais expectativas. Dito de outra maneira: ao ator caberá não somente dizer o texto, mas interpretá-lo, vivenciá-lo por intermédio da verdade interior da personagem, especialmente a partir das contribuições do diretor russo Constantin Stanislávski.

Aliás, o próprio Ziembinski, ao pensar retrospectivamente a sua contribuição na histórica apresentação de 28 de dezembro de 1943, afirmou:

A outra coisa que eu acho que trouxe é a maneira de se interpretar. De se conseguir considerar o ser humano, o ator, no caso, como uma espécie de oficina, um conjunto que emprega seus valores individuais, tanto físicos quanto intelectuais e emocionais, para transferir o texto para uma figura, não quero dizer personagem, mas para uma figura que vive, que representa uma determinada coisa, que ocupa um lugar dentro desse contexto que é a peça. Logicamente que isso atrai atrás de si, vários problemas técnicos do ator. Problemas de dicção, problemas de respiração, problemas de colocação no palco, problemas de gestos, problemas de marcação, enfim tudo isso que compõe uma figura e um conjunto de figuras no palco, conscientemente colocados, que se exprimem por si e que se exprimem em conjunto, fazendo aquilo que nós dizemos que é uma mensagem da peça transposta em sua forma plástica[31].

31. Apud Yan Michalski, op. cit., p. 58.

124

Por esse motivo, não se pode, em absoluto, ignorar que, ainda no decorrer da década de 1940, mais precisamente em 1948, foram fundados em São Paulo, por Franco Zampari, o Teatro Brasileiro de Comédia (TBC)[32] e, por Alfredo Mesquita, a Escola de Arte Dramática (EAD)[33]. No Rio de Janeiro, nesse mesmo ano, Maria Della Costa e Sandro Polloni criaram o Teatro Popular de Arte no qual, sob a direção de Ziembinski, foram montadas as peças *Anjo Negro* (Nelson Rodrigues) e *A Lua de Sangue* (de título original *Woyzeck*, de Georg Büchner). Já na cidade de São Paulo, após rápida passagem pelo TBC, Della Costa e Polloni

---

32. Sobre o Teatro Brasileiro de Comédia (TBC), consultar: Alberto Guzik, *TBC: Crônica de um Sonho*, São Paulo: Perspectiva, 1986. Alberto Guzik; Maria Lúcia Pereira (orgs.), *Dionysos*, Rio de Janeiro, Ministério da Educação e Cultura/Seac/Funarte/Serviço Nacional de Teatro, set. 1980, n. 25, Especial Teatro Brasileiro de Comédia.

33. Alfredo Mesquita teve sua vida marcada pelo profundo interesse pelas artes e pela cultura. Na década de 1930, mais precisamente entre 1935 e 1937, estudou teatro na França, com Dullin e Baty, que tinham como principal referência teórica e artística Jacques Copeau. Em 2 de maio de 1948, fundou a Escola de Arte Dramática (EAD) com conferência inaugural proferida por Paschoal Carlos Magno que, sem dúvida, enfatizou a opção por uma proposta teatral em sintonia com as ideias de modernização e de modernidade.

Paulo Mendonça, que fora professor da Escola, em depoimento retrospectivo fez a seguinte avaliação sobre o papel da EAD para as artes no Brasil: "a expressão 'elevar o nível do teatro' – melhorar a formação técnica e cultural dos que a ele pretendiam dedicar suas vidas – pode parecer, aos moços de agora, pretensiosa, quem sabe de intenção um tanto elitista. Na época não era nada disso. O nível do teatro precisava mesmo ser elevado, em termos de repertório, de gosto, de mentalidade, de qualidade da maioria dos autores, atores, diretores, cenógrafos, críticos etc." (Paulo Mendonça, Lembranças Avulsas da EAD, *EAD 1948-68: Catálogo Comemorativo dos 20 Anos da Escola de Arte Dramática*, São Paulo: Governo do Estado de São Paulo/ Fundação Anchieta, 1985. p. 26).

Em relação à Escola de Arte Dramática, verificar: Armando Sérgio da Silva, *Uma Oficina de Atores: A Escola de Arte Dramática de Alfredo Mesquita*, São Paulo: Edusp, 1989; Ilka Marinho Zanotto; Mariângela Alves de Lima; Maria Thereza Vargas; Nanci Fernandes (orgs.), *Dionysos*, Rio de Janeiro, MinC/Fundacen, 1989, n. 29, Escola de Arte Dramática; e Silvana Garcia (org.), *Lição de Palco EAD-USP – 1969-2009*, São Paulo: Edusp, 2009.

fundaram, em 1954, o Teatro Maria Della Costa[34]. Ainda nesse período, o diálogo internacional acentuou-se com a chegada, para participar do TBC e do Teatro Maria Della Costa, de diretores e cenógrafos italianos como Adolfo Celi, Gianni Ratto, Flamínio Bollini, Luciano Salce, Ruggero Jacobbi, Carla Civelli e de outras nacionalidades como Maurice Vaneau.

Através dessas realizações, começou a se desenhar, de forma cada vez mais clara, a sintonia entre a expectativa dos críticos, dos artistas e dos produtores que se alinharam aos princípios da modernização. Nesse aspecto, basta recordar as ponderações de J. Guinsburg e Maria Thereza Vargas sobre o Teatro Brasileiro de Comédia, desenvolvidas a partir de proposições apresentadas por seu fundador, Franco Zampari:

> Com respeito aos critérios de seleção das peças, esclarece Franco Zampari: "Escolhemos o repertório de tal modo que seja possível realizar alguns espetáculos artísticos nos quais, com antecedência, o TBC sabe que perderá dinheiro. Por isso alternamos peças de grande mérito e outras de êxito popular, procurando sempre elevado padrão de montagem [...]."
>
> Quanto aos encenadores e atores, ele também afirma que planeja ter um "grupo de diretores artísticos que assegurem ao teatro variação do estilo indispensável a um elenco permanente e para que os atores possam desenvolver suas qualidades.
>
> [...] Em consequência, explica-se que Zampari, após a chegada de Adolfo Celi, em janeiro de 1949, tenha admitido, em rápida sucessão, Ruggero Jacobbi, que já residia no Brasil, Ziembinski, Flamínio Bollini e, depois, Maurice Vaneau, Gianni Ratto e Alberto D'Aversa. Na verdade, para três elencos, julgava necessário "no mínimo quatro encenadores e mesmo cinco, com margem de segurança". Igual critério de procedimento trouxe para o TBC os cenógrafos Aldo Calvo, cuja elaboração com o grupo antecedeu a fase profissional, Bassano Vaccarini, Mauro Francini, Gianni Ratto, além de toda uma equipe altamente habilitada de figurinistas, maquiladores e pessoal técnico. Isto sem arrolar os atores, cujas contratações começam com as de Cacilda Becker, Madalena Nicol e

---

34. Sobre esse tema, consultar: Tania Brandão, *Uma Empresa e Seus Segredos: Companhia Maria Della Costa*, São Paulo: Perspectiva, 2009.

126

Maurício Barroso, chegando a companhia a contar com vinte e três membros permanentes, recrutados entre as camadas mais jovens, menos comprometidas com maneirismos de velhas escolas e estilos marcados, estando quase todos, profissionais e amadores, em vias de profissionalizar-se, permeabilizados para novas concepções e interessados no teatro moderno.

[…] Em verdade, a geração teatral dos anos 50 foi, sobretudo, uma geração de atores que aprendeu a representar a partir do "manejo" de suas personagens. Mas no TBC, com seu esquema de preparo profissional apoiado no estudo demorado do texto, na elaboração exaustiva dos papéis, é preciso somar-lhe a "lição" dos diretores, na diversidade de seus temperamentos, métodos e estilos[35].

Em relação à presença dos diretores italianos, rememoremos a atuação de Adolfo Celi, primeiro diretor artístico do TBC, que estabeleceu um trabalho marcado por uma perspectiva de interioridade, tanto que sua presença se fez sentir de forma acentuada no cinema e no teatro brasileiro desde a sua chegada, em 1949, até o seu retorno para a Itália no ano de 1961. Por sua vez, Ruggero Jacobbi[36] e Alberto D'Aversa[37] trouxeram contribuições cênicas advindas da *Commedia dell'Arte* por meio de um diálogo com pensamento de Bertolt Brecht.

Jacobbi foi fundamental como pensador e grande entusiasta do teatro brasileiro à luz das articulações entre arte e política. Sob esse prisma, a sua participação na criação do Teatro Paulista do Estudante, juntamente com Carla Civelli, adquiriu projeção pela qualidade do debate político instaurado entre jovens artistas como Oduvaldo Vianna Filho e Gianfrancesco Guarnieri.

35. Cacilda: A Face e a Máscara – Um Estilo de Interpretação, em N. Fernandes; M. T. Vargas, *Uma Atriz: Cacilda Becker*, 2. ed., São Paulo: Perspectiva, 1995, p. 241-242.

36. Acerca da trajetória de Ruggero Jacobbi, cabe mencionar: Berenice Raulino, *Ruggero Jacobbi: Presença Italiana no Teatro Brasileiro*, São Paulo: Perspectiva, 2002; Alessandra Vanucci (org.), *Crítica da Razão Teatral: O Teatro no Brasil Visto por Ruggero Jacobbi*, São Paulo: Perspectiva, 2005.

37. Sobre Alberto D'Aversa, consultar: Antônio Mercado Neto, *Crítica Teatral de Alberto D'Aversa no* Diário de S. Paulo, dissertação de Mestrado, Escola de Comunicações e Artes-USP, São Paulo, 1980.

Ao lado da atuação artística e pedagógica, que se estendeu a Porto Alegre, quando da criação do curso de Teatro, na Universidade do Rio Grande do Sul, Ruggero desempenhou a função de crítico teatral em jornais como *Folha da Noite*, *Última Hora*, Suplemento Literário de *O Estado de S. Paulo*. Nessa atividade, teve a oportunidade de confrontar ideias, estabelecer debates e, mais precisamente, discutir o teatro feito no Brasil sob o prisma da consciência histórica e social[38]. Como ensaísta, editou os seguintes livros: *A Expressão Dramática* (1956), *Goethe, Schiller, Gonçalves Dias* (1958) e *O Espectador Apaixonado* (1961).

Já D'Aversa chegou ao Brasil em 1957, a convite de Alfredo Mesquita, para lecionar na Escola de Arte Dramática (EAD). Além de professor, atuou como diretor nos espetáculos *Mãe Coragem* (Brecht), *Os Espectros* (Ibsen), *Gog e Magog* (MacDougall). Em 1965, tornou-se crítico teatral do *Diário de S. Paulo*, atividade que exerceu até 1969, o ano de sua morte. Deixou contribuições significativas, principalmente no sentido de estabelecer efetivos diálogos das realizações artísticas com a sociedade brasileira da década de 1960.

Outro criador italiano que aportou no país na década de 1940 foi Gianni Ratto. Apesar da participação fugaz no TBC, construiu uma trajetória marcante como diretor, cenógrafo, iluminador em diferentes companhias teatrais (Companhia Maria Della Costa, Teatro dos Sete, entre outras), além de suas contribuições teóricas no âmbito das artes e da história do teatro contemporâneo. O repertório adquirido em teatros europeus, como o Picollo Teatro de Milão, foi fundamental para que ele construísse uma interação com a cultura brasileira que, no momento de sua chegada ao Brasil, estava em franca ebulição[39].

---

38. As contribuições críticas de Ruggero Jacobbi foram reunidas e disponibilizadas no seguinte volume: A. Vanucci (org.), *Crítica da Razão Teatral: O Teatro no Brasil Visto por Ruggero Jacobbi*.

39. Sobre Gianni Ratto e sua trajetória, consultar: G. Ratto, *A Mochila do Mascate*, São Paulo: Hucitec, 1996.

Em vista dessas contribuições, é impossível se voltar para a história de companhias como TBC, Maria Della Costa, Sérgio Cardoso & Nydia Lícia, Tonia, Celi e Autran, Cacilda Becker & Walmor Chagas, Teatro dos Sete, sem identificar as marcas de Adolfo Celi, Luciano Salce, Flamínio Bolllini, Gianni Ratto, entre outros, na composição cênica, no desenvolvimento interpretativo, na marcação de cena, nos figurinos, na dramaturgia.

Sob esse prisma, começou a se estabelecer efetivamente uma identidade entre artistas e críticos, via um processo de internacionalização e de modernidade do teatro brasileiro. Enquanto o TBC fomentava a circulação de ideias e de um repertório artístico internacional, a Escola de Arte Dramática promovia, graças a seus referenciais formativos, a interação de seus alunos com as realizações do Teatro Nacional Popular de Jean Vilar, com as conquistas narrativas e artísticas do teatro do absurdo, sem deixar de considerar a presença de Louis Jouvet na própria criação da EAD.

Em nível teatral, a tarefa civilizatória assumiu nova feição e os dados de modernidade começaram a se apresentar através de um repertório mais eclético e internacionalizado e da presença de profissionais especializados (cenografia, iluminação, direção, figurinos, trilha sonora) que passaram a atuar em sintonia com atores não mais dependentes do ponto, mas com uma dimensão de palco para além de sua própria presença.

Os recursos técnicos trouxeram o lastro de modernidade tão ambicionado por setores do teatro, apesar de, à época, não terem sido capazes de fornecer estratégias artísticas e narrativas para montagem de peças como as de Oswald de Andrade, por exemplo. Todavia, mesmo com essas restrições, a cena teatral de cidades como São Paulo e Rio de Janeiro davam mostras evidentes de que os palcos acompanhavam a efervescência da contemporaneidade.

Embora modernização apontasse uma ruptura em relação ao teatro que se fazia no Brasil, em verdade ela se constituíra em um desdobramento contemporâneo das

129

ideias de civilização que fundamentaram os debates do século anterior. Dessa feita, se civilizar-se significava estar em sintonia com temas e valores difundidos pelos europeus, em particular, os franceses, o ideário da civilização transformou-se, de acordo com o desenvolvimento tecnológico, em modernidade, e o teatro brasileiro, por sua vez, por meio de novas formas e conteúdos.

Tal constatação, nesse momento, não implica no exercício de juízo de valor. Pelo contrário, o objetivo é evidenciar que vários esforços foram empreendidos no sentido de articular formação (preparo técnico, conhecimento teórico e histórico) à atividade teatral. No campo dramatúrgico, o eixo Rio de Janeiro-São Paulo acolheu e propiciou a emergência de dramaturgos como Abílio Pereira de Almeida, Jorge Andrade, Dias Gomes, além do próprio Nelson Rodrigues que, no decorrer das décadas de 1940 e 1950, estava em pleno processo criativo. Já Ariano Suassuna, mesmo com um trabalho reconhecido no Nordeste em 1957, tornou-se nacionalmente conhecido devido à encenação de suas peças no circuito carioca e no paulistano.

Em meio a essas menções não se pode ignorar as ações que se fizeram presentes em outras regiões do país, seja pela atuação de companhias e/ou grupos, especialmente aqueles de natureza estudantil, seja pela presença de companhias sediadas na região Sudeste que fizeram temporadas viajando por várias cidades do Brasil. Nesse sentido, para além de cidades, majoritariamente capitais, que desenvolveram forte atividade artística como Porto Alegre (RS), Recife (PE), Salvador (BA)[40], cumpre recordar, mais uma vez, a figura ímpar de Paschoal Carlos Magno no estímulo e na divulgação de seu Teatro do Estudante.

Ao lado dessas questões, torna-se sensível o fato de que o processo de modernização e a própria modernidade não

---

40. Informações mais detalhadas sobre as atividades teatrais em regiões do Brasil, para além do eixo Rio de Janeiro-São Paulo, podem ser obtidas nos trabalhos de Lafayette Silva e J. Galante, discutidos no capítulo anterior.

se configuraram como uma ideia propriamente teatral, mas como uma etapa, em termos de aprendizagem e de conquista de recursos, que deveria estar em consonância com o desenvolvimento histórico das sociedades e do Brasil. Nesse contexto, a modernidade e a modernização consolidaram seu lugar na cultura e na vida política, econômica e social do país à medida que propiciaram aos acontecimentos em curso entrarem em sintonia com o próprio processo histórico, que desde o século XVII estava sendo identificado com a própria noção de progresso e de desenvolvimento técnico e tecnológico[41].

Contudo, não se deve esquecer que, sob esse manto, o teatro brasileiro estabeleceu interlocuções com diversas correntes artísticas: os exercícios de aproximação com o realismo através da comédia de costumes que visavam apreender artisticamente situações e acontecimentos contemporâneos, ao lado de incorporações, pela dramaturgia, de várias instâncias narrativas. Para que essa produção pudesse ganhar os palcos, foi necessário o diálogo efetivo com correntes artísticas, em especial com o expressionismo. O teatro começou a *teatralizar-se* no sentido dado pelos novos recursos e pelos novos olhares trazidos para o palco.

A cena brasileira, mais uma vez, cumprira uma vocação histórica anunciada desde o século XIX: assumir junto à sociedade a tarefa de participar do processo civilizatório pelo estabelecimento de valores culturais, artísticos, morais e sociais. As conquistas técnicas, e consequentemente formais, do teatro brasileiro satisfizeram plenamente todos que clamaram em favor da sintonia do mesmo com as praças artísticas no exterior, mas esse esforço traduziu-se também em uma internacionalização do repertório levado à cena.

Uma preocupação que se tornara recorrente em todas as discussões anteriores havia sido momentaneamente

---

41. Para maior aprofundamento desse debate, consultar: Reinhart Koselleck, *Futuro Passado: Contribuição à Semântica dos Tempos Históricos*, Wilma Patrícia; Carlos Almeida Pereira (trad.), Rio de Janeiro: Contraponto/Editora da PUC-Rio, 2006.

suspensa. A questão do nacional, que fora fundamental para que críticos e historiadores estabelecessem as origens do teatro brasileiro, em meio aos debates da modernização, deixara o primeiro plano e cedera seu lugar aos recursos técnicos, à formação dos profissionais e especialmente a uma dramaturgia capaz de traduzir, em uma complexidade cênica, as inúmeras possibilidades e demandas do mundo contemporâneo.

Tal procedimento fez com que a modernização do teatro fosse aceita, com maior ou menor grau de questionamento, por diferentes tendências e artistas, isto é, tanto por aqueles que estavam em perfeita sintonia com as iniciativas em andamento, quanto pelos que viram naquele processo uma etapa necessária a partir da qual o teatro deveria se voltar para o aprofundamento de temas e questões eminentemente sociais e nacionais.

Mais que isso, o debate em torno da modernização e da modernidade marcou também, de forma efetiva, a presença da crítica e dos críticos de teatro. Isso significa dizer que aqueles que voltaram seus interesses para o teatro o fizeram distanciados da história da literatura, propriamente dita, e em sintonia com as correntes artísticas que alimentaram o debate de então.

No entanto, para além dos esforços aqui empreendidos, gostaríamos de, em um exercício de síntese, destacar algumas percepções obtidas no decorrer da reflexão. A primeira refere-se à natureza da crítica teatral praticada no Brasil na primeira metade do século xx. A partir da exposição do pensamento de críticos como Alcântara Machado, Gustavo Dória, Décio de Almeida Prado, Alfredo Mesquita, entre outros, observamos que, embora cada um deles possua estilo próprio na apreensão do espetáculo teatral, as ideias artísticas que os movem, para além das premissas básicas de cultura, civilização e modernização, visavam à articulação entre tema e forma, que se traduziria em linguagem teatral.

A expectativa em encontrar, nos palcos brasileiros, temas atinentes a questões sociais, assim como dramas

132

políticos e existenciais, fez com seus olhares fossem detectando, em encenações e em textos dramáticos, índices de modernização. Entretanto, apesar do reconhecimento dessas realizações, se em *Deus Lhe Pague* era possível identificar avanços temáticos, como a questão social, o mesmo não ocorria com os recursos artísticos presentes tanto na estrutura dramática quanto na composição cenográfica e interpretativa da representação teatral.

Em tal situação encontravam-se as obras de Renato Vianna, isto é, as conquistas temáticas sobrepujaram as conquistas formais. Enquanto isso, as realizações de Álvaro e Eugênia Moreyra, ao perseguirem a inovação cênica, relegaram a um segundo plano temas e reflexões que se coadunariam com indagações advindas das metrópoles da época. Já o trabalho de Oduvaldo Vianna pode ser interpretado como distinto dos de seus contemporâneos, na medida em que suas peças agregaram temáticas modernas e inovações formais.

Enfim, se as ideias acerca do fazer teatral estavam bem circunstanciadas, aqueles que as advogavam não conseguiram reconhecê-la no que viam nos palcos, isto é, havia um descompasso entre forma e conteúdo. Nesse sentido, talvez o que melhor realizou essa síntese na década de 1930 foi o dramaturgo Oswald de Andrade. Todavia, dada a ousadia de suas criações dramáticas, elas não encontraram, em seu próprio tempo, diretores capazes de encená-las. Como decorrência disso, é possível afirmar que as ideias, não apenas defendidas e sim vivenciadas pelos críticos teatrais, tornaram-se não só o parâmetro qualitativo, mas, especialmente, o referencial interpretativo que norteou as análises feitas pelos contemporâneos e as avaliações construídas a *posteriori*, em particular aquelas que compreenderam o teatro da primeira metade do século xx como uma busca incessante pela modernização.

Na verdade, o teatro da modernização, tão almejado pelos críticos, seguiu um caminho paralelo ao do teatro efetivamente realizado por artistas brasileiros. No entanto, no decorrer da década de 1940, essas trajetórias paralelas imiscuíram-se e, pelas mãos da "Turma da Polônia", o moderno materializou-se como texto, interpretação, cenografia e iluminação em *Vestido de Noiva*.

Dito de outra maneira: começou a se consolidar a ideia de teatro como cena, isto é, a palavra não perdeu o seu lugar nos espetáculos, mas esses passaram a ser observados e analisados também pelos recursos cênicos e pela performance dos atores. Sob esse prisma, o teatro como fenômeno "acontecimental" ganhou espaços significativos no debate político e cultural do país.

Mesmo conquistando a modernidade, o teatro não abdicou de seu papel como instrumento de civilização da cena brasileira. Pelo contrário, à medida que as instâncias sociopolíticas tornavam-se cada vez mais complexas, as suas demandas ideológicas e culturais adquiriram multiplicidades e redimensionamentos. O nacional transformou-se em nacionalismo crítico e as formas artísticas passaram a perseguir uma consciência crítica em relação ao aceleramento histórico vivenciado pelas décadas subsequentes.

4. NACIONALISMO CRÍTICO – LIBERDADE – IDENTIDADE NACIONAL

O teatro deveria estar sempre consciente das necessidades de sua época. Tomemos Hamlet, *essa peça repisada, como exemplo de interpretação. Nas sombrias e sangrentas circunstâncias em que escrevo estas linhas, ante o espetáculo dos crimes perpetrados pelas classes dirigentes e a tendência geral a duvidar de uma razão que não cessa de ser mal usada, creio poder ler essa peça da seguinte maneira: é um tempo de guerra*

BERTOLT BRECHT[1]

Muitos, antes de nós, que praticavam o assim chamado teatro político mensageiro, na verdade praticavam uma forma de teatro evangélico: evangelizavam, com doutrinas discutíveis,

---

1. *Pequeno Órganon*, apud Ian Kott, *Shakespeare Nosso Contemporâneo*, São Paulo: Cosac Naify, 2003, p. 76.

> *a palavra soberana de uma organização ou de um Partido. A grande maioria dos CPCs, a par de suas imensas virtudes, jamais assaz louvadas, padecia dessa doença.*
>
> AUGUSTO BOAL[2]

À luz dos embates e dos acontecimentos dos períodos anteriores, as atividades teatrais no Brasil, no decorrer da década de 1950, foram significativamente marcadas pelos ventos da modernidade. Entretanto, esse ideário não foi exclusivo do teatro. Pelo contrário, sua presença ressoou em outras esferas da vida pública e, mais que isso, associou-se a projetos nacionalistas, como aquele que culminou, em 1953, com a criação da Petrobrás.

Tal perspectiva, mesmo após o trauma político causado pelo suicídio de Getúlio Vargas, em 24 de agosto de 1954, continuou a se fazer presente, especialmente com a eleição, em 1956, de Juscelino Kubitschek à Presidência da República.

A construção de Brasília na região Centro-Oeste do país, a chegada da indústria automobilística, a criação do Instituto Superior de Estudos Brasileiros (Iseb)[3], com vistas a

---

2. *Hamlet e o Filho do Padeiro: Memórias Imaginadas,* Rio de Janeiro: Record, 2000, p. 177.

3. O Instituto Superior de Estudos Brasileiros (Iseb) foi criado em 1955, vinculado ao Ministério da Educação e Cultura, com o intuito de estudar e divulgar as ciências sociais no país. Para tanto, possuía autonomia administrativa, liberdade de pesquisa e de opinião.

Em verdade, o Iseb foi o resultado da junção, evidentemente reformulada e ampliada, da Liga de Emancipação Nacional – fundada por nacionalistas de tendência de esquerda e de direita, e teve, entre seus integrantes comunistas, defensores árduos de posições nacionalistas – com o Grupo Itatiaia – criado em 1952 por intelectuais cariocas e paulistas, que possuíam uma postura menos radical em relação às bandeiras nacionalistas.

Em vista disso, a temática nacionalista e a questão do popular sempre foram centrais nos debates e nas reflexões do Iseb, porém não de forma homogênea porque, em várias situações, houve a opção pelo socialismo moderado, em contraposição às posturas mais radicais que foram adotadas, especialmente, por Álvaro Vieira Pinto e por Wanderley Guilherme dos Santos.

fomentar estudos e alternativas democráticas para o Brasil, sob a égide da nação e do nacionalismo, fizeram com que a ideia do progresso se tornasse a mola propulsora a partir da qual a segunda metade do século XX do país deveria ser interpretada.

Essas ideias que, pouco a pouco, foram permeando setores do empresariado, da classe operária, de intelectuais e de profissionais liberais, chegaram ao teatro brasileiro especialmente pelo palco do Teatro de Arena de São Paulo. Fundado por José Renato Pécora, um dos primeiros egressos da Escola de Arte Dramática (EAD), o Teatro de Arena

Em sua breve existência – já que o Iseb foi extinto três dias após o Golpe Militar de 1964 – o Instituto Superior de Estudos Brasileiros foi dividido por uma crise interna (1958), ocasionada pela publicação do livro de Hélio Jaguaribe, *O Nacionalismo na Atualidade Brasileira*, que criticava o excessivo nacionalismo que inibia a presença de investidores estrangeiros no país. Tal perspectiva de análise conjuntural opôs a corrente de Roland Corbisier e Alberto Guerreiro Ramos àquela liderada por Hélio Jaguaribe, que culminou com a saída deste último do Iseb.

Embora Corbisier tivesse integrado o círculo de intelectuais em torno de Plínio Salgado e se mantivesse fiel ao integralismo, até 1945, quando rompeu definitivamente com esse ideário político, no Iseb, seu grupo defendia uma ação menos acadêmica e mais engajada. Em 1960, filiou-se ao Partido Trabalhista Brasileiro (PTB) e, após eleger-se deputado à Assembleia Constituinte do estado da Guanabara, deixou a direção do Iseb. No ano de 1963, assumiu uma cadeira na Câmara Federal e passou a integrar o grupo que mais apoiou a política nacionalista e as Reformas de Base do presidente João Goulart.

As ideias isebianas foram fundamentais para inúmeras ações do Centro Popular de Cultura da UNE e muitas delas foram veiculas pelos *Cadernos Brasileiros*, pela *Revista Civilização Brasileira*, editados por Ênio da Silveira, e pela *História Nova*, sob a responsabilidade de Nélson Werneck Sodré.

Para maiores detalhamentos sobre o Iseb, consultar: Alzira Alves de Abreu, Instituto Superior de Estudos Brasileiros (Iseb), em Jorge Ferreira; Daniel Aarão Reis, *Nacionalismo e Reformismo Radical (1945-1964)*, Rio de Janeiro: Civilização Brasileira, 2007, p. 409-432. (col. As Esquerdas no Brasil, v. 2); Caio Navarro de Toledo (org.), *Intelectuais e Política no Brasil: A Experiência do Iseb*, Rio de Janeiro: Revan, 2005; C. N. de Toledo, *Iseb: Fábrica de Ideologias*, São Paulo: Ática, 1982; Marcos Cezar de Freitas, *Álvaro Vieira Pinto: A Personagem Histórica e sua Trama*, São Paulo: Cortez/USF-Ifan, 1998; Maria Sylvia de Carvalho Franco, O Tempo das Ilusões, em: Marilena Chauí; Maria Sylvia de Carvalho Franco, *Ideologia e Mobilização Popular*, Rio de Janeiro: Paz e Terra/Cedec, 1978.

surgiu como uma alternativa àqueles que não dispunham de recursos necessários para criarem uma companhia nos moldes do TBC[4].

Ainda em São Paulo, para outro segmento da juventude, a modernidade teatral significara a necessária superação de uma etapa, porém, por si só, ela não era suficiente para que a arte teatral, de fato, estabelecesse consonância com a sociedade brasileira. Compartilhavam dessa percepção particularmente aqueles que haviam acumulado experiências de militância junto ao Movimento Estudantil e ao Partido Comunista Brasileiro, dentre os quais estavam Gianfrancesco Guarnieri e Oduvaldo Vianna Filho. Estes, em profícua aproximação com Ruggero Jacobbi e Carla Civelli, foram responsáveis pela criação do Teatro Paulista do Estudante (TPE) que, nas palavras de Gianfrancesco Guarnieri:

> Era quase um exercício de viver brigando por ideais, mas tudo muito fechado, muito entre nós. Depois de uns três anos de movimento estudantil firme, percebemos que realmente estávamos errando. Depois de uns três anos é que chegamos à conclusão que precisávamos ampliar aquilo, que o movimento estudantil não era só nosso, não era só de uma cúpula e sim de grupos que se formavam em várias capitais, grupos pequenos, mas que praticamente se identificavam. E que era necessário então fazer um trabalho sério entre todos os estudantes. Chegamos à conclusão de que o movimento cultural e principalmente o movimento artístico seriam um meio eficaz de organização, onde se poderia discutir, reforçar os grêmios, estruturar diretórios e procurar criar um debate cultural no meio estudantil[5].

4. O Teatro de Arena de São Paulo manteve suas atividades ininterruptas durante quase duas décadas. Entretanto, ao longo dos anos, a sua composição não foi a mesma. Nesse sentido, em momentos diversos, participaram desse projeto artístico e político artistas como Oduvaldo Vianna Filho, Gianfrancesco Guarnieri, Chico de Assis, Paulo José, Dina Sfat, Myriam Muniz, Sylvio Zilber, Lima Duarte, Juca de Oliveira, Flávio Migliaccio, Nelson Xavier, Antonio Fagundes, Davi José, Renato Consorte, Antonio Pedro, Celso Frateschi, Denise Del Vecchio, Dulce Muniz, Edson Santana, entre outros.

5. Gianfrancesco Guarnieri, em Simon Khoury (org.), *Atrás da Máscara I*, Rio de Janeiro: Civilização Brasileira, 1983, p. 16.

A exposição desse fragmento expõe um dos caminhos adotados para o estabelecimento de uma conexão explícita entre arte e política. A proposição de uma prática cultural, a ser instrumentalizada em favor de ideário político, permitiu que, em determinados segmentos do teatro brasileiro, desenvolvessem-se atividades artísticas em sintonia com o materialismo histórico.

Não é demais recordar que, nesse período, as ideias de esquerda estavam amplamente disseminadas pelas análises do Iseb, em especial pelos estudos de Nelson Werneck Sodré, pelas discussões em torno da *teoria da dependência*, pela divulgação das obras de Marx, Engels, Lênin, pelo Partido Comunista Brasileiro e também pelos escritos de Léon Trotsky, difundidos pelos simpatizantes e militantes políticos vinculados à IV Internacional. A esses autores, aos poucos, integrou-se o italiano Antônio Gramsci e suas reflexões envolvendo o diálogo da Política com a Arte.

Todavia, se as ideias já estavam disseminadas, faltava às mesmas ganhar materialidade e dimensão efetiva. Nesse sentido, no âmbito da atividade teatral começou-se a vislumbrar estímulos para o desabrochar de uma consciência histórica e, sob esse aspecto, o teatro assumiu compromissos públicos, não somente com princípios gerais de cultura e civilização, mas também com a organização das camadas subalternas a fim de impulsionar a luta pela igualdade social. Para isso, o TPE estreitou seus laços com as universidades e aproximou-se de críticos, professores e artistas de teatro, dentre os quais estava José Renato e o Teatro de Arena[6].

---

6. "Nunca colocamos nossa carreira individual como objetivo. Nossa meta era outra. Nós não tínhamos grandes responsabilidades... quer dizer... Olha, se eu não sou um bom ator é porque não tenho obrigação de ser... Estou aqui também fazendo um negócio coletivo porque achamos que através desse trabalho podemos nos organizar e desse modo servir à cultura nacional, ajudar a formar uma consciência brasileira... E tudo que acontecia politicamente na época foi importante! Começava a surgir aquele negócio de identidade que seguia todo o processo político, houve a tentativa do golpe, o Juscelino toma posse ou não toma? O Teixeira Lott garante 'Paz e democracia'... Começou-se a falar em nacionalismo, coisa

Do encontro entre o Teatro de Arena (de José Renato) e o Teatro Paulista do Estudante nasceu o Teatro de Arena de São Paulo[7], que herdara do primeiro a proposta artística e profissional estabelecida pela modernização, enquanto do segundo recebia a vontade de articular a dimensão artística às tensões políticas e aos projetos de transformação daquela sociedade.

Mesmo com o ingresso de Augusto Boal na companhia, em 1956, apesar da criação do Curso Prático de Dramaturgia, o Teatro de Arena continuou a encenar um repertório que, de forma ampla e genérica, abordava temas considerados pertinentes à crítica social[8], mas sem expressar,

que empolgava a juventude. Muita gente ouvia o cantar do galo mas não sabia exatamente de onde vinha o canto: nacionalismo...coisas nossas [...] Alguns elementos do TPE e do Arena saíram, uma minoria ficou. Houve muita confusão, e dos que ficaram a gente ouvia: 'Puxa vida, não sabemos de nada! É verdade, nós não sabemos nada...E o que fazer então? Vamos fazer um curso!' Falamos com Sábato Magaldi, Júlio Gouveia e Décio de Almeida Prado; pedíamos sugestões; fizemos um curso do qual participaram duzentas e tantas pessoas... Era um momento de muita efervescência e tudo era meio fácil porque as pessoas estavam interessadas. *As universidades começaram a criar um trabalho mais sólido com preocupações mais orientadas, e de repente começou a se viver no Brasil um clima mais cultural. Era uma coisa geral. Foi justamente nesse estado de coisas que houve a junção do TPE com o Arena.* O Zé Renato propôs dar o material para que realizássemos nossos espetáculos nos colégios, ele daria a infraestrutura, a orientação artística e técnica e, em contrapartida, nós, do TPE, trabalharíamos como suporte de *cast* para o Teatro de Arena, que já era profissional". G. Guarnieri, em S.Khoury (org.), op. cit., p. 30-31. (Grifo nosso.)

7. Sobre o Teatro de Arena de São Paulo existem inúmeros estudos. Assim sendo, a título de ilustração, destacamos: Sábato Magaldi, *Um Palco Brasileiro: O Arena em São Paulo*, São Paulo: Brasiliense, 1984; Cláudia Arruda Campos, *Zumbi, Tiradentes*, São Paulo: Perspectiva/Edusp, 1988; Augusto Boal, *Teatro do Oprimido e Outras Poéticas Políticas,* Rio de Janeiro: Civilização Brasileira, 1977; Edélcio Mostaço, *Teatro e Política: Arena, Oficina e Opinião*, São Paulo: Proposta, 1982; Rosangela Patriota, A Escrita da História do Teatro no Brasil: Questões Temáticas e Aspectos Metodológicos, *História*, Franca, v. 24, n. 2, 2005. Disponível em: <http://www.scielo.br/scielo.php?script=sci_arttext&pid=S0101-90742005000200004&lng=pt&nrm=iso>. Acesso em: 3 maio 2009; *Dionysos*, Rio de Janeiro, MEC/DAC/Funarte/SNT, out.1978, n. 24, Especial Teatro de Arena.

8. Dentre as peças encenadas entre 1956 e 1958 estão *Escola de Mulheres* (Molière), *Julgue Você* (Pierre Conty), *Dias Felizes* (Claude André Pugget),

de forma efetiva, a particularidade e o compromisso daqueles artistas com o tempo em que viviam.

Entretanto, em decorrência de uma grave crise financeira, o Arena viu-se impedido de saldar seus compromissos e seus administradores decidiram pelo seu fechamento, mas este término dar-se-ia com um *gran finale*: a encenação da peça *Eles Não Usam Black-tie*[9] (de Gianfrancesco Guarnieri) sob a direção de José Renato.

Tal espetáculo, de fato, encerrou um momento específico do Teatro de Arena e, ao mesmo tempo, transformou-o no parâmetro a ser atingido por todos que almejavam construir efetiva interlocução entre Teatro e Política.

> *Eles Não Usam Black-tie*, estreada em 1958, no Teatro de Arena de São Paulo, trouxe para o nosso palco os problemas sociais provocados pela industrialização com o conhecimento das lutas reivindicatórias de melhores salários. O título, de claro propósito panfletário, pareceria ingênuo ou de mau gosto, não fosse também o nome da letra de samba que serve de fundo aos três atos. Embora o ambiente seja a favela carioca, o cenário existe apenas como romantização de possível vida comunitária, já que a cidade simboliza o bracejar do indivíduo só. Nem por isso o tema deixa de ser profundamente urbano, se o considerarmos produto da formação dos grandes centros, e nesse sentido a peça de Gianfrancesco Guarnieri se definia como a mais atual do repertório brasileiro, aquela que penetrava a realidade brasileira do tempo com maior agudeza[10].

Essas Mulheres (Max Regnier e André Gillois), *Ratos e Homens* (John Steinbeck), *Marido Magro, Mulher Chata* (Augusto Boal), *Enquanto Eles Foram Felizes* (Vernon Sylvain), *Juno e o Pavão* (Sean O' Cassey), *Só o Faraó Tem Alma* (Silveira Sampaio), *A Falecida Senhora Sua Mãe* (Georges Feydeau), *Casal de Velhos* (Octave Mirbeau) e *A Mulher do Outro* (Sidney Howard).

9. Apesar de ter sido escrita a partir de experiências de infância de Guarnieri, quando visitava a favela em que vivia a família de sua babá, Margarida, *Black-tie*, por intermédio de sua recepção crítica, passou a ter outros componentes históricos e ideológicos que, por sua vez, alimentaram o debate em torno do fazer teatral, a saber: a valorização da vida e dos costumes das camadas subalternas da população (identificadas como as legítimas representantes do povo brasileiro) a partir de sua prosódia, suas temáticas, suas lutas e vivências.

10. S. Magaldi, *Panorama do Teatro Brasileiro*, 3. ed., São Paulo: Global, 1997, p. 245.

A análise de Sábato Magaldi para a peça de Guarnieri, ao mesmo tempo em que apresentou um resumo de enredo, estabeleceu as ideias fundamentais que concederam a esse texto um lugar na História do Teatro, isto é, apesar de romantizado, o espaço cênico estava identificado com os trabalhadores e com as estratégias de luta para sua emancipação. Foi o momento de consolidar ideias, estilos e temáticas que deveriam ser relidas à luz do materialismo histórico a fim de que o teatro assumisse uma definição de classe. Em outras palavras:

> O teatro com o seu próprio desenvolvimento, ligando-se ao público, criando escolas, sofrendo todo o processo de conscientização dos problemas brasileiros que atravessa o nosso povo em geral, nossa cultura em particular, chega a um momento capital: definir-se. Definição. Ou a agora cômoda realização de espetáculos muito bem montados, partindo de peças absolutamente alienadas para o povo brasileiro, de mau gosto literário, com um estilo de interpretação ainda baseado na superficialidade da emoção. Um teatro alienado que vai se requintando em pseudobeleza plástica, em pseudograndes interpretações e grandes montagens, carregadas de vazio e pretensão; ou a realização de espetáculos, onde a procura do autêntico, do humano, do urgente mesmo, estabeleça a ligação imediata do teatro com a vida que vivemos?[11]

Através de uma peça (e, posteriormente, de uma dramaturgia), cujo protagonista era um operário, viu-se o nacional retornar ao centro das preocupações, porém destituído dos conteúdos a ele atribuídos em debates anteriores. Manteve-se a ideia, porém os significados foram historicamente redimensionados e a sua compreensão estabeleceu-se a partir do nacional-desenvolvimentismo, que tanto marcou o Brasil na década de 1950, traduzido social e economicamente como a luta incessante pela primazia do nacional (visto como genuinamente brasileiro) sobre produtos e interesses estrangeiros.

11. Oduvaldo Vianna Filho, Momento do Teatro Brasileiro [outubro de 1958], em Fernando Peixoto (org.), *Vianinha: Teatro – Televisão – Política*, São Paulo: Brasiliense, 1983, p. 24.

Sob esse aspecto, o nacional tornou-se *nacionalismo crítico*, entendido como capaz de refletir, à luz de uma perspectiva crítica, as condições de vida e de luta da população.

Novos tempos e novas discussões ganharam os palcos. Surgiram o texto politizado e o anseio por um teatro comprometido com a realidade. Motivado pela excelente acolhida de *Black-tie* pelo público e pela crítica, o Arena criou os Seminários de Dramaturgia, com a finalidade de fomentar a confecção de peças voltadas para a conscientização popular e para os problemas sociais. Começa a se efetivar nos palcos e na literatura dramática um trabalho com ênfase no nacionalismo crítico associado à justiça de classe e à justiça social, com as respectivas reivindicações políticas, econômicas e sociais.

Mas essa preocupação não era exclusivamente do grupo paulista. No mesmo período, em Pernambuco, durante o governo de Miguel Arraes, criou-se, por iniciativa de artistas como Ariano Suassuna, Luiz Mendonça e Hermilo Borba Filho, o Movimento de Cultura Popular (MCP). No Rio de Janeiro, as perspectivas de instrumentalizar a arte deram origem ao Centro Popular de Cultura (CPC). E, ainda em São Paulo, surgiu o Teatro Oficina, fundado por estudantes do curso de Direito do Largo São Francisco.

O país experimentava a expectativa da transformação, traduzida na defesa de práticas anti-imperialistas e no sonho de concretizar a *revolução democrático-burguesa*, vislumbrada por diversos segmentos sociais. Enquanto isso, o mundo assistia estupefato ao êxito da Revolução Cubana, em 1959.

Não havia dúvidas, os acontecimentos ocorridos na pequena ilha do Caribe encantaram em especial os jovens que buscavam alternativas em relação à sociedade em que viviam. Porém, a eles, devemos acrescentar o impacto das ideias do filósofo francês Jean-Paul Sartre, em particular as suas concepções de engajamento e de espaços de ação do intelectual na esfera pública.

Tal afirmação, historicamente, tem procedência na medida em que vários artistas, de diferentes regiões e grupos de trabalhos, declararam o impacto que os escritos do pensador francês tiveram em suas formações. O diretor teatral José Celso Martinez Corrêa, por exemplo, afirmou:

> Eu já lia Sartre e já conseguia localizar nos textos dele certos pontos de identificação com a gente. Por exemplo, a minha geração sentia que tinha que se virar por ela mesma. Aí entrava a noção sartriana de "liberdade", de que não tem desculpa, de que você tem que se atirar nas coisas mesmo. Não tem pai, não tem mãe, não tem ditadura que lhe justifique, não tem opressão, não tem nada! Ou você age ou você se fode. Você tem que se virar? Se vire! [...] Com o Sartre eu fui descobrindo o que a minha geração descobriu principalmente com Cuba: a ideia de que não tem "jeito", a gente tem é que se virar. Se você não acontece, não acontece nada. "O dever do revolucionário é fazer a revolução": essa frase, essa noção da filosofia sartriana não batia como *slogan*, não! Ela te entregava à vida[12].

Por sua vez, Luiz Carlos Maciel revelou:

> A atração pela rebeldia certamente não foi só minha, mas de toda a geração porque era sentida por cada um de nós. A negação romântica parecia-nos o valor maior criado na história da cultura ocidental. Minha trajetória intelectual, por exemplo, atravessa vários fascínios. [...] O primeiro, entretanto, foi o existencialismo. Lembro que um dos primeiros livros adultos que li, ainda adolescente, foi *O Sentimento Trágico da Vida*, de Miguel de Unamuno. [...] Essa experiência poderosa e angustiante me levou para o existencialismo. Li Albert Camus, Jean-Paul Sartre, Martin Heidegger, Sören Kierkegaard etc. quando ainda era praticamente um fedelho. O reconhecimento de que o homem é absurdo, uma paixão inútil, foi fundamental na minha formação e, estou certo, na de meus companheiros de geração. Mas se Camus diz que o único problema filosófico realmente sério é o suicídio, não estávamos dispostos a morrer tão jovens. Queríamos viver. E, para isso, era preciso encontrar um valor na vida, um sentido. E foi assim que a necessidade de organizar o mundo se apresentou, como resposta diante de nossa perplexidade em face do absurdo metafísico. Sartre foi o pensador que melhor nos conduziu nesse caminho áspero. Minha geração

12. Romper com a Família, Quebrar os Clichês, em Ana Helena Camargo Staal (org.), *José Celso Martinez Corrêa – Primeiro Ato: Cadernos, Depoimentos, Entrevistas (1958-1974)*, São Paulo: Editora 34, 1998, p. 27-31.

foi, então, marcada pela política. Achávamos que tínhamos a missão sagrada de libertar nosso país da dominação, nosso povo da exploração, nossas vidas da neurose e nosso planeta da catástrofe. E o meio adequado para atingir tais objetivos era a política. Pelo menos foi isso que Sartre nos ensinou[13].

O impacto das ideias existencialistas de Sartre mobilizou inúmeros jovens brasileiros a refletirem acerca de suas próprias condições como indivíduos e, posteriormente, em uma extensão maior, como seres sociais. A isso acrescente-se o neorrealismo italiano, a *nouvelle vague*, o cinema de Eisenstein, a descoberta de Marx e Brecht e os escritos de Antonio Gramsci. Apesar de todos esses referenciais, foi o *intelectual engajado* Jean-Paul Sartre, admirador de Fidel Castro e defensor do fim da opressão, postura materializada no apoio à Revolução Cubana e à Independência da Argélia, que se tornou o amálgama da singularidade adquirida pelo engajamento teatral no Brasil: uma prática artística que buscou romper com os limites estabelecidos e assumir a causa da *transformação social*, e que foi assim qualificada por Augusto Boal:

A isto chamo Síndrome Che, que tantos de nós, um dia, padecemos. Querer libertar escravos à força: tenho a minha verdade, sei o que é melhor para eles, então, já, façamos o que quero que façam. Sei que é certo. Vejo o que não podem ver: venham comigo, quero abrir seus olhos. Têm que ver o que vejo, pois vejo o caminho certo! As intenções, as melhores. A prática, autoritária: vinha de cima.

[...] Quando nossa insatisfação cresceu demais, cresceu a Síndrome Che Guevara. Grupos teatrais, em todo país, abandonaram suas plateias *profissionais* em busca do novo público, vasculhando o mundo à procura de oprimidos para lhes oferecer a Palavra Justa! [...] Mundo afora, bem-intencionados elencos sofriam, em doses mais cavalares do que a nossa, da mesma Síndrome. Faziam, em grotesca farsa, o que o Che havia feito em trágica vida!

Muitos, antes de nós, que praticavam o assim chamado *teatro político mensageiro*, na verdade praticavam uma forma de teatro evangélico:

---

13. *Geração em Transe: Memórias do Tempo do Tropicalismo*, Rio de Janeiro: Nova Fronteira, 1996, p. 25-26.

evangelizavam, com doutrinas discutíveis, a palavra soberana de uma organização ou de um Partido. A grande maioria dos CPCs, a par de suas imensas virtudes, jamais assaz louvadas, padecia dessa doença[14].

Se em narrativa *a posteriori*, um dos mais importantes nomes do teatro político da década de 1960 qualificou o trabalho do período como sendo *teatro político mensageiro*, isto é, dotado de intenções que pouco se materializaram no decorrer do próprio processo, acerca da questão artística ponderou:

> Há tempos, um crítico afirmou que não se deve meter política em teatro. Essa resistência ao tema proibido jamais teve razão. Teatro não é forma pura, portanto, é necessário meter alguma coisa em teatro, quer seja política ou simples história de amor, psicologia ou indagação metafísica. E se política é tão bom material como qualquer outro, surge o novo e mais sério problema: a ideia da peça. Atualmente existe forte tendência para que uma obra seja julgada levando-se demasiado em conta as ideias progressistas ou reacionárias contidas no texto, transformando-se este no único padrão de excelência ou inferioridade. Procede-se ao julgamento ético, abandonando-se o estético. Basta que o autor manifeste solidariedade e simpatia aos negros, aos operários ou à mulher sacrificada para que a sua obra seja encarada com seriedade[15].

Por meio dessa análise, apreendem-se não só os encaminhamentos dados por Boal à sua peça, como também a concepção artística que o orientava como homem de teatro comprometido com lutas de emancipação, a saber: não é suficiente a um objeto artístico apresentar um tema em sintonia com os oprimidos, pois o que lhe dá singularidade como produto estético é a *forma* encontrada para materializar artisticamente esse conteúdo. Nesse caso, a questão *ética*, por si só, não deve ser o único critério a ser considerado na análise crítica[16]. Todavia, se esse aspecto era motivo de divergência,

14. A. Boal, *Hamlet e o Filho do Padeiro: Memórias Imaginadas*, Rio de Janeiro: Record, 2000, p. 177.

15. Idem, Explicação, *Revolução na América do Sul*, São Paulo: Massao Ohno Editora, [s/d], p. 6.

16. Acerca desse aspecto limitador na análise estética de Sartre, Contatori Romano assim se manifestou: "Sartre confere ao escritor uma função

em relação a Sartre, no que diz respeito ao *engajamento*, havia uma convergência de interesses, pois

falta agora tentar uma ligação entre forma e conteúdo. Sartre, analisando Brecht, afirmou que pretende, como este, criticar a sociedade na qual vive o homem moderno, expondo os processos pelos quais essa sociedade e esse homem se desenvolvem. Mas quer também fazer o espectador participar integralmente da experiência do homem deste século, porque é ele, o espectador, que o vive. Este me parece ser o grande caminho do teatro moderno. Pouco importa se vou para ele ou não: importa que gostaria de penetrá-lo[17].

Naquele momento, as peças de Sartre voltaram aos palcos pelo trabalho do grupo Oficina. Em 1959, em uma co-produção com a Aliança Francesa, com a direção de Jean Luc Descaves, foi encenada *As Moscas* e, em 1960, *A Engrenagem*, com direção de Augusto Boal. Com esse último, qualificado por Zé Celso como o primeiro trabalho político do grupo, estabeleceu-se um debate acerca do tema do imperialismo à luz do processo eleitoral brasileiro de então.

Nesse momento o país estava em eleições: era a época do Jânio Quadros e do Lott. Então, durante a representação a gente perguntava

prática e ética no caminhar da História. Pois, condenado a comprometer-se com seu tempo, uma vez que contribui para veicular valores, deve, mais que isso, fazer de sua obra um meio de transmitir ao público uma visão clara, em linguagem direta, do funcionamento de seu mundo. Esse tema e a sua condição imediata – a supressão do estilo, do que é propriamente campo da arte – são largamente discutidos em Cuba e no Brasil. Assim Sartre se pronuncia na conferência sobre 'A Estética da Literatura Popular', na Faculdade Nacional de Filosofia, no Rio de Janeiro: 'O problema que se coloca hoje para o escritor é o de saber quais os meios de que ele pode dispor para dar ao leitor a ideia de que o destino humano está exclusivamente nas mãos do próprio homem'. Entretanto, além da gritante contradição entre a ideia de 'supressão do estilo' e a elaboração apurada de sua própria obra, as técnicas de uma literatura de compromisso social não estão sistematizadas na produção teórica do pensador francês". Luís Antônio Contatori Romano, *A Passagem de Sartre e Simone de Beauvoir pelo Brasil em 1960*, Campinas/São Paulo: Mercado de Letras/Fapesp, 2002, p. 263-264.

17. A. Boal, Explicação, *Revolução na América do Sul*, p. 8.

a sério para o público: "O que vocês vão fazer dessa engrenagem, o que vocês vão fazer do imperialismo?". Inclusive, nós utilizamos o teatro para uma exposição sobre esse tema, sobre a Petrobrás, aquelas coisas da época. Cada noite tinha um debate e nós perguntávamos de que lado os caras estavam. Foi aí que tivemos a nossa primeira experiência com a censura. Íamos representar *A Engrenagem* no Museu do Ipiranga, em São Paulo, e a representação foi proibida com a desculpa de que as crianças não poderiam assistir ao espetáculo. Nós nos amordaçamos com umas tiras de pano branco e fizemos uma passeata até o Sindicato dos Metalúrgicos para mostrar a peça lá[18].

Esse conjunto de iniciativas contribuiu para que, pela primeira vez, ocorresse nos palcos brasileiros a vinculação explícita entre Arte/Política e a intenção de engajamento em favor das causas populares visando à *superação das etapas históricas*. Tal iniciativa fez emergir *um teatro intelectual* que colaborou decisivamente para que se intensificassem as críticas a uma concepção burguesa do *fazer teatral*, em favor de uma cena que ampliasse o seu alcance para além das salas de teatro.

Em que pese o impacto político das encenações de peças de Sartre, na primeira metade da década de 1960, o teatro continuou a ser definido por uma dramaturgia identificada nos moldes do *nacionalismo crítico*. Esse reconhecimento se fez pelas temáticas, pelas personagens e pelas estruturas dramáticas das peças. Nesse processo, mais uma vez o texto tornou-se o centro das interpretações e foi por seu intermédio que se definiu tal ideia (nacionalismo crítico), em uma conjuntura política, que foi interpretada, por vários desses artistas, como revolucionária. Companhias como o Teatro de Arena de São Paulo assumiram uma tarefa que transcendeu os limites do palco e do próprio teatro com a expectativa de se tornarem vanguarda política e cultural.

Pode-se afirmar também que a recepção, pelo público e pela crítica, à peça *Eles Não Usam Black-tie* trouxe para os

18. J. C. M. Corrêa, Romper com a Família, Quebrar os Clichês, em A. H. C. Staal (org.), op. cit., p. 26-27; 35.

integrantes do Teatro de Arena perspectivas de trabalho e de criação artística que se imiscuíram aos debates e às demandas do Brasil do início dos anos de 1960. Contudo, para que essa empreitada pudesse ser bem sucedida, foi preciso investir no cerne do que fora considerado, essencialmente, comprometido do ponto de vista político: a dramaturgia.

Daí nasceram os Seminários de Dramaturgia e a experiência de seus integrantes em escreverem seus textos e os submeterem à apreciação do grupo. Esse processo criativo marcado pelo exercício da crítica e da autocrítica, provavelmente subjugou as ideias dramáticas aos anseios políticos. No entanto, apesar da riqueza contida nessa experiência, pouco tempo depois, talvez, para assegurar a sua sobrevivência cultural e comercial, o Arena recorreu à dramaturgia estrangeira, mais especificamente a textos reconhecidos como clássicos da dramaturgia ocidental – *Mandrágora* (Maquiavel), *Melhor Juiz, o Rei* (Lope de Vega) – que foram adaptados e ressignificados à luz dos debates do Brasil de então, pois:

o Arena se distanciava das concepções europeias de "teatro popular" surgidas, ou melhor, ressurgidas, após a Segunda Grande Guerra. Companhias como o Piccolo, de Milão, na Itália, e o Teatro Nacional Popular, na França, preocupavam-se principalmente com duas metas: de um lado, aumentar o público, até atingir todas as classes sociais; de outro, montar as peças mais significativas do repertório clássico, livrando-se da estreiteza estética e humana do realismo burguês. O espetáculo seria uma cerimônia de confraternização social em torno das obras-primas universais. Partia-se do princípio de que o povo também tinha direito ao teatro – ao melhor teatro, bem entendido, sem nenhuma concessão paternalista.

A perspectiva do Arena não era bem essa. Com relação ao público, não obstante as eventuais e generosas tentativas que fez para chegar às fabricas, aos sindicatos, ou mesmo aos camponeses do Nordeste, jamais se libertou ele do seu teatrinho, daquelas escassas 167 cadeiras que impediam qualquer campanha efetiva de barateamento do ingresso. O máximo que conseguiu, em caráter permanente, foi trocar em parte o público burguês pelo estudantil, mais aberto às reivindicações sociais e mais afeito à linha política do grupo. Quanto ao repertório, as peças clássicas não eram consideradas em si mesmas, por seus valores próprios, servindo antes como argumentos a serem lançados na luta pelo poder que se travava no Brasil. Quando diziam o que se desejava ouvir, muitíssimo bem. Em caso contrário, não se hesitava em alterá-las de modo drástico – veja-se, por exemplo, a adaptação de *O Melhor Juiz, o Rei*, de Lope de Vega, em que, apesar do título, o melhor juiz deixava de ser o rei.

Se os teatros populares europeus tinham por mira congregar a todos, sem distinção de classe, no mesmo ritual dramático, o Arena seguia outro caminho, achando, como Brecht disse a Giorgio Strehler, que "o bom teatro deve dividir, não unir". Ou seja, a militância revolucionária marxista, com a sua tradição de luta, vinha em primeiro lugar, o teatro apenas em segundo, ao contrário do que sucedia na Europa[19].

As ponderações de Décio de Almeida Prado auxiliam enormemente a vislumbrar a compreensão artística do que se definiu como *nacionalismo crítico*. Este, ao contrário da identificação com o conjunto estabelecido pelos conceitos de nação e nacionalismo, optou pela clivagem social e transpôs para o universo teatral as divisões fundamentais entre as classes sociais (burguesia e proletariado) constituídas pelo modo de produção capitalista e pela militância como meio de luta política revolucionária.

Através das ideias que fundamentaram seu entendimento acerca do teatro como arte e do lugar social que a ele deve ser atribuído, Prado estabeleceu contrapontos entre apreensões que podem ser qualificadas como universais e aquelas que tendiam para o específico.

As primeiras geralmente partiram do pressuposto de que o nacional deveria ser capaz de se sobrepor às divisões sociais, e, nesses termos, caberia ao teatro ser um dos amálgamas na construção de elementos de identidade entre os cidadãos. Já as segundas, à medida que assumiram visões de mundo específicas, confrontaram a ideia de que o nacio-

19. Décio de Almeida Prado, *O Teatro Brasileiro Moderno*, 2. ed., São Paulo: Perspectiva, 1996, p. 66-67.

150

nal era dotado de abrangência capaz de acomodar distintos segmentos políticos e/ou sociais de esquerda e de direita[20].

A esse processo, acrescente-se a interpretação política adotada pelo Partido Comunista Brasileiro acerca da conjuntura brasileira, inspirada nos ensinamentos do xx Congresso do Partido Comunista da URSS:

> No Brasil, também estão se operando importantes modificações econômicas e sociais. São melhores as condições que permitem modificações na correlação de forças políticas favoravelmente à democracia, à independência e ao progresso. Tendem a unir-se as amplas forças patrióticas e democráticas, desde a classe operária até importantes setores da burguesia. Vai-se isolando e reduzindo a minoria de reacionários e agentes do imperialismo norte-americano, que luta desesperadamente contra as aspirações de nosso povo e os supremos interesses nacionais. [...] Através de campanhas patrióticas em defesa das riquezas nacionais, por uma política brasileira sobre o petróleo e a energia atômica, nosso povo alcançou grandes vitórias. As lutas pelas liberdades democráticas se desenvolveram e atingiram considerável amplitude na campanha da anistia e no atual movimento contra a nova lei de imprensa. A conquista de novos níveis de salário mínimo foi uma importante vitória das massas trabalhadoras. Amplos setores da população unem seus esforços na luta contra a carestia da vida. [...] O fortalecimento da unidade da classe operária, o desenvolvimento e consolidação da aliança operário-camponesa são fatores decisivos para garantir a estabilidade e a ampliação da frente única. As reivindicações específicas da pequena burguesia, da intelectualidade e da burguesia nacional devem merecer da parte dos comunistas a maior atenção. Em relação aos grandes capitalistas brasileiros, nosso ataque deve ser dirigido somente contra aqueles que traírem os interesses nacionais, pondo-se do lado dos imperialistas ianques. Mesmo em relação aos latifundiários, nossa posição deve depender de suas atitudes concretas diante da luta pelas reivindicações

---

20. Assim, além de *Eles Não Usam Black-tie*, peças como *Chapetuba Futebol Clube*, *Quatro Quadras de Terra*, *Os Azeredos Mais os Benevides*, *A Mais-Valia Vai Acabar, Seu Edgar*, (todas de autoria de Oduvaldo Vianna Filho), *Gimba, A Semente* (ambas de Gianfrancesco Guarnieri), *Revolução na América do Sul* (Augusto Boal), dentre outras, foram escritas fundadas no *nacionalismo crítico*, a partir do qual as desigualdades e as exclusões sociais seriam evidenciadas, a unidade forjada seria desconstruída e os anseios da maioria da população (e não sua totalidade) viriam a público.

e direitos de nosso povo. Concentrando sempre o fogo contra os imperialistas norte-americanos e seus agentes no Brasil, nosso dever é cooperar com todos os que desejam lutar pela soberania nacional, pelas liberdades democráticas, por melhores condições de vida para o povo, por um Brasil próspero e independente[21].

Esse documento, depois de destacar os grandes avanços do mundo socialista, articulou a análise da conjuntura internacional às especificidades da sociedade brasileira de então. Por esse prisma, havia uma sintonia de propósitos na medida em que o desenvolvimento das forças produtivas, tão caro à esquerda, coadunava-se com o lema de "cinquenta anos em cinco" do governo JK.

Dessa feita, a aclimatação do materialismo histórico ao Brasil dos anos de 1950 traduziu-se em propostas de ações políticas que passaram a defender a união do trabalho ao capital nacional, com vistas a enfrentar o capitalismo internacional. No entanto, para que essa aliança realizasse seu propósito seria necessário que os entraves à modernização, em especial os presentes no campo, fossem superados. Por esse viés analítico, os latifundiários – empecilhos ao estabelecimento da modernização, tanto no nível da produção quanto das relações de trabalho – deveriam ser combatidos, uma vez que a prática por eles empreendida impedia, no setor urbano, o fortalecimento da unidade, entendida por muitos como a face histórica do nacionalismo crítico.

Contudo, essas possibilidades esvaíram-se nas circunstâncias históricas que motivaram o advento do Golpe de 1964. Este, aos olhos de vários daqueles que estavam envolvidos no embate entre teatro e política, surgiu como *um raio em céu azul*, pois, até aquele momento, a interpretação histórica apontava para a concretização de uma revolução democrático-burguesa capaz de propiciar as condições para que o Brasil se tornasse, de fato, um país justo e igualitário.

---

21. Projeto de Resolução do C.C. do P.C.B. sobre os Ensinamentos do XX Congresso do P.C. da U.R.S.S. (20-10-1956), em Edgard Carone, *O P.C.B. (1943-1964)*, São Paulo: Difel, 1982, v. 3, p. 144-148.

Inúmeros relatos atestaram a insatisfação e o sentimento de impotência que se propagou em diferentes setores da produção artística e se desdobrou em críticas contundentes à orientação do PCB, que se manifestou da seguinte maneira:

> Na raiz de nossos erros está uma falsa concepção, de fundo pequeno-burguês e golpista, da revolução brasileira, a qual se tem manifestado de maneira predominante nos momentos decisivos de nossa atividade revolucionária, independentemente da linha política, acertada ou não, que tenhamos adotado. É uma concepção que admite a revolução não como um fenômeno de massas, mas como resultado da ação das cúpulas ou, no melhor dos casos, do Partido. [...] É indispensável que todo o Partido adquira a convicção de que cabe aos comunistas um papel de vanguarda na luta para derrotar a ditadura, o que exige espírito revolucionário, desprendimento e capacidade de sacrifício. [...] Nas condições atuais, só cumpriremos nosso dever se formos capazes de fazer de nosso Partido a força organizadora e dirigente do movimento pela reconquista das liberdades democráticas. Isto requer de cada militante grande sentido de responsabilidade e não menor combatividade[22].

De acordo com tais premissas, surgiram criações culturais em sintonia com a tese de acúmulo de forças, em favor da luta pela restauração das instâncias democráticas no país. Espetáculos que incitavam os espectadores à organização e a mudanças deram lugar a trabalhos que justificavam a construção de uma resistência frente à situação de arbítrio.

Para surpresa de todos, a presença cultural da esquerda não foi liquidada naquela data, e mais, de lá para cá não parou de crescer. A sua produção é de qualidade notável nalguns campos e é dominante. *Apesar da ditadura da direita, há relativa hegemonia cultural da esquerda no país.* Pode ser vista nas livrarias de São Paulo e Rio, cheias de marxismo, nas estreias teatrais, incrivelmente festivas e febris, às

---

22. *Voz Operária*, Suplemento Especial, Resolução Política do Comitê Central do Partido Comunista Brasileiro, maio de 1965, em E. Carone, op. cit., v. 3, p. 26-27.
Para maiores informações acerca deste debate, consultar: R. Patriota, *Vianinha – Um Dramaturgo Lançado no Coração de Seu Tempo*, São Paulo: Hucitec, 1999.

vezes ameaçadas de invasão policial, na movimentação estudantil ou nas proclamações do clero avançado. Em suma, nos santuários da cultura burguesa a esquerda dá o tom. Esta anomalia – que agora periclita, quando a ditadura decretou penas pesadíssimas para a propaganda do socialismo – é o traço mais visível do panorama cultural brasileiro entre 64 e 69. Assinala, além da luta, um compromisso[23].

É evidente que, dadas as circunstâncias históricas, o diálogo entre teatro e política intensificou-se. Para tanto, novas formas artísticas foram agregadas às que já estavam incorporadas à cena teatral. Dentre elas, os musicais (*Opinião*; *Arena Canta Zumbi*; *Arena Conta Tiradentes*; *Liberdade, Liberdade* etc.), a revista (*Dura Lex Sed Lex no Cabelo Só Gumex*), a literatura de cordel (*Se Correr o Bicho Pega, se Ficar o Bicho Come*), além do teatro-jornal, como representantes daqueles que almejavam acumular forças para a constituição da frente de resistência democrática.

Uma nova realidade sociopolítica passou a vigorar no país, mas a dinamicidade e o vigor do teatro mantiveram-se. O olhar crítico e histórico continuou voltado para a dramaturgia, em seu *status* de escritura e da palavra propriamente dita, na medida em que no período anterior a 1964 ela fora o *locus* privilegiado das intenções políticas e sociais. No entanto, pouco a pouco, o quadro político e cultural foi adquirindo maior complexidade e, nesse processo, mesmo que timidamente, iniciou-se certo descentramento em relação à atividade teatral.

Assim, apesar de a palavra continuar predominando nos exercícios interpretativos, uma perspectiva dissonante começou a adquirir visibilidade. O crítico e pensador Anatol Rosenfeld, que veio se abrigar no Brasil, devido às perseguições hitleristas aos judeus na Alemanha, trouxe para o debate teatral as lições estéticas e teóricas surgidas no âmbito da fenomenologia, em especial aquelas decorrentes das contribuições de Roman Ingarden, com vistas a evidenciar

---

23. Roberto Schwarz, Cultura e Política: 1964-1969, *O Pai de Família e Outros Estudos*, 2. ed., Rio de Janeiro: Paz e Terra, 1992, p. 62.

a especificidade do fenômeno teatral, além de instigantes discussões sobre as vanguardas artísticas europeias, da década de 1920, em um fecundante contraponto com a proposta brechtiana que se desenvolvia sob a bandeira épico-didática da crítica marxista.

Há quem ainda hoje considere o teatro essencialmente como um veículo da literatura dramática, espécie de instrumento de divulgação a serviço do texto literário, como o livro é veículo de romances e o jornal, de notícias. Essa concepção exclusivamente literária do teatro despreza por completo a peculiaridade do espetáculo teatral, da peça montada e representada. Vale citar, neste contexto, o que Mário de Andrade disse certa vez ao apreciar de modo positivo uma encenação de Alfredo Mesquita por ter este evitado "aquela poderosa mas perigosíssima atração da palavra com que em nossa civilização a literatura dominou o teatro e desequilibrou-o, esquecendo-se de que ele era antes de mais nada um espetáculo"[24].

De maneira inequívoca, para além das discussões teóricas e filosóficas presentes em sua reflexão, Rosenfeld remete-se à figura paradigmática da literatura brasileira, Mário de Andrade, com o intuito de enfatizar que o teatro não pode ser interpretado e circunstanciado somente à luz da tradição literária porque ele não se restringe apenas ao texto. Ao contrário, sua materialização advém da existência de um espaço cênico, no qual atores dão vida a personagens e a narrativas. Em decorrência disso, o autor propôs a interlocução entre palco e plateia, condição *sine qua non* para a efetivação do fenômeno teatral, pois:

o teatro, mesmo quando recorre à literatura dramática como seu substrato fundamental, não pode ser *reduzido* à literatura, visto ser uma arte de expressão peculiar. No espetáculo já não é a palavra que constitui e medeia o mundo imaginário. É agora, em essência, o ator que, como condição real da personagem fictícia, constitui através dela o mundo imaginário e, como parte deste mundo, a palavra. Contudo, não se trata apenas de uma inversão ontológica.

24. Anatol Rosenfeld, O Fenômeno Teatral, *Texto/Contexto*, 4. ed., São Paulo: Perspectiva, 1985, p. 21-22.

Concomitantemente, o espetáculo, como obra específica, por mais que se ressalte a importância da literatura no teatro literário, passa a ter valor cênico-estético somente quando a palavra funciona no espaço, visualmente, através do jogo dos atores. É característico, tanto no sentido ontológico como estético, que os gestos geralmente precedem às palavras correspondentes (ainda que se trate apenas de uma fracção de segundos). E a presença sensível daquele que ouve o outro, sem falar, é de grande importância, já que a reação do interlocutor mudo, no palco, se transmite de certo modo à plateia[25].

As ideias evocadas por Rosenfeld nesses pequenos fragmentos, embora já tivessem chegado a alguns intelectuais e artistas, começaram a adquirir maior abrangência nos escritos relativos à História do Teatro no Brasil, em especial a partir do impacto causado pela encenação do Teatro Oficina (SP), sob a direção de José Celso Martinez Corrêa, da peça de Oswald de Andrade, *O Rei da Vela*, em 1967. De acordo com o crítico e historiador Sábato Magaldi:

> A crítica, a pouca historiografia, o consenso geral consideram *Vestido de Noiva*, de Nelson Rodrigues, o primeiro marco da literatura dramática moderna no Brasil, haurido no espírito da Semana de 1922. Esse ponto de vista passou em julgado, porque ao grande valor da peça se acresceu a admirável montagem de Ziembinski para Os Comediantes, estreada no Teatro Municipal do Rio de Janeiro em dezembro de 1943. Quanto a espetáculo – verdadeira realização do teatro –, esse juízo não pode ser discutido. Sob o prisma da dramaturgia, porém, cabe reivindicar a precedência da obra de Oswald de Andrade. [...] Muitas das inovações dos textos de Nelson Rodrigues já se encontram nos de Oswald de Andrade[26].

As palavras de Magaldi, mais que exposição de motivos, demonstram a existência de várias escritas da História do Teatro Brasileiro, assim como, nuançadamente, evidenciam avaliações que foram construídas sem se considerar o devido alcance cênico das mesmas. Sob esse aspecto, ressalvas devem ser feitas em relação a Nelson Rodrigues e a seu

25. Idem, p. 28.
26. *Teatro de Ruptura: Oswald de Andrade*, São Paulo: Global, 2004, p. 7.

156

clássico texto *Vestido de Noiva*, que foi discutido e integrado à História do Teatro Brasileiro Contemporâneo a partir de sua encenação de 1943. Mais ainda, Sábato Magaldi, ao se debruçar sobre a dramaturgia de Oswald de Andrade, lançou um olhar crítico ao seu próprio movimento analítico.

> Em meu livro *Panorama do Teatro Brasileiro*, editado em 1962, a grande simpatia pelo teatro de Oswald não chegava ao ponto de arriscar-me numa sanção aberta. Na verdade, somente em 1964 tive a certeza da importância excepcional dessa dramaturgia. Convidado para pronunciar uma palestra na semana comemorativa do décimo aniversário da morte de Oswald (ele faleceu em 22 de outubro de 1954), reli as suas peças e fiquei fascinado. […] A extraordinária acolhida da plateia trouxe a certeza da eficácia cênica desse teatro[27].

A interpretação desse historiador, ao mesmo tempo em que lança luzes sobre seu próprio percurso teórico como crítico e estudioso do teatro brasileiro, expõe, mesmo que indiretamente, o processo de construção de uma historiografia, na medida em que, além de circunstanciar acontecimentos e suas temporalidades, evidencia a especificidade dessa escrita. As escolhas temáticas e as análises das mesmas não podem ser desvinculadas do tempo em que a narrativa é elaborada, isto é, há uma historicidade na confecção das avaliações feitas que não pode ser desconsiderada. Para isso, Magaldi voltou para seu próprio trabalho com vistas a compreender o porquê de a peça *O Rei da Vela* haver recebido comentários bem distintos um do outro?

> Por que esse desejo tardio de restabelecer a justiça histórica? Que importância terá esse reconhecimento, sobretudo se se admitir que teatro é espetáculo, e a peça *O Rei da Vela* só foi encenada em 1967? Em primeiro lugar, uma das funções do historiador é a de pesquisar as fontes, distinguir as linhas evolutivas da arte e esclarecer as coordenadas de um sistema, visando à iluminação de um processo. […] Seu teatro inaugura uma arquitetura cênica inédita no Brasil. Se a imposição do Estado Novo, em 10 de novembro de 1937, não permitiu que

27. Idem, p. 9.

157

a dramaturgia de Oswald se completasse no palco, e se não se pode mencionar uma influência direta em quem quer que seja, ao menos *O Rei da Vela* criou um clima em que, por coincidência, se verão elementos de *Vestido de Noiva* e de vários textos de Nelson Rodrigues.

Como teatro é obra de equipe, intérprete, cenógrafo, figurinista e empresário, Oswald pagou o tributo de estar muito à frente de seu tempo. [...] O tempo passou. A peça foi para as estantes esperar o seu dia. [...] Não encontrava eco, em meio à rotina do nosso palco, além das restrições da Censura, a revolução proposta por Oswald. Foi preciso esperar 30 anos, desde a publicação, para que *O Rei da Vela* irrompesse na montagem do Teatro Oficina, dirigida por José Celso Martinez Corrêa, como espantosa obra de vanguarda[28].

Assim, com habilidade e refinamento crítico, Sábato Magaldi contribuiu inestimavelmente para o diálogo da produção histórica com a crítica do teatro no Brasil. Por esse prisma, desvela-se a especificidade do próprio conhecimento porque, mesmo lançando mão de ideias gerais e de eixos interpretativos, a escrita da história, apesar de produzir análises verificáveis em momentos diferenciados, não consegue ignorar sua marca de origem: o tempo e as circunstâncias que a engendraram.

Essa mesma preocupação, mas com ênfase no exercício da crítica teatral, Décio de Almeida Prado, ao comentar o espetáculo de 1967, indiretamente chamou a atenção para as leituras diferenciadas que emergem a partir das condições de estudo, a saber: a. desdobramentos decorrentes de análises centradas somente no texto teatral; b. reflexões estéticas e históricas tendo a peça como elemento constituinte do fenômeno teatral.

O Rei da Vela é uma bomba de retardamento deixada por Oswald de Andrade para explodir quando estivessem todos comemorando o seu passamento definitivo. [...]

O engraçado é que *O Rei da Vela*, na época em que foi escrita, pareceria passadista e retardatária às gerações mais jovens. A década literária de 1920, dominada por São Paulo, fora iconoclasta, experimentalista, lúdica, com alguma coisa de irresponsável e farsesca.

28. Idem, p. 7-8.

[...] A modernidade de *O Rei da Vela* não está, contudo, se bem analisamos os fatos, nesse espírito revolucionário por assim dizer institucionalizado e cristalizado, facilmente redutível a fórmulas de consumo popular. [...] Antiburguês, na medida em que atacava a burguesia por dentro, nas suas maneiras de viver, nos seus hábitos mentais. A economia, de resto, só passou a interessá-lo a partir de 1930, ao perder a fortuna, [...] porque Oswald sempre pensou existencialmente, não distinguindo entre afetividade e razão, entre experiência vivida e raciocínio lógico[29].

Nesse primeiro movimento, as palavras de Prado remetem, provavelmente, à recepção que ele, enquanto jovem da década de 1920, recebeu a dramaturgia de Oswald em sintonia com suas próprias percepções sobre o autor. Todavia, vencido o juízo de época, o crítico lança os olhos para os estímulos culturais e artísticos da juventude da década de 1960, potencialmente o público do espetáculo.

Para uma geração que ouve os Beatles, com os seus longos cabelos românticos e os seus velhos uniformes militares do século dezenove, e lê Henry Miller, em cujos livros a própria experiência do sexo parece explodir em rebelião anárquica dos sentidos, uma peça dissolvente e anticonvencional como *O Rei da Vela* tem de parecer estranhamente contemporânea. [...] Nunca julgaríamos, por exemplo, que a carga de sexualidade de *O Rei da Vela* fosse considerada algum dia insuficiente necessitando explicitação e reforço. [...] A direção de José Celso, barroca, carregada, antes analítica do que sintética, talvez com o sacrifício do ritmo, do *raccourci* típico da caricatura e da escrita oswaldiana, é singularmente penetrante, inventiva, imaginosa, picaresca, quanto aos detalhes, auxiliada poderosamente, nessa mesma direção, pelos cenários e figurinos de Hélio Eichbauer. [...] A alusão à Ópera parece ter sido criada apenas por simetria (1º ato: circo; 2º ato: revista; 3º ato; ópera), introduzindo uma nota de paródia que nos parece alheia ao texto. A influência já não é de Oswald de Andrade, mas de Glauber Rocha – o anti-Oswald por definição[30].

---

29. D. de A. Prado, O Rei da Vela [1967], *Exercício Findo: Crítica Teatral (1964-1968)*, São Paulo: Perspectiva, 1987, p. 220-223.
30. Idem, p. 223, 225-226.

Os trechos da crítica de Décio de Almeida Prado permitem ao leitor confrontar distintas avaliações em diferentes momentos históricos. Em que pese a manutenção, em termos de conteúdo, da ênfase na perspectiva de classe, o renomado crítico, a partir da leitura cênica do Teatro Oficina, lançou luzes sobre aspectos do texto não percebidos pelos contemporâneos de Oswald de Andrade. Após os comentários de Magaldi e Prado, acrescentemos o fato de que, para além das discussões específicas da montagem de *O Rei da Vela*, os debates advindos trouxeram acirramentos tanto estéticos quanto políticos, ou seja: a realização cênica projetada com os elementos de inclusão e síntese, atinentes ao fenômeno teatral, proporcionou a busca de um teatro totalizante e capaz de apreender aspectos da peça que não foram reconhecidos no debate de ideias. Nesse sentido, o processo criativo do Teatro Oficina tornou-se condutor do processo interpretativo, e, com isso, colocou-se em uma posição no debate que, até então, era ocupado exclusivamente pela atividade crítica.

Dito de outra forma: aqueles que politicamente advogavam posturas mais contundentes àquele momento histórico, ainda não haviam encontrado suas correspondências em termos estéticos. Isso só veio a ocorrer em meados da década de 1960, no cinema, com o filme *Terra em Transe*, de Glauber Rocha, e no teatro com a encenação de *O Rei da Vela*. Sucumbira a unidade constituída em torno do modelo interpretativo que vingara até então. De um lado, o PCB, ao fazer sua autocrítica, conclamou a união daqueles que se opunham ao novo regime. Por outro lado, setores que já possuíam divergências políticas e interpretativas em relação à condução do processo romperam com o PCB e criticaram duramente a tese da resistência democrática.

Foram tempos de embates entre reformistas e revolucionários. Os primeiros, identificados com os defensores da resistência democrática, e os segundos, alinhados à luta armada a fim de derrubar a ditadura instaurada e desencadear o processo de transformação econômica, social e política no Brasil.

Em meio a esses embates ideológicos, no que diz respeito ao teatro, após o impacto gerado pela encenação de *O Rei da Vela*, do Teatro Oficina, vieram *Galileu Galilei* (B. Brecht), em 1968, e *Na Selva das Cidades* (B. Brecht), em 1969. Esses espetáculos fizeram com que o grupo vislumbrasse os limites das salas de teatro para o desenvolvimento de suas expectativas artísticas e existenciais. Contudo, não devemos ignorar o impacto político e cultural gerado pela direção de José Celso da peça de Chico Buarque, *Roda Viva*, que, em São Paulo, redundou em ataques do CCC (Comando de Caça aos Comunistas) ao elenco, no Teatro Ruth Escobar.

Diante disso, o grupo ganhou as ruas da cidade de São Paulo e, posteriormente, várias regiões do Norte e Nordeste do Brasil. Desenvolveu trabalhos com os habitantes de diferentes municípios, com vistas a abolir a dicotomia entre palco e plateia e instituiu um jogo interpessoal e criativo. Findo esse processo, o elenco retornou aos espaços tradicionais e, no Teatro Ruth Escobar, apresentou um dos trabalhos mais instigantes de sua trajetória: *Gracias, Señor*[31].

Esse movimento progressivo de implosão das estruturas foi gerando radicalizações que, sem dúvida, não encontraram paralelo em nosso teatro. Nesse aspecto, Zé Celso, talvez um dos artistas mais criativos e lúcidos daquele período, como síntese desse percurso afirmou: "aprendemos

---

31. "A geração de *Roda Viva* não tinha nenhuma ilusão de 'subir no sistema' dos representativos. Seria coro, figuração, massa, sem o menor respeito ou atração pelo estrelato. Sua força estava no coletivo. Foi esse coro que invadiu a cena, impôs seu gosto, sua estética, suas relações de produção e criação. Foi esse coro que avançou sobre o público, ocupou a sala, saiu para a rua e foi empurrado de volta para a jaula do palco, através dos dois atentados do Comando de Caça aos Comunistas. No dia 16 de dezembro, estreava, com o AI-5 *Galileu Galilei*, de Brecht. Uma grade imensa foi colocada na boca da cena, no lugar da cortina; os atores de cinza; o coro do Oficina enjaulado, sem poder tocar ou olhar para o público. Não havia plumas, cores, palmeiras ou bananeiras. Onde estava o Tropicalismo? Ele não estava... mas o movimento continuava numa luta surda dentro do Oficina: coro *versus* representativos. Houve um primeiro *round* explícito na *Selva das Cidades* e uma vitória do coro com *Gracias, Señor*". J. C. M. Corrêa, Longe do Trópico Despótico: Diário, Paris, 1977, em A. H. C. de Staal (org.), op. cit., p. 130.

161

que os dados cultural e político são um só. Não se os dissociam, nem querendo. Não há ação politicamente revolucionária se formos reacionários culturalmente"[32].

Em seu conjunto, tais manifestações estabeleceram profícuo diálogo com segmentos intelectualizados da população. Essa aproximação legou, para posteriores estudos historiográficos, a concepção do que deveria ser "teatro político" no Brasil: *espetáculos que pudessem contribuir com a oposição à ditadura militar.*

Porém, por força de questões internas e das circunstâncias históricas, algumas companhias teatrais encerraram suas atividades. O Arena, em 1971, após a intensificação de seu trabalho na periferia de São Paulo, com o teatro-jornal, e com a criação do Núcleo 2, desarticulou-se com a prisão e o posterior exílio do dramaturgo e diretor Augusto Boal. Já o Oficina suspendeu suas atividades em 1974, depois de uma invasão policial que redundou na prisão de alguns de seus integrantes e na ida do diretor José Celso Martinez Corrêa para a Europa.

Essas companhias vivenciaram grande efervescência política e intelectual. As perspectivas de transformação, em consonância com a luta contra a ditadura militar, motivaram as criações artísticas e os debates por elas suscitados. A urgência em forjar condições para o processo de mudança radical foi acompanhada por uma cena que, ao refletir sobre o Brasil daquele momento, foi identificada como revolucionária por seus realizadores e assim reconhecida por seus estudiosos.

Mesmo em sociedades que enfrentaram lutas tão particulares, o impacto das discussões denominadas "década de 1960" foi de grande ressonância. Produziram-se movimentos que procuraram redimensionar valores, ideias, objetivos, mas, ao mesmo tempo, "reações conservadoras" foram alavancadas.

O Brasil viveu, a seu modo, esses diálogos. O final dos anos de 1960 congregou o acirramento da luta política, com a intensificação da guerrilha e com o recrudescimento das

32. Idem, p. 134.

ações paramilitares financiadas pelo Estado. À medida que militantes, artistas e intelectuais foram presos, mortos, exilados ou preferiam se ausentar do país, novos olhares começaram a ganhar mais intensidade.

No período seguinte, pelo menos no eixo Rio de Janeiro-São Paulo, a cena teatral continuou diversificada. Companhias teatrais mantiveram suas temporadas. Atores como Fernanda Montenegro, Maria Della Costa, Paulo Autran, Tônia Carrero, Fernando Torres, Dina Sfat, Paulo José, Othon Bastos, Martha Overbeck, Antonio Fagundes, entre outros, continuaram presentes no palco. Autores como Plínio Marcos, Oduvaldo Vianna Filho, Gianfrancesco Guarnieri, Carlos Queiroz Telles produziam textos que tinham como proposta dialogar com aquele momento histórico. Diretores como Fernando Peixoto, Gianni Ratto, Flávio Rangel, Antunes Filho estavam em plena atividade.

Um aspecto de grande relevância que muitas vezes deixou de ser considerado, refere-se às condições históricas que permitiram o surgimento de um tipo de profissional, nas décadas de 1950/1960, com formação e participação em movimentos sociais, sindicatos e/ou partidos políticos, e propiciaram que o diálogo arte/política fosse construído com vistas a buscar transformações no âmbito do Estado e das relações no processo produtivo.

Sob esse prisma, os atores desse período, em linhas gerais, viveram as seguintes situações: 1. interpretaram a conjuntura sociopolítica como revolucionária; 2. assistiram, com perplexidade, à derrubada do governo Goulart e à tomada do poder pelos militares; 3. testemunharam o estabelecimento gradativo da censura e de restrições a liberdades individuais; 4. travaram disputas em torno da resistência democrática x luta armada; 5. viram o aumento progressivo de ações guerrilheiras tanto na cidade quanto no campo; 6. sentiram a intensificação do aparato repressivo, prisões, torturas, assassinatos e exílio de lideranças políticas e culturais; 7. participaram da busca de novas alternativas políticas e culturais.

Diante disso, pouco a pouco, começou a se vivenciar uma descrença em relação ao processo. Os sujeitos, atuantes em diversos segmentos sociais, deixaram de compreender aquele momento histórico como revolucionário, isto é, que o país deixara de viver uma conjuntura propicia à transformação e, que, sob esse aspecto, seria importante construir manifestações culturais que fossem capazes de suscitar o debate em favor das liberdades democráticas. O tema da revolução voltou a se apresentar como uma possibilidade e não mais como um dado eminente.

Essa sensação materializava-se, no meio artístico, com o exílio de artistas que questionaram padrões de comportamento (Caetano Veloso e Gilberto Gil), e daqueles que participaram da instrumentalização da arte em favor da luta política (Augusto Boal), bem como dos que buscaram transformar as relações estabelecidas entre arte e sociedade (Zé Celso M. Corrêa).

Aqueles que no Brasil permaneceram tornaram-se protagonistas de disputas, constituídas no campo simbólico, em torno das representações de temas como *liberdade* e *identidade nacional*, que ocorreram entre os partidários da ditadura militar e os diferentes setores da oposição ao regime.

No que se refere aos governos militares, já haviam ocorrido iniciativas nas quais aspectos circunstanciais somaram-se às intenções deliberadamente estabelecidas pelos administradores do país. Em 1970, com uma seleção que, até hoje, alimenta o imaginário dos brasileiros, o Brasil sagrou-se tricampeão mundial de futebol, embalado pelo "hino" "Prá Frente Brasil"[33].

Tal acontecimento, além da comoção inerente ao feito, desencadeou uma onda de nacionalismo que permeou a sociedade do período. A esse momento, foram acrescidas músicas de conteúdo patriótico como "Eu Te Amo Meu Brasil",

33. Uma das mais importantes reapropriações no campo simbólico está no filme de Roberto Farias, sob os porões da ditadura militar, ambientado durante os jogos da Copa de 1970, em 1984, e que recebeu o título de *Prá Frente Brasil*.

"Esse É um País que Vai Prá Frente", interpretada por um conjunto da Jovem Guarda chamado Os Incríveis, além da música hino do Mobral, "Você Também É Responsável", da dupla Don & Ravel.

Embora a década de 1960 tivesse acolhido intensas disputas simbólicas, a de 1970, especialmente após a derrota da luta armada, viveu um dos embates mais significativos em torno das representações da memória nacional.

Um exemplo desse campo de disputas pode ser apreendido por ocasião das comemorações alusivas ao sesquicentenário da Independência do Brasil, em 1972. O governo, à época sob a presidência do general Emílio Garrastazu Médici, organizou uma série de eventos com o intuito de afirmar uma ideia de nação e pátria, a partir de seus referenciais, entre eles, o traslado dos restos mortais de D. Pedro I, de Portugal para o Brasil, e o estímulo à divulgação do filme *Independência ou Morte*, sob a direção de Anibal Massaini, protagonizado pelo casal símbolo das telenovelas brasileiras: Glória Menezes e Tarcísio Meira.

Se os militares dispuseram dos marcos e dos fatos históricos, com a finalidade de legitimar seus governos, as forças de oposição também lançaram mão de tais procedimentos, a fim de proporem à sociedade alternativas simbólicas. Entre eles, merece destaque a apropriação que o cineasta Joaquim Pedro de Andrade fez do tema da Inconfidência Mineira para a confecção do filme *Os Inconfidentes*[34].

Já no cenário teatral, uma das exemplificações dessas disputas, materializou-se no texto e na encenação de *Frei Caneca*, de Carlos Queiroz Telles, em 1972, no Theatro São Pedro, em São Paulo, sob a direção de Fernando Peixoto. Essa permitiu um contraponto com a tônica oficial das efemérides, pois se, para D. Pedro I, a independência deveria ser sinônimo de consolidar a nação e de preservar o terri-

---

34. Acerca das relações entre história, cinema e política, mais especificamente sobre o filme de Joaquim Pedro de Andrade, consultar: Alcides Freire Ramos, *O Canibalismo dos Fracos: Cinema e História do Brasil*, Bauru: Edusc, 2002.

tório, para Frei Caneca a independência deveria significar também a luta contra a exploração e a desigualdade social. Dessa maneira, a sua estrutura dramática cronológica, embora não linear, recuperou momentos importantes da vida de Frei Caneca: a infância, que definiu as suas escolhas políticas; o seu noviciado, a vida religiosa como uma trajetória de luta; a celebração de uma missa em memória dos condenados à morte pela Revolta dos Alfaiates (BA); a prisão por participar da Revolução Liberal de 1817; e, por fim, a condenação pela Confederação do Equador, em 1824.

Esses elementos, em seu conjunto, construíram um questionamento em relação àqueles que estavam sendo recordados como heróis, nas festividades dos cento e cinquenta anos da Independência: D. Pedro I e os que compartilharam das decisões do Império. Trouxeram à cena outro herói, comprometido com as causas e com as lutas populares. Como representante do baixo clero, Frei Caneca, por meio do jogo passado/presente, possibilitou o diálogo com as Comunidades Eclesiais de Base (CEBs) e com a Teologia da Libertação, que foram fundamentais na resistência à ditadura.

O diálogo história/estética, à luz da Resistência Democrática da década de 1970, revela determinadas concepções de fazer teatral que carregam consigo olhares específicos para o saber histórico, uma vez que as suas cenas foram confeccionadas em sintonia com os debates propostos pela conjuntura e com momentos de reafirmação da nação, tanto no que se refere à emergência de um Estado-Nação, quanto no que diz respeito à ideia de brasilidade na cultura.

Outro trabalho, que também colocou em suas bases o que deveria ser compreendido como identidade nacional, foi a peça *Calabar, o Elogio da Traição*, de Chico Buarque e Ruy Guerra. Escrita em 1973, elegeu o tema da traição como base de sua estrutura dramática. Naquele momento, a escolha era mais que oportuna para um país que tinha como *slogan* da propaganda oficial "Brasil, ame-o ou deixe-o", e, desse ponto de vista, estar contra o governo era estar na condição de traidor. Porém, escudados, mais uma vez, em acontecimentos

166

históricos, os dramaturgos indagavam: o que é a traição? Em que condições alguém pode ser considerado traidor? Quem é que trai e quais as circunstâncias desse ato?

Compreender historicamente o mulato Calabar significava relativizar uma ideia que, sob a ótica dos militares, estava bem definida: traidor é quem se opõe ao regime. Mas, todos aqueles que se opuseram ao governo, estando mortos ou vivos, seriam traidores do país?

À luz desses embates, mais uma vez observa-se que, a despeito do período denominado modernização, as discussões e as iniciativas na esfera teatral buscaram sintonia com a ideia de nacionalidade, em especial a partir das temáticas e da maneira como as mesmas foram abordadas. O estabelecimento de tal prioridade fez com que os diálogos eminentemente estéticos fossem quase sempre relegados a um nível secundário, embora isso não signifique dizer que os palcos brasileiros estivessem ensimesmados, pois, como foi largamente demonstrado, o diálogo com as formas artísticas e com o repertório dramático internacional sempre foi algo desejado por diferentes gerações de artistas e críticos.

Para isso, basta recordar: em inúmeros estudos disponíveis sobre o Teatro de Arena, encontra-se a informação de que foram desenvolvidos Laboratórios de Interpretação, a partir do método Stanislávski (trazido por Augusto Boal que, nos Estados Unidos, estudara com John Gassner), assim como o Teatro Oficina também ofereceu vários cursos de interpretação, orientados pelos ensinamentos de Stanislávski, sob a responsabilidade do ator Eugênio Kusnet, nascido na Rússia e radicado no Brasil.

Artistas que se identificaram com a prática de um teatro comprometido politicamente debruçaram-se, alguns de forma sistemática, sobre os escritos e sobre a dramaturgia de Bertolt Brecht, assim como sobre as conquistas formais do diretor alemão Erwin Piscator e do encenador russo Meierhold.

Esse repertório artístico foi incorporado ao debate, no período anterior a 1964, com o intuito de oferecer suporte a trabalhos sintonizados com a mobilização popular, ao passo

167

que, no momento posterior a esse acontecimento, impulsionou práticas de resistência. Nesse processo, a obra de Bertolt Brecht, mais que uma dimensão formal e investigativa, foi mobilizada para ampliar o diálogo entre arte e sociedade, colocado a serviço da politização e do engajamento do teatro pela defesa da liberdade e de um país com justiça social.

Sob esse prisma, desenvolveu-se uma dramaturgia, bem como concepções cênicas, que impulsionaram o exercício da crítica. Com esse objetivo, observemos os parâmetros a partir dos quais Sábato Magaldi e Anatol Rosenfeld analisaram a peça *Arena Conta Tiradentes*, de Gianfrancesco Guarnieri e de Augusto Boal, e, em especial, o Sistema Curinga.

A escolha desses dois importantes pensadores para ilustrarem nossa reflexão, decorre de dois dados de grande importância. O primeiro, é evidente, remete ao fato de que eles analisaram o mesmo espetáculo. Já o segundo diz respeito à postura adotada por eles, que nos ajudará a destacar algumas ideias que impulsionaram o debate artístico.

Sábato Magaldi, ao discutir *Arena Conta Tiradentes*, afirmou:

O distanciamento, objetivando deixar claro que se trata de uma visão contemporânea do fato histórico, está presente na primeira explicação do Curinga: "Nós somos o Teatro de Arena. Nossa função é contar histórias. O teatro conta o homem. [...] O teatro naturalista oferece experiência sem ideia, o de ideia, ideia sem experiência. Por isso, queremos contar o homem de maneira diferente. Queremos uma forma que use todas as formas, quando necessário". Embora essa crítica ao teatro naturalista e ao de ideias seja parcial, nascendo de um propósito polêmico, afirmador do próprio ponto de vista, ela esclarece desde logo que serão utilizadas todas as formas. Um grande mérito do espetáculo, assim, é o de abandonar o preconceito de um estilo único. Como preferir, nas manifestações artísticas modernas, esse ou aquele *ismo*, quando todos exprimem aspectos de nossa experiência? Quem sabe até, dentro de cinquenta anos, alguns *ismos* que parecem contradizer-se não serão enfeixados como ramos de um único tronco da arte? Parece-nos salutar essa beberagem por todo canto, desde que não se instaure o caos estilístico, e a unidade é produzida pela presença do Curinga, comentador e também personagem, que entra numa cena quando cabe preencher um vazio, exatamente como no jogo de cartas.

A justaposição de estilos exprime também um dos impasses da criação moderna, esgotada na tarefa de inventar sempre uma pequena originalidade. Ao invés de acrescentar um novo *ismo*, que exclua os demais, talvez seja mais fecundo tentar uma síntese de todas as expressões, na procura da consolidação de um monumento. Esse ou aquele *ismo* não passa de uma fórmula raquítica, dentro da complexidade das manifestações de hoje. Enfrentar sem pudor esse desafio enriquece a pesquisa de *Tiradentes*[35].

Por sua vez, Anatol Rosenfeld, ao se debruçar sobre esse momento do teatro brasileiro, teceu as seguintes ponderações:

A poética de Boal, no seu todo, inspira admiração pela riqueza de ideias e pela seriedade com que foram repensados problemas essenciais do teatro e em especial do teatro brasileiro. Não há dúvida de que Sábato Magaldi tem razão ao acentuar que o sistema é a mais inteligente formulação jamais elaborada por um encenador brasileiro.

[…] O experimento é valioso e a aplicação permanente da técnica, talvez em termos mais ponderados, certamente criará hábitos de apreciação adequados. É interessante que tenha havido ao menos dois Gonzagas bem diversos nas representações excelentes de Guarnieri e de Jairo Arco e Flexa, aquela mais caricata, esta mais condizente com a imagem de um grande intelectual.

Quanto ao argumento de que, graças à desvinculação, todos os atores, agrupados numa só perspectiva de narradores, apresentam uma "interpretação coletiva", poder-se-ia perguntar se esse processo beneficia o público em grau tão alto como o elenco e se não seria mais sábio reservar a desvinculação aos ensaios (Brecht adotou processos semelhantes nos ensaios)[36].

Depreende-se do trecho acima que, apesar da interlocução com Magaldi, Rosenfeld desloca o seu interesse

---

35. S. Magaldi, Arena Conta Tiradentes, *Moderna Dramaturgia Brasileira*, São Paulo: Perspectiva, 1998, p. 126-127.

36. A. Rosenfeld, Heróis e Coringas, *Arte em Revista*, São Paulo: Kairós, ano 1, n. 1, jan.-mar. 1979, p. 47-49.

169

para o impacto do Sistema Curinga sobre os espectadores. Em que medida o exercício interpretativo contribuiu para a narrativa do próprio espetáculo?

Perante essa indagação, Anatol recorreu ao próprio Brecht, uma vez que esse procedimento foi utilizado pelo próprio diretor alemão em seus processos criativos e não em apresentações públicas. Como desdobramento dessa proposição, Rosenfeld enfatizou questões atinentes aos protagonistas. Para ele:

> Mais paradoxal ainda afigura-se outro problema. O ator prota-gônico, pelo menos na peça *Tiradentes*, é um "herói mítico". [...] É preciso salientar a contradição manifesta na tentativa de apresentar um herói mítico de forma naturalista. Se, graças ao esforço de David José, apesar de ele cantar, se obtiveram efeitos aproximados de rea-lismo, houve precisamente nisso certo desacordo com o empenho dos autores em mitizar o herói. O mito não permite o naturalismo, nem tampouco a proximidade da arena que revela em demasia a materialidade empírica do ator como ator. Nenhum arquétipo re-siste ao fato de se poder vê-lo transpirando e tocá-lo com a mão[37].

Como desdobramento dessa construção artística, Ana-tol Rosenfeld apontou a contradição estabelecida entre uma narrativa que se estruturou em torno do épico, mas que compôs dramática e cenicamente um herói com dimensões naturalistas. Em vista disso:

> Mitizar o herói com naturalismo é despsicologizá-lo através de um estilo psicologista, é libertá-lo dos detalhes e das contingências empíricas através de um estilo que ressalta os detalhes e as contin-gências empíricas. Essa contradição se torna ainda mais manifesta quando Boal diz que o herói deve mover-se num espaço de Antoine. Ora, o verismo extremo deste diretor francês exige o pormenor mais minudente em tudo, documentação exata dos lugares. Bem ao con-trário dos clássicos que isolaram o indivíduo das coisas, Antoine cerca o homem com os objetos que o determinam, segundo a teoria natu-ralista. O homem conforme este pensamento, deixa de ser centro, "fica devorado pela matéria circundante" (Gaston Baty). Semelhante

37. Idem, ibidem.

170

concepção anula a ideia do herói. Historicamente, o naturalismo de fato deu cabo dele. É paradoxal (ou será dialético?) que Boal tenha escolhido, precisamente para ressaltar o herói, o estilo naturalista. Este, por felicidade, não rende suficientemente dentro do contexto da peça, dentro da concepção dramatúrgica do herói Tiradentes e dentro dos limites do Teatro de Arena. Se rendesse completamente iria liquidar completamente o herói, que não é um ser real e sim um mito. A peça, neste ponto resiste galhardamente à teoria. Funciona, apesar dela (o que por vezes ocorre também no caso de Brecht)[38].

A transcrição exaustiva dos comentários críticos de Sábato Magaldi e Anatol Rosenfeld, em primeiro lugar, permite entrever a dimensão política e politizadora constituinte do texto e do próprio espetáculo (1967) dirigido por Augusto Boal. Porém, mais que o conteúdo das reflexões propriamente ditas, interessa-nos observar a maneira pela qual Sábato Magaldi e Anatol Rosenfeld teceram as suas avaliações, com o intuito de demonstrar o esforço de Boal em coadunar as ideias do teatro brechtiano, e o próprio materialismo histórico, às circunstâncias vivenciadas pelo teatro brasileiro no pós-1964.

Enquanto o primeiro construiu suas ponderações com ênfase no texto teatral, no sentido de orientar o seu caminho interpretativo, mas sem desviar seu olhar do palco e da realização cênica do texto, o segundo, sem desconsiderar as motivações da escrita, buscou avaliar a coerência entre os propósitos teóricos e dramatúrgicos com a realização cênica. Nele, depreende-se a existência de um embate entre a realização cênica e as premissas do épico de Brecht, com vistas a estabelecer o diálogo estético, não apenas no sentido formal, mas em relação às implicações decorrentes da escolha e do aprofundamento do debate pelo viés da arte.

Anatol Rosenfeld, notadamente marcado pela discussão *fenomenológica*, ao eleger o teatro como seu interlocutor privilegiado, o fez a partir de abordagens que lhe permitiram refletir acerca do fenômeno enquanto tal. Em

---

38. Idem, ibidem.

outras palavras: interessava-lhe compreender o acontecimento cênico não apenas por intermédio das partes (dramaturgia, cenografia, iluminação, figurino, interpretação),
mas como a interação desses elementos originam novas
interpretações.

Para isso, circunstanciou o lugar do artista, como teórico e idealizador, para, no momento seguinte, observar a
sua confluência e/ou as suas contradições. Através desse
procedimento, ele confronta os propósitos do texto, a materialização cênica e as contradições que podem emergir, ou
não, entre a ideia, a realização e os pressupostos artísticos
que, em algum nível, orientam o trabalho.

Estabelecidas as mediações, os esforços voltaram-se
para o palco propriamente dito e, por meio dele, construiu-
-se uma singularidade de observação, na qual o foco está
na realização do trabalho. Com isso, estabeleceu-se uma
autonomia da análise cênica, isto é, ela não recebeu o crivo
a partir do que se espera da peça, mas pela efetividade e
efemeridade do próprio espetáculo.

Em vista das perspectivas críticas apresentadas, no decorrer dos anos de 1960 e 1970, é possível detectar a consolidação da proposta fenomenológica enquanto parte de
uma estética da emissão e da recepção teatral. Mais ainda,
como uma das ideias que, ao lado de outras, sobretudo, as
abordagens sociopolítica marxista e antropológico existencial, da relação do eu com o outro, em termos de vivências
coletivas, como na experiência psicoexistencial do indivíduo, não só no plano mítico-ritual dos valores simbólicos
encarnados e difundidos dramaticamente pela cena, mas
em sincronias estabelecidas com a escola estrutural russa
e o estruturalismo francês. Pelo menos é como a questão
se apresenta ao olhar retrospectivo de uma leitura a partir
do contexto atual.

Como síntese geral desse momento, averiguamos a presença de proposições que identificaram e nortearam práticas teatrais. Como desdobramento de décadas anteriores,
as perspectivas de modernidade e de modernização con-

tinuaram presentes entre os artistas e em suas realizações, assim como a ideia de que o teatro possuía um lugar social relevante. Porém, essas demandas, anteriormente articuladas a um ideal de civilização, ganharam contornos políticos e, aos poucos, incorporaram-se à vida teatral brasileira, assim como os debates atinentes ao materialismo histórico.

Sob esse prisma, a modernidade da linguagem artística em consonância com as premissas do debate político contribuíra com as bases do *nacionalismo crítico*. Dito de outra maneira: o nacional, que desde o século XIX fora tão caro às artes, ganhou contornos, em função da conjuntura, do pensamento de esquerda e deu origem a uma produção dramatúrgica original em sintonia com o momento histórico.

Contudo, o movimento das ideias é muito mais abrangente que os embates imediatos e, nesse sentido, as reflexões acerca do fenômeno teatral ganharam força como tema e estratégia de apropriação do próprio teatro. Isso, sem dúvida, trouxe incomensurável contribuição ao pensamento crítico e estético do Brasil da década de 1960.

As ideias aqui debatidas – *nacionalismo crítico, liberdade, identidade nacional* –, como exaustivamente demonstramos, geraram distintos encaminhamentos e desdobraram-se em práticas artísticas/culturais com significativos impactos políticos.

Por esse motivo, foi possível apreender a força dessas ideias na constituição de interpretações, pelos próprios agentes do processo, acerca do período vivenciado. Mais que isso, elas se tornaram ideias-forças norteadoras de estudos críticos que, por sua vez, transformaram-se em documentos essenciais para a confecção da História do Teatro Brasileiro sob a égide da ditadura militar.

5. FIM DOS GRANDES TEMAS E DA IDEIA DE ABRANGÊNCIA: A DIVERSIDADE COMO TEMÁTICA E COMO FAZER TEATRAL[1]

Uma verdade parece saltar aos olhos: os tempos mudaram e se exige uma nova dramaturgia. Os últimos vinte anos não foram apenas a história da ditadura militar, de seus arbítrios, de suas torturas. Foram também marcados pelo poder cada vez mais avassalador da televisão, pela sedutora decupagem das histórias em quadrinhos.

MIGUEL FALABELLA[2]

1. Várias questões e argumentos mobilizados neste item são decorrentes de reflexões desenvolvidas em alguns trabalhos anteriores, dentre os quais estão os seguintes: Rosangela Patriota, Representações de Liberdade na Cena Teatral Brasileira Sob a Ditadura Militar, em Antonio Herculano Lopes; Monica Pimenta Velloso; Sandra Jatahy Pesavento (orgs.), *História e Linguagens: Texto, Imagem, Oralidade e Representações*, Rio de Janeiro: 7 Letras, 2006, v. 1, p. 321-335; R. Patriota, Vianinha: Nosso Contemporâneo?, *A Crítica de um Teatro Crítico*, São Paulo: Perspectiva, 2007.

2. *Quem Tem Medo do Besteirol?* Apud Flávio Marinho, *Quem Tem Medo de Besteirol? A História de um Movimento Teatral Carioca*, Rio de Janeiro: Relume Dumará, 2004, p. 206.

175

A perspectiva do *nacionalismo crítico* orientou, de forma significativa, debates e realizações dramatúrgicas/cênicas na década de 1960. Se, no período anterior a 1964, ele fora identificado através da presença de temas e personagens que representavam condições de vida e formas de luta de operários e camponeses, após o golpe civil-militar, essa ideia adquiriu novas abrangências, propiciou a retomada crítica de momentos da história política do Brasil, assim como estabeleceu o tema da *liberdade* como obrigatório para a agenda cultural.

Com esse intuito, para além do já lendário musical *Opinião* (1964), no qual já se nuançava a tese da *resistência democrática* por meio das possíveis interlocuções entre o morro carioca (Zé Keti), o migrante nordestino (João do Valle) e a classe média carioca (Nara Leão)[3], os espetáculos *Liberdade, Liberdade* (1965, Flávio Rangel e Millôr Fernandes), *Arena Conta Zumbi* (1965, Augusto Boal e Gianfrancesco Guarnieri) e *Arena Conta Tiradentes* (1967, Augusto Boal e Gianfrancesco Guarnieri) foram exemplares na apropriação de passagens e de personagens históricos com vistas a refletir sobre o tempo presente.

Essa temática, em sintonia com ecos do nacionalismo crítico, apropriou-se também de formas populares como literatura de cordel, em *Se Correr o Bicho Pega, Se Ficar o Bicho Come* (1966, Oduvaldo Vianna Filho e Ferreira Gullar) e teatro de revista, em *Dura Lex Sed Lex no Cabelo Só Gumex* (1968, Oduvaldo Vianna Filho).

Em meio a esses ideários, que se coadunavam com as premissas atinentes à função social e pública da arte teatral, foram revitalizadas formas artísticas que, no decorrer dos anos de 1940/1950, haviam sido relegadas a um segundo plano, por exemplo, o teatro de revista. Surgiram também novos recursos de linguagem: o musical de protesto e o Sistema Curinga.

---

3. Sobre o show *Opinião*, consultar: Sirley Cristina Oliveira, *O Encontro do Teatro Musical com a Arte Engajada de Esquerda: Em Cena, o Show Opinião (1964)*, tese de doutorado, Instituto de História-UFU, Uberlândia, 2011.

Em linhas gerais, pode-se afirmar que as ideias mencionadas impulsionaram grande parte dos debates e das realizações teatrais na segunda metade da década de 1960, pois, além dos autores brasileiros, as temporadas artísticas acolheram peças estrangeiras que, de maneira específica, dialogavam com as preocupações locais: a encenação de *Galileu, Galilei* (Bertolt Brecht), pelo Teatro Oficina, em 1968, representou muito bem a sintonia entre obras confeccionadas em outros contextos e reapropriadas para os debates que se faziam urgente no Brasil de então.

É evidente que sabemos que a experiência teatral no decorrer do século xx em absoluto foi homogênea. Pelo contrário, a convivência entre estilos diversos tornou-se uma constante, mas no decorrer dos anos de 1950 e de 1960, as ideias de transformação e justiça social foram predominantes, em especial entre aqueles que trabalharam no sentido de articular arte e política.

Mesmo vivendo em tempos que os versos de Edu Lobo definiram como "um tempo de guerra, um tempo sem sol", as discussões, os interesses e as ideias não se restringiram aos debates político-ideológicos que visassem a ações efetivas contra o Estado ditatorial. Pelo contrário, desdobraram-se em inúmeras versões e abordagens diferenciadas.

No que diz respeito à questão teatral, esse universo que poderia ser, genericamente, apreendido sob duas vertentes bem definidas, foi, pouco a pouco, tornando visível as suas nuanças e as inúmeras possibilidades nele contidas.

O estilo realista, predominante em espetáculos com dimensões políticas, mas realizados por companhias profissionais, passou a ser alvo de duras críticas, em particular pelo fato de, artística e tematicamente, circunstanciarem a representação da realidade aos espaços já definidos nas diferentes instâncias sociais. É provável que esse tenha sido um dos caminhos pelos quais, mesmo com a presença efetiva de trabalhos em sintonia com a resistência democrática, as ideias de Antonin Artaud, de Jerzy Grotowski, de Judith Malina e de Julian Beck vieram ao encontro de propostas

177

que estavam em busca de outras dimensões das linguagens artísticas e existenciais. Ou, como dissera Vladimir Maiakóvski, na Rússia do início do século XX: "Sem forma revolucionária, não há conteúdo revolucionário".

A bem da verdade, recorrer ao poeta e dramaturgo russo, nesse momento, ajuda-nos a sintetizar a busca por novos temas e outras formas de expressão, latente em inúmeros artistas que não mais desejavam se restringir aos limites propostos pela homogeneidade que recobria as ações dos segmentos de esquerda no país.

Embora já estivesse presente em discussões e em espaços teatrais importantes, como a Escola de Arte Dramática (EAD) e o curso de Artes Cênicas da Escola de Comunicações e Artes (ECA-USP), a força das ideias artaudianas foi capital para leitura que o Teatro Oficina realizou da peça de Oswald de Andrade, *O Rei da Vela*, que, ao confrontar os limites definidos da ação política, publicizou temas até então restritos ao âmbito privado, a saber: relações familiares, afetivas e sexuais.

O aguçamento desse horizonte de ação aprofundou-se com as montagens de *Galileu Galilei* e *Na Selva das Cidades*, em especial no que se refere ao processo de carnavalização e de subversão das normas e dos comportamentos.

Por essa via, as iniciativas posteriores envolveram processos que visavam romper a dicotomia palco e plateia, a fim de buscar não somente um novo patamar para o diálogo entre arte e sociedade, mas, efetivamente, trazer à baila novas sensibilidades decorrentes de olhares e perspectivas diferenciadas ao que já estava estabelecido, isto é, não mais com as determinações da III Internacional Comunista, e sim com as demandas que se faziam presentes na Europa Ocidental, nos Estados Unidos da América e em países socialistas que almejavam as liberdades democráticas, pois, para além das críticas à ortodoxia do marxismo-leninismo-estalinista, países como França, Itália, Alemanha, estavam vivendo a experiência da socialdemocracia e o *welfare state*. A isso, acrescente-se a legalização e a inserção dos partidos comunistas no jogo parlamentar, que foram fundamentais para o abandono de propostas revolucionárias e para a adesão a perspectivas que se traduziram, concretamente, em aumento do padrão de vida e adaptação às exigências da sociedade de consumo.

Essa situação, pouco a pouco, começou a ser confrontada e trouxe à baila um novo olhar para assuntos como sexualidade, repressão, instituições, poder etc., posteriormente identificados como Maio de 1968. Em compasso com tais mudanças, no mundo intelectual, pelo menos na esfera das ciências humanas, intensificou-se a crítica aos grandes esquemas explicativos. Passou-se a reconhecer o caráter específico do conhecimento, com a ampliação dos temas de pesquisas e de suas respectivas abordagens.

Sob esse prisma, o conceito de classe operária cedeu lugar ao de classes trabalhadoras. Por intermédio dessa óptica plural, e em consonância com os acontecimentos sociais, tiveram início os estudos de gênero, ao lado da diversidade cultural, embasados pelo conceito de alteridade.

No que diz respeito ao mundo socialista, da Tchecoslováquia (com a Primavera de Praga) e da Polônia (que acolheu uma produção artística de grande ousadia estética e política e artistas como Jerzy Grotowski, Tadeuz Kantor, Jan Kott, entre outros) emergiram claras insatisfações com a burocracia, com o autoritarismo de organizações político-sociais, em contraponto com os anseios em torno de propostas socialistas pautadas pelas ideias de democracia e de pluralidade.

Já acontecimentos que tiveram lugar nos Estados Unidos da América também podem ser considerados lapidares, na medida em que consubstanciaram as reivindicações e críticas da Nova Esquerda, do movimento dos Direitos Civis, da luta contra a Guerra do Vietnã, da descoberta da cultura oriental, e das propostas embrionárias das Universidades Livres, além da politização do rock, do trabalho de artistas como John Cage, Bob Wilson, de grupos teatrais como Living Theatre e o Bread and Puppet, juntamente com espaços como o La MaMa Experimental Theatre.

Após esta rápida digressão, voltemos ao caso brasileiro. Nele, mesmo existindo uma série de implicações, em especial pelas questões decorrentes do Golpe de 1964, como resistência democrática e luta armada, desenvolveu-se, cultural, social e artisticamente, um diálogo, em princípio marginal, com a diversidade, mas, no decorrer da década de 1970, foi adquirindo abrangência. Como recordou a atriz Walderez de Barros:

> A geração que começou a fazer teatro em 1970, por exemplo, não tinha a menor informação do que tinha acontecido nos cinco anos anteriores. A não ser que tivessem contato pessoal com alguém que desse material para ler, ou o informasse, ou falasse. A cabeça dessa geração era completamente diferente da nossa. Nós começamos num período de turbulência política. Já quem começou no período de ditadura, muitas vezes, era cobrado por uma coisa que nem sabia o que era. Uma geração diferente da nossa, o que tornava, em determinados casos, a convivência difícil[4].

Essa avaliação é extremamente esclarecedora, no sentido de evidenciar as premissas que orientaram os artistas que estavam em atividade naquele momento. Os que haviam sobrevivido ao golpe, ao AI-5, estavam assistindo a mudanças significativas na sociedade, desde a redefinição do próprio mercado de trabalho até o redimensionamento dos meios de comunicação, incluindo aí o projeto de integração nacional, via Embratel, que impulsionou a televisão como o meio de comunicação mais eficaz para transmitir ideias, informações e construir uma concepção de arte e de cultura[5].

Já aqueles que ingressavam, naquele momento, na profissão, fizeram-no por diferentes motivações: fosse pelas escolas de teatro, pelas perspectivas profissionais e culturais

---

4. Alcides Freire Ramos; Rosangela Patriota; Fernando Nasser, Personagens do Teatro Brasileiro: Fernando Peixoto e Walderez de Barros, *Cultura Vozes*, Petrópolis, Vozes, ano 94, v. 94, n. 3, 2000, p. 184.

5. Tais mudanças não passaram despercebidas pela cena teatral, tanto que forneceram temas para peças de dramaturgos como Oduvaldo Vianna Filho (*A Longa Noite de Cristal, Corpo a Corpo* e *Alegro Desbum*) e Carlos Queiroz Telles (*Arte Final*) assim como para jovens autores como Consuelo de Castro (*Caminho de Volta*).

180

de atuação, fosse pela busca de espaços de sociabilidade, entre outras tantas. Com isso, os palcos passaram a acolher temas e questões que diziam respeito aos mais jovens, ou seja, às suas vivências, e expectativas, diante do arbítrio político, adquiriram dimensões artísticas.

Para tanto, recordemos o surgimento de jovens escritores como Consuelo de Castro (*À Flor da Pele*, *O Grande Amor de Nossas Vidas* etc.), Leilah Assumpção (*Fala Baixo Senão Eu Grito*, *Roda Cor de Roda*, *Vejo um Vulto na Janela*, *Me Acudam Que Sou Donzela*, entre outras), Antônio Bivar (*Cordélia Brasil*, *Alzira Power*, *Longe Daqui*, *Aqui Mesmo* etc.), Isabel Câmara (*As Moças*), José Vicente (*Hoje É Dia de Rock*, *Santidade*, *O Assalto* etc.), dentre outros.

Nesse processo, recordemos também iniciativas como as do Teatro Ipanema (Rio de Janeiro), tendo à sua frente os atores Rubens Corrêa e Ivan Albuquerque, que realizaram espetáculos que podem ser recordados como antológicos, como *O Arquiteto e o Imperador da Assíria* (Fernando Arrabal) e *Hoje É Dia de Rock* (José Vicente). Essas peças, aliadas aos ensinamentos de Antonin Artaud[6], procuraram romper com os limites entre palco e plateia, a fim de recomporem a vida e a própria ideia de cotidiano. Sobre esse acontecimento cênico, Mariângela Alves de Lima afirmou:

Na forma de encenação estavam contidas embrionariamente todas as proposições típicas de um grupo de teatro: os atores e demais trabalhadores do espetáculo participavam como coautores do trabalho, ideologicamente identificados com o resultado apresentado no palco.

Não era exatamente o "todo mundo faz tudo", mas sim um tipo de trabalho em que o produto cênico deveria corresponder à proposta de vida que os participantes haviam idealizado para os mesmos. O texto, uma caminhada lírica do autor em direção ao seu *Eu* presente,

---

6. É inegável que o artista francês já se constituíra em referência para os artistas no Brasil por diferentes formas de apropriação desde a década de 1960. Para maiores informações acerca da presença dos textos e das ideias de Antonin Artaud no Brasil, consultar: J. Guinsburg, O Rememorar de um Ofício: Um Professor em Devir, em R. Patriota; J. Guinsburg (orgs.), *J. Guinsburg, a Cena em Aula: Itinerários de um Professor em Devir*, São Paulo: Edusp, 2009.

esgarçava os contornos do acontecimento e do tempo, fazendo de cada personagem um rio tributário de uma única personalidade, aquela que ativa o arquivo da memória. Os fatos, exatamente porque pertenciam a uma memória pessoal, podiam ser deformados, embelezados, reconstruídos com inteira liberdade. Indiretamente a peça propunha a utopia do reino livre, o reino interior de cada ser humano onde é possível exercer-se.

Alguma coisa especial aconteceu nesse espetáculo. Talvez a máscara da personagem tenha se colado indissoluvelmente ao rosto do ator. Ou talvez os tempos fossem realmente propícios para o retorno aos mananciais, às cavernas mais profundas da vida coletiva. Quando tudo parece disperso é difícil de abarcar com a consciência, é compreensível que as pessoas se concentrem imensamente nas raízes comuns de humanidade, na pré-história.

O que interessava observar aqui é que esse espetáculo ficou em cartaz durante dois anos, atraindo um público que não ia apenas para conhecer uma obra, mas para viver com ela e por ela a duração do espetáculo. [...] O que estava em cena, sob a forma de teatro, era ainda assim a metáfora obscura de um acontecimento muito concreto, que dizia respeito, antes de mais nada, à vida terrena. Junto com o público os atores celebravam a possibilidade do prazer, um atributo humano que resiste às mais intensas pressões e que permite armazenar energias para o ato. Sob a forma de um trabalho artístico, esses atores funcionavam também como um grupo de pessoas que conseguia atrair pessoas e, junto com elas, fazer alguma coisa[7].

Tais considerações fornecem indícios que permitem entrever expectativas e possíveis intenções que perpassaram algumas propostas artísticas, assim como parte do público e da crítica teatral, isto é, a cena teatral redescobriu, além de trabalhos que enfatizaram discussões acerca da liberdade e da participação social, as possibilidades presentes no *continuum*. Eles se tornaram o gesto transformador que se fez presente após as derrotas das posturas mais radicais[8].

7. Quem Faz o Teatro, em Adauto Novaes (org.), *Anos 70: Ainda Sob a Tempestade*, 1. ed., Rio de Janeiro: Aeroplano, 1979, p. 240.

8. Para Heloisa Buarque de Hollanda, naquele momento: "fundem-se também ao movimento mais geral das ideias nos anos 70. A Filosofia interrogando as formas totalizantes do pensamento. A História descobrindo o cotidiano como fonte inovadora de trabalho. A Literatura enredada com a pergunta lançada por Foucault – 'O que é um autor?'. Os ativistas de 1968

O teatro brasileiro, além das experiências estéticas e existenciais mencionadas, viveu o impacto dos trabalhos do diretor norte-americano Bob Wilson[9], dos ensinamentos e do método do diretor polonês Jerzy Grotowski[10], cujo livro *Em Busca de um Teatro Pobre*[11] marcou significativamente a cena e as discussões teatrais. Nele, mais que a defesa de um teatro psicofísico, destituído de vestimentas e acessórios cênicos, buscava-se as fontes recônditas de um teatro santo ou o teatro ritual[12].

Os palcos viram-se também às voltas com as contribuições decorrentes da dramaturgia internacional que, em

insistindo no slogan 'O pessoal é político'". Heloisa Buarque de Hollanda, *Asdrúbal Trouxe o Trombone: Memórias de uma Trupe Solitária de Comediantes que Abalou os Anos 70*, Rio de Janeiro: Aeroplano, 2004, p. 10.

9. A repercussão do trabalho de Bob Wilson, em termos acadêmicos, materializou-se nas seguintes pesquisas: Luiz Roberto Galízia, *Os Processos Criativos de Robert Wilson: Trabalhos de Arte Total para o Teatro Americano Contemporâneo*, São Paulo: Perspectiva, 2005.

Em relação aos trabalhos que registram o impacto das conquistas formais e dos espetáculos de Bob Wilson no Brasil destacam-se: Sílvia Fernandes; J. Guinsburg, *Gerald Thomas: Um Encenador de Si Mesmo*, São Paulo: Perspectiva, 1996; S. Fernandes, *Memória e Invenção: Gerald Thomas em Cena*, São Paulo: Perspectiva/Fapesp, 1996.

10. Um momento significativo da recepção de Grotowski no Brasil pode ser aquilatado pela montagem da peça *A Longa Noite de Cristal* (Oduvaldo Vianna Filho), em São Paulo, no Theatro São Pedro, sob a direção de Celso Nunes, que havia retornado da Europa profundamente influenciado pelo artista polonês. Apesar de ter sido bem recebido pela crítica, o trabalho não agradou o autor da peça, que declarou em inúmeros veículos de comunicação que havia escrito um drama social que fora transformado em algo puramente existencial pelo fato de a concepção cênica não estar em sintonia com as expectativas de um dramaturgo do terceiro mundo. A insatisfação de Vianna Filho foi tão grande que, não contente em expor publicamente seu desacordo, escreveu como resposta o monólogo *Corpo a Corpo*, que chegou aos palcos em 1972, interpretado por Juca de Oliveira sob a direção de Antunes Filho, que, no Programa do Espetáculo, escreveu um texto em que manifestava plena concordância com as ideias e a postura de Vianinha.

Para maiores detalhes sobre este episódio da cena teatral paulistana da década de 1970, consultar: R. Patriota, *Vianinha: Um Dramaturgo no Coração de Seu Tempo*, São Paulo: Hucitec, 1999.

11. Rio de Janeiro: Civilização Brasileira, 1971.

12. No que se refere à bibliografia disponível em português sobre Grotowski, cabe ainda consultar: Jerzy Grotowski, *Teatro Laboratório de Jerzy Grotowski 1959-1969*, São Paulo: Perspectiva/Sesc, 2007.

termos temáticos e narrativos, rompera com a estrutura dramática próxima às premissas do realismo. Dentre os dramaturgos encenados estavam Fernando Arrabal (além da presença já mencionada no Teatro Ipanema, sua peça *Cemitério dos Automóveis* foi montada no Teatro Treze de Maio, em São Paulo, no ano de 1968, produzida por Ruth Escobar, adaptada e dirigida por Victor Garcia), Jean Genet (uma das encenações mais marcantes do ano de 1969 foi *O Balcão*, cuja direção ficou a cargo de Victor Garcia e produção de Ruth Escobar[13]), e, evidentemente, Samuel Beckett, cuja pungente encenação de *Esperando Godot*, em 1969, por Walmor Chagas e Cacilda Becker, foi tragicamente marcada pelo aneurisma cerebral que tirou Cacilda, em definitivo, da ribalta e, concomitantemente, da vida.

As menções aqui realizadas apontaram para a diversificação na cena brasileira, em fins dos anos de 1960 e início da década de 1970[14], como parte integrante da pluralidade que se instituiu nas instâncias cultural, política, econômica e social.

Porém, a maneira de perceber e registrar historicamente tal diversidade transformou-se em vista dos questionamentos intelectuais, políticos e culturais oriundos particularmente da Europa Ocidental e dos Estados Unidos. Tais narrativas foram abdicando da abrangência histórica por vários motivos. O primeiro diz respeito ao fato de que as perspectivas atinentes ao teatro brasileiro não se apresentam mais recobertas por uma ideia ou por um sentido que fosse capaz de revestir de maneira homogênea a especificidade atinente a cada manifestação e/ou proposta estética e conceitual. Já o segundo, por sua vez, refere-se à produção de pesquisas desenvolvidas em nível de pós-graduação nas áreas de letras,

---

13. O Teatro Ruth Escobar, até o momento, não foi objetivo de nenhuma dissertação de mestrado e/ou tese de doutorado. Entretanto, em termos informativos, no que diz respeito a uma narrativa cronológica, com destaque para suas principais realizações, consultar: Ronan Fernandes, *Teatro Ruth Escobar: 20 Anos de Resistência*, São Paulo: Global, 1985.

14. Nesse momento, cabe fazer referência às atividades artísticas desenvolvidas pelo Teatro Universitário na década de 1970, apesar de nesse ensaio o mesmo não se tornar matéria de reflexão.

184

filosofia e artes cênicas. Estas se notabilizaram preferencialmente por trabalhos monográficos sobre companhias[15], atores[16], dramaturgos[17] e diretores[18].

15. No que se refere a grupos e companhias, destacam-se: Armando Sérgio da Silva, *Oficina: Do Teatro ao Te-ato*, 2. ed., São Paulo: Perspectiva, 2008; Alberto Guzik, TBC: *Crônica de um Sonho*, São Paulo: Perspectiva, 1986; Cláudia Arruda Campos, *Zumbi, Tiradentes: E Outras Histórias Contadas pelo Teatro de Arena de São Paulo*, São Paulo: Perspectiva, 1986; Silvana Garcia, *O Teatro da Militância: A Intenção do Popular no Engajamento Político*, 2. ed., São Paulo: Perspectiva, 2004; S. Fernandes, *Grupos Teatrais: Anos 70*, Campinas: Editora da Unicamp, 2000.

16. As pesquisas acadêmicas, até o momento, têm se voltado com menos ênfase para o trabalho do ator. No entanto, isso não significa ausência de bibliografia sobre o tema. Para tanto, destacaremos algumas publicações que tiveram a interpretação como centro de suas preocupações: Nanci Fernandes; Maria Thereza Vargas, *Uma Atriz: Cacilda Becker*, 2. ed., São Paulo: Perspectiva, 2005; Mauro Meiches; S. Fernandes, *Sobre o Trabalho do Ator*, São Paulo: Perspectiva, 2007; Sérgio Viotti, *Dulcina e o Teatro de Seu Tempo*, Rio de Janeiro: Lacerda, 2000; Luís André do Prado, *Cacilda Becker, Fúria Santa*, São Paulo: Geração Editorial, 2002; Jalusa Barcellos, *Procópio Ferreira: O Mágico da Expressão*, Rio de Janeiro: Funarte, [s/d]; Procópio Ferreira, *Procópio Ferreira Apresenta Procópio*, Rio de Janeiro: Rocco, 2000; Ruth Escobar, *Maria Ruth*, São Paulo: Mandarim, 1999; Gilberto Antonio, *Dina Sfat*, São Paulo: Imesp, 2005, (Aplauso Especial); Dina Sfat; Mara Caballero, *Dina Sfat: Palmas pra que Te Quero*, Rio de Janeiro: Nórdica, 1989.

17. Dentre os inúmeros trabalhos existentes, a título de ilustração, mencionam-se: Sábato Magaldi, *Nelson Rodrigues: Dramaturgia e Encenações*, 2. ed., São Paulo: Perspectiva, 1992; S. Magaldi, *Teatro de Ruptura: Oswald de Andrade*, São Paulo: Global, 2004; Elza Cunha de Vincenzo, *A Dramaturgia Social de Gianfrancesco Guarnieri*, dissertação de mestrado, ECA-USP, São Paulo, 1979; idem, *Um Teatro da Mulher: Dramaturgia Feminina no Palco Brasileiro Contemporâneo*, São Paulo: Perspectiva, 1992; João Roberto Faria, *José de Alencar e o Teatro*, São Paulo: Perspectiva, 1987; idem, *Teatro Realista no Brasil: 1855-1865*, São Paulo: Perspectiva, 1993; Carmelinda Guimarães, *Um Ato de Resistência: O Teatro de Oduvaldo Vianna Filho*, São Paulo: MG, 1984; Maria Sílvia Betti, *Oduvaldo Vianna Filho*, São Paulo: Edusp, 1997; R. Patriota, *Vianinha: Um Dramaturgo no Coração de Seu Tempo*; R. Patriota, *A Crítica de um Teatro Crítico*.

18. Além dos trabalhos já mencionados sobre Gerald Thomas, cabe também destacar: Sebastião Milaré, *Antunes Filho e a Dimensão Utópica*, São Paulo: Perspectiva, 2007; Carmelinda Guimarães, *Antunes Filho: Um Renovador do Teatro Brasileiro*, Campinas: Editora da Unicamp, 1998; José Rubens Siqueira, *Viver de Teatro: Uma Biografia de Flávio Rangel*, São Paulo: Nova Alexandria, 2001; Oswaldo Mendes, *Ademar Guerra: O Teatro de um Homem Só*, São Paulo: Senac, 1997.

É claro que, ao lado das motivações acadêmicas, as escolhas temáticas e a verticalização interpretativa decorreram das escolhas e dos interesses dos pesquisadores no momento de desenvolvimento da pesquisa e da posterior elaboração do trabalho.

No entanto, não se deve ignorar que a maioria desses textos foi concebida à luz de um debate intelectual que colocou *em suspensão* modelos teóricos explicativos que almejavam compreender a dinâmica histórica em nível globalizante. Assim, se por um lado o campo de manifestações artísticas e processos criativos estudados ampliaram-se, de outro, a possibilidade de reconhecer uma ideia-força capaz de gerar uma urdidura narrativa abrangente, a fim de construir uma síntese analítica, tornou-se inviável em decorrência do grau de fragmentação.

Contudo, em termos do movimento de ideias, é possível mencionar algumas propostas que, se não buscaram a abrangência nas manifestações, visaram construir análises parciais como contraponto ou, até mesmo, em oposição àquelas já existentes.

Por exemplo, o trabalho de Edélcio Mostaço, *Teatro e Política: Arena, Oficina e Opinião – Uma Interpretação da Cultura de Esquerda*[19], construiu uma análise acerca dos acontecimentos teatrais ocorridos entre as décadas de 1950 e de 1970, sob o viés ideológico. De acordo com o autor:

Relendo todos os textos escritos e encenados, gravando entrevistas, revendo fotos, arquivos e documentações, consegui reunir um farto material, muitas opiniões contraditórias sobre os processos vividos pelos grupos analisados. Tudo isso me permitiria realizar uma linda tese de infusão historiográfico-crítica, o que me dava certo mal-estar. Optei por regredir ao começo, à condição de testemunha de um processo vivido, pessoalizando uma narrativa que antes de procurar a objetividade das metodologias busca o sentido ideológico. [...] A história do teatro deste período não é tarefa para

19. São Paulo: Proposta Editorial/sec-sp, 1982.

186

um [sic] só pessoa, nem por direito nem por vocação. Tarefa onerosa, a mim pode caber articular uma perspectiva – não a única, evidentemente[20].

Essa explanação auxilia, de forma destacada, o leitor a compreender as motivações e as escolhas de Mostaço para a confecção da síntese interpretativa. Isto é, articulando o trabalho do pesquisador à memória do sujeito contemporâneo dos acontecimentos, o pesquisador optou por construir um caminho à luz das práticas artísticas definidas como *teatro de esquerda*. Para isso:

> O encontro com as colocações de Heloísa Buarque de Hollanda e de Marilena Chauí, especialmente, me predispôs a abandonar definitivamente qualquer tentativa generalizadora e/ou multifacetada de *competência* para a tarefa.
>
> [...] Aventurei-me pelo *político*, não porque renegue o estético ou tenha dele uma visão de atrelamento ou subjugação, pelo contrário: mas porque numa ordem suspeita de discurso há de se radicalizar o signo, estourando a linguagem, para evidenciar seus substratos turvados. Exatamente porque, em função da obliteração do estético que marca a trajetória da arte nesta época, pensar o estético é, antes, pensar o político.
>
> Se a ideologia é o mascaramento resultante, a face trágica da teatralidade amarrada, evidenciar este escamoteamento é buscar, como o tempo perdido, o Outro subjugado, ainda que ele aqui surja apenas por ausência[21].

Essa advertência corrobora a premissa de que seu interesse foi o de discutir aspectos significativos do movimento artístico com a finalidade de apreender a dimensão política do fenômeno estético, e nessa verticalização selecionou a ideia geral que norteou o exercício analítico. Assim, mais que destacarmos as nuanças interpretativas e as conclusões em relação ao processo, aos artistas e aos espetáculos estudados, nosso intuito é evidenciar a maneira pela qual

20. Idem, p. 9-11.
21. Idem, ibidem.

os escritos de Marilena Chauí[22] e de Heloisa Buarque de Hollanda[23] embasaram a narrativa urdida pelo autor.

No que se refere a Chauí, observa-se a presença da crítica que a filósofa teceu à obra de Louis Althusser. Nela, há a intenção de evidenciar a impossibilidade de se apreender cognitivamente o real em sua totalidade, como também ressaltar o caráter politicamente comprometido presente na ideia de que com o preenchimento das lacunas, inerentes ao discurso ideológico, seria possível vislumbrar a verdade objetivamente constituída, na medida em que tal procedimento imploaria o discurso enquanto tal.

Ao lado do caráter epistemológico trazido por Marilena Chauí, Mostaço agregou as discussões de Heloísa Buarque de Hollanda atinentes à poesia marginal dos anos de 1970 e os desdobramentos desse tema sob o viés das patrulhas ideológicas. Por esse ângulo, ao criticar a perspectiva totalizante das interpretações constituídas sob a égide do marxismo-leninismo, a autora propôs recuperar os elementos singulares produzidos fora desses grandes quadros explicativos. Através dessa lógica analítica, verificou que a dimensão plural do processo histórico fora inúmeras vezes subjugada em nome de um sentido para a história. Isso implicou no silenciamento de sujeitos e na eliminação de um campo de possibilidades que, no decorrer dos acontecimentos, apresentaram-se como alternativas plausíveis.

Nesse sentido, em termos teóricos, no Brasil, conviveram aqueles que, mesmo fazendo críticas às ações políticas e culturais anteriores a 1964, mantiveram-se em sintonia com as teses da resistência democrática preconizada pelo PCB, e os que, fundamentados em estudiosos que elaboraram

22. *Cultura e Democracia, o Discurso Competente e Outras Falas*, São Paulo: Moderna, 1981; *O que É Ideologia*, São Paulo: Brasiliense, 1980.

23. *Impressões de Viagem*, São Paulo: Brasiliense, 1980; H. B. de Hollanda; Carlos Alberto Pereira, *Patrulhas Ideológicas*, São Paulo: Brasiliense, 1980; H. B. Hollanda; Marcos Antonio Gonçalves, *Cultura e Participação nos Anos 60*, São Paulo: Brasiliense, 1982.

188

sérias restrições às interpretações globalizantes, buscaram, por meio da crítica contundente às concepções de engajamento e ao tratamento dado a conceitos como povo, nação, pátria, nacionalismo, revolução democrático-burguesa, entre outros, formas diferenciadas de pensar e escrever sobre o processo histórico.

Tais embates perpassaram diferentes áreas das ciências humanas e das artes. Com relação a essa última, por iniciativa do jornalista e professor Adauto Novaes, no período que esteve à frente do Centro de Estudos e Pesquisas da Fundação Nacional de Arte do Ministério da Cultura, foram criados dois grupos de estudos.

O primeiro, denominado "Anos 70", produziu uma série voltada para a música popular, literatura, teatro, cinema e televisão que veio a público em 1980 por iniciativa da Editora Europa (Rio de Janeiro)[24]. Já os resultados do segundo,

---

24. O volume destinado à música popular contou com as seguintes reflexões: *O Minuto e o Milênio ou Por Favor, Professor, uma Década de Cada Vez* (José Miguel Wisnik); *A "Linha Evolutiva" Prossegue: A Música dos Universitários*; *Importação e Assimilação: Rock, Soul, Discotheque*; *Música Instrumental: O Caminho do Improviso à Brasileira* (Ana Maria Baiana).

Na literatura, o volume foi composto por *A Ficção da Realidade Brasileira* (Heloisa Buarque de Hollanda; Marcos Augusto Gonçalves); e *Poesia Vírgula Viva* (Armando Freitas Filho).

As reflexões sobre teatro desdobraram-se nos seguintes textos: *Anos 70: Momentos Decisivos da Arrancada* (José Arrabal); *Quem Faz Teatro* (Mariângela Alves de Lima) e *O Teatro e o Poder* (Tania Pacheco).

No que se refere ao cinema, o leitor tem à disposição os ensaios *A Voz do Outro*; *Operário, Personagem Emergente*; *Qual é a História?* (Jean-Claude Bernardet); *A Teoria da Relatividade* (José Carlos Avellar); *O Cinema de Perspectiva Popular*; *Do Udigrudi às Formas Mais Recentes da Recusa Radical do Naturalismo* (Ronaldo F. Monteiro).

Em relação à televisão: *Um Só Povo, uma Só Cabeça, uma Só Nação*; *As Novelas, Novelinhas e Novelões: Mil e uma Noites para Multidões* (Maria Rita Kehl); *Telejornalismo: A Década do Jornal da Tranqüilidade*; *O Modelo Econômico: Uma Só Nação, um Só Mercado a Consumir* (Elizabeth Carvalho); *Show, a Coreografia do Milagre*; *A Televisão e o Poder Autoritário*; *A Televisão e a Política de Integração Nacional* (Santuza Naves Ribeiro e Isaura Botelho).

Esses cinco volumes foram reeditados em um único volume sob o seguinte título: A. Novaes (org.), *Anos 70: Ainda Sob a Tempestade*, Rio de Janeiro: Aeroplano/Senac-Rio, 2005.

intitulado *O Nacional e o Popular na Cultura Brasileira*, foram editados pela Brasilense[25].

Evidentemente, nessa reflexão interessa-nos mais de perto as discussões relativas ao teatro, especialmente pelo fato de que as análises elaboradas a partir de questões específicas das décadas de 1960 e de 1970 foram projetadas para além do seu próprio tempo como atesta a seguinte advertência de José Arrabal:

> Ver os anos 70 não será possível se nos desligarmos de toda uma série de polêmicas e propostas culturais que emergiram no bojo das lutas populares da década anterior, meses antes da instauração do Ato-5. E no teatro esse fator de análise é determinante e fundamental para toda uma compreensão mais real do processo. É por esses conturbados dias dos 60 que começam a se demarcar as diversas propostas que irão refletir-se no palco nos anos seguintes, em meio a controvertidos caminhos, avanços e recuos, quase como num jogo de cabra-cega[26].

Verificamos, por meio dessa observação, a existência de uma premissa que estabelece dependência interpretativa da década de 1970 em relação à anterior, isto é, ela não foi capaz de produzir propostas originais nem política nem culturalmente. Pelo contrário, as suas realizações, assim como os projetos que se confrontaram no decorrer do processo, têm de ser compreendidas a partir das demandas dos anos de 1960, pois, para o autor, no que diz respeito à atividade teatral, ela não pode ser analisada sem se considerar as ideias e as atuações de Oduvaldo Vianna Filho, Augusto Boal e José Celso Martinez Corrêa, em particular as que surgiram entre os anos de 1967 e 1968, pois as mesmas

25. Os volumes publicados pela Brasiliense foram organizados da seguinte maneira: *Seminários* (Marilena Chauí); *Artes Plásticas e Literatura* (Carlos Zílio; João Luiz Lafetá; Lígia Chiappini Moraes Leite); *Música* (Enio Squeff; José Miguel Wisnik), *Cinema* (Jean-Claude Bernardet; Maria Rita Galvão); *Televisão* (Ricardo Miranda; Carlos Alberto Pereira) e *Teatro* (José Arrabal; Mariângela Alves de Lima).
26. J. Arrabal, Anos 70: Momentos Decisivos da Arrancada, em A. Novaes (org.), *Anos 70: Ainda Sob a Tempestade*, p. 207.

190

são essenciais para discussões e experiências teatrais que almejem denunciar e/ou romper com mecanismos de desigualdade em sociedades injustas[27].

Apesar de Vianinha ter tido participação destacada em diversos momentos do teatro nas décadas de 1950 e 1960 – Teatro Paulista do Estudante (TPE), Teatro de Arena, Centro Popular de Cultura (CPC), Grupo Opinião – a sua inserção nesse debate se fez pelo artigo "Um Pouco de Pessedismo Não Faz Mal a Ninguém"[28], que assim foi apresentado:

> A noção burguesa de "*classe teatral*" se sobrepõe por todo raciocínio de *Um pouco de Pessedismo Não Faz Mal a Ninguém*, marco que há de iluminar uma das direções programáticas de luta, no interior das transformações da "vida teatral". Marco frágil, se tomado por marco de resistência às investidas do ideário cultural das classes dominantes, na expressão do regime vigente.
>
> As ambiguidades da proposta de Oduvaldo são tantas, suas vacilações frente aos problemas da realidade concreta dos interesses em jogo tão significativas, que em dado momento do processo de desenvolvimento da história do teatro, na década de 70, algumas de suas ideologias, nas distorções que se permitiram, são recuperadas para a consolidação de todo um projeto oficial para o teatro. Nesses termos, a proposta se descaracteriza até de seus fundamentos morais, *o combate a uma possível mediação ou controle do teatro pelo Estado*. Necessário se faz destacar na proposta essa preocupação ética de Vianinha em dar combate aos programas culturais do regime. Isto para considerarmos os seus propósitos, sem confundi-los com o que veio depois: "na verdade, a contradição principal é a do teatro como um todo, contra a política de cultura dos governos nos países subdesenvolvidos"[29].

27. "São três propostas que emergem por volta de 67/68, se debatendo nas suas transitoriedades e com suas variantes, até nossos dias. Um teatro que pretenda romper com a dominação de classe, criando no seu interior um pólo de consciência revolucionária há que considerar essas propostas como experiências fundamentais de sua história (ou pré-história) e de suas lutas, para delas aproveitar seus acertos e recusar suas fragilidades frente à violência das ideologias de dominação". J. Arrabal, op. cit., p. 208.

28. Originalmente publicado em: *Revista Civilização Brasileira*, Rio de Janeiro, jul. 1968. (Caderno Especial n. 2 – Teatro e Realidade Brasileira.) Posteriormente foi editado em F. Peixoto (org.), *Vianinha: Teatro – Televisão – Política*, São Paulo: Brasiliense, 1983.

29. J. Arrabal, op. cit, p. 213.

191

Já Augusto Boal foi trazido à discussão pelas ideias proferidas em *Elogio Fúnebre do Teatro Brasileiro*[30], onde há intransigente defesa de um *teatro popular* e considerações sobre o Método Curinga, seu impacto estético e suas implicações. Mesmo com algumas restrições, especialmente em relação ao aspecto ético-moral das intervenções do Curinga, o trabalho de Boal inseriu-se no debate tanto por suas iniciativas em mobilizar o teatro como instrumento da luta política (*Arena Conta Zumbi, Arena Conta Tiradentes*), quanto pelo processo de radicalização que se materializou na i Feira Paulista de Opinião e nas atividades do Núcleo 2 do Teatro de Arena.

Um trabalho preocupado em passar algumas técnicas e habilidades cênicas às camadas populares, no sentido de assim elas se familiarizarem mais com a arte da representação, para as suas formas de resistência e comunicação política.

O grupo que trabalha com Boal chega praticamente a abandonar o circuito do mercado, voltando-se a uma atividade não-empresarial. Está se tentando como se pode, a todo custo, manter o "teatro" mais próximo das classes populares.

Augusto Boal é preso em 1971. Da prisão, vai para o exílio. Ainda que não tenha conseguido mobilizar, no *meio teatral*, os *artistas renitentes* com suas ideias, estas vão servir à mobilidade de um Teatro Independente que, naqueles anos de dura repressão, se desenvolveu fora do circuito, e hoje, em meio a tantas contradições, se esforça para se articular de modo mais coeso, como uma das possíveis alternativas críticas à política cultural do regime[31].

A partir da figura de José Celso Martinez Corrêa, Arrabal revisitou os principais momentos da trajetória do Teatro Oficina, com a finalidade de destacar a de radicalidade desencadeada pela encenação de *O Rei da Vela*.

A proposta de José Celso Martinez Corrêa por uma transformação intensa na história do espetáculo, no Brasil, é uma recusa

---

30. Publicado em *Revista Civilização Brasileira*, Rio de Janeiro, jul. 1968. (Caderno Especial n. 2 – Teatro e Realidade Brasileira.)
31. J. Arrabal, op. cit., p. 217.

radical das ideologias presentes no interior de todo um teatro progressista ainda comprometido com as ilusões do modelo político de antes do golpe militar de 64. Denuncia a coloração populista desse teatro. Por outro lado, não se satisfaz com a perspectiva de uma prática teatral que se volte apenas para o agit-prop. Quer ir além disso, polemizando o papel artista do criador, a autonomia do código estético frente às ideologias de dominação, discutindo o sentido de um teatro revolucionário e suas relações com o público. Nos passos de um ideário emergente por volta de 1968, há uma coloração ainda voluntarista e carente de um programa cultural melhor explicitado em suas táticas. Seu raciocínio vai assim um tanto a reboque de certa intuição política e artística para a revolta. Isto de modo algum desmerece o processo das iniciativas e as contribuições de José Celso à história do teatro, no Brasil. Um teatro localizado no coração da classe média radical e de quem é cúmplice – seu público privilegiado – só há de expressar desse modo a partir de seu nível de consciência mais avançado, nas suas contrariedades com determinadas condições de produção e de existência do fenômeno cultural[32].

A escolha desses três artistas e das propostas por eles defendidas revelam o que Arrabal definiu como as *matrizes* de práticas teatrais que vigoraram no período seguinte, a saber: a. espetáculos inseridos no circuito comercial; b. teatros independentes, apresentados nas periferias das cidades, com intenção eminentemente política e de organização popular; c. montagens *underground*, nas quais a concepção cênica, a temática e a interpretação colocavam em xeque a própria ideia de civilização ocidental.

Coube ao texto de Oduvaldo Vianna Filho, "Um Pouco de Pessedismo Não Faz Mal a Ninguém", representar a vertente que, na avaliação de Arrabal, por ter sido profundamente descaracterizada em suas pretensões originais, fundamentou o *projeto oficial para o teatro* na década de 1970. Nesse sentido, enquanto Vianinha e sua discussão acerca da união da *classe artística* foram trazidos ao debate como representantes de uma postura *conservadora* dentre os segmentos progressistas, Augusto Boal foi retomado pelas

32. Idem, p. 217-218.

ideias veiculadas no texto de apresentação à peça *Arena Conta Tiradentes*.

Em um tratamento semelhante ao que foi dado a Vianinha, Boal participou do debate não por seu trabalho em favor da *dramaturgia nacional crítica*, nem por seus espetáculos que clamavam pela resistência à ditadura, mas pelo movimento de transformação, materializado em *Arena Conta Tiradentes*, ao demarcar o estabelecimento de uma postura mais radical que, no palco, explicitou-se na I Feira Paulista de Opinião e, em termos de militância, intensificou a participação, em espaços da periferia da cidade de São Paulo, com os *teatro-jornais* e com os *agitprop* (agitação e propaganda).

Embora teatralmente o Sistema Curinga, fundamentado no trabalho coletivo em detrimento do brilho e desempenho individual do ator, projetasse outras perspectivas artísticas, a ênfase, acerca da contribuição de Boal, voltou-se para as iniciativas direcionadas para as camadas populares que, no decorrer da década de 1970, motivaram a constituição dos *teatros independentes* que assumiram, junto aos movimentos sociais, a tarefa de organizar e sistematizar as demandas sociopolíticas.

Por sua vez, no percurso artístico de José Celso Martinez Corrêa, observou-se também o processo de radicalização de seu trabalho, para enfatizar a construção de uma cena em sintonia com as críticas à sociedade de consumo e aos valores político-culturais estabelecidos, mas em direção contrária ao engajamento teatral do período[33].

Tal movimento histórico evidenciou, de acordo com José Arrabal, as disputas existentes no teatro da década de 1960, cuja efetivação só ocorreu no período seguinte, com

---

33. Essa discussão encontra-se mais desenvolvida nos seguintes trabalhos: R. Patriota, A Cena Tropicalista no Teatro Oficina de São Paulo, *História*, São Paulo, v. 22, n. 1, 2003, Unesp, p. 135-163; R. Patriota, História, Estética e Recepção: O Brasil Contemporâneo pelas Encenações de *Eles Não Usam Black-tie* (G. Guarnieri) e *O Rei da Vela* (O. de Andrade), em Rosangela Patriota; Alcides Freire Ramos (orgs.), *História e Cultura: Espaços Plurais*, Uberlândia: Asspectus/Nehac, 2002, p. 113-131.

o campo de luta bem definido. Assim, enquanto as reflexões acerca da unidade de ação dos artistas, de Vianinha, foram vistas como alinhadas à ordem vigente, as premissas de Boal e Zé Celso tornaram-se parâmetros de uma arte a caminho da transformação.

Em contraponto a essas possibilidades, os anos de 1970 foram vistos como o período em que a derrota cultural materializou-se, isto é, as promessas de ruptura anunciadas no período anterior foram substituídas por trabalhos definidos como circunscritos aos limites da ação pública. Evidentemente, tais considerações se fizeram mediadas por expectativas que o passado recente constituíra e produziram análises como as formuladas por Mariângela Alves de Lima.

Partindo da premissa de que a oposição à ditadura é condição para existência do teatro naquele momento, a autora propõe investigar aspectos dessa manifestação artística à luz das relações de trabalho, com a finalidade de realizar o espetáculo e, a partir daí, estabelecer as distinções entre *grupos teatrais* e *empresas teatrais*.

O grupo significa uma tentativa de eliminar do interior da criação teatral a divisão social do trabalho. É uma entidade ideal, célula anômala no tecido político e econômico do país, que representa para o artista de teatro uma estratégia foquista[34]. Mil grupos de teatro podem irradiar para áreas circundantes à produção artística a ideia de que é possível arregimentar, unir, socializar. O grupo em vez de empresa, a coletivização do produto em vez do lucro retornando ao dono do capital. [...] E o que é que o grupo tem que a empresa não tem? Em primeiro lugar, é contra. Sendo contra tem algumas raízes fincadas na década anterior. Seu ascendente direto é a companhia, as famosas companhias ensaiadas e executadas por elencos insatisfeitos com a linha de montagem na produção artística: Os Comediantes, o Teatro Brasileiro de Comédia, o Arena, o Oficina [...]

34. Teoria Revolucionária desenvolvida por Régis Debray a partir da ação revolucionária de Ernesto "Che" Guevara. Foi adotada por grupos que pregaram a luta armada como forma de enfrentar a ditadura civil-militar. Essa perspectiva de ação objetivava criar *focos* de guerrilha rural, com o intuito de dificultar a ação das forças armadas sobre os guerrilheiros. No Brasil, a teoria do foquismo inspirou a organização da Guerrilha do Araguaia.

São companhias que têm um ideário artístico, que pretendem uma unidade entre diferentes encenações que seja apenas uma satisfação imediata às exigências do consumidor, mas também uma manifestação da vontade dos artistas empenhados na confecção de uma obra. Além do lucro pretendem imprimir na memória do espectador uma imagem residual, que sobrevive à duração do espetáculo[35].

Essa linha de raciocínio revela o estabelecimento de uma hierarquia a partir da produção. Sob esse aspecto, somente nos grupos e nas companhias teatrais que se notabilizaram por intenções políticas poderia residir um *ideário artístico*, na medida em que o grupo funcionou como um espaço de proteção, possibilitando, inclusive, uma relação de liberdade entre palco e plateia, que destoava do que ocorria na sociedade civil[36].

À luz da mesma argumentação, a autora também destacou o surgimento das empresas que se voltaram para a produção de espetáculos artísticos. Na verdade, elas não atuaram nem como companhia de repertório, nem como grupo, mas como empreendedora de uma atividade comercial com fins lucrativos.

O período que vai de 74 a 78 é onde surge com maior nitidez a contraposição de dois modos de produção teatral. De um lado há a empresa, juridicamente estabelecida e produzindo um teatro perfeitamente assimilável aos objetivos do Estado. Essa empresa não chega a ser uma companhia: para cada espetáculo organiza-se um elenco sob a responsabilidade e supervisão muitas vezes estrita de um produtor. Há pouco a falar sobre isso. Basta olhar os anúncios, a coleção de "tijolinhos" dos jornais para obter uma imagem bastante precisa desse tipo de teatro. Os esforços mais bem intencionados para transmitir uma "mensagem" através dessas obras estão suficientemente louvadas pela crítica, enquanto as obras mais declaradamente omissas estão suficientemente relegadas ao seu merecido

35. M. A. de Lima, Quem Faz o Teatro, em A. Novaes (org.), op. cit., p. 237-238.

36. Acerca dessa discussão, verificar neste texto as reflexões de Mariângela Alves de Lima sobre o espetáculo *Hoje é Dia de Rock*, direção de Ivan Albuquerque e protagonizada por Rubens Corrêa no Teatro Ipanema, no Rio de Janeiro.

esquecimento. O fato é que a produção isolada, nos seus melhores momentos, não chega a constituir um fator que abale ou modifique de alguma forma a linguagem disponível do teatro. Muda o texto, mudam atores, mas os grandes espetáculos são mais ou menos aquela coisa que a gente já sabe o que é antes de ter chegado lá.

Para se ter uma ideia da importância do processo de produção basta lembrar que um texto tão importante como *Gota d'Água* tem o mesmo impacto, quando encenado, de uma comédia de costumes do Sr. João da Silva. Ou seja, não tem impacto nenhum. O espetáculo fica muito tempo em cartaz, é sucesso de bilheteria, mas sai de cena sem deixar atrás de si um único herdeiro que possa aproveitar alguma ideia em outros trabalhos[37].

Como se vê, por essa chave interpretativa, pode-se falar de um teatro de grupo a coexistir com setores empresariais do entretenimento, sem que haja lugar nesse debate para aqueles que se autodenominaram *independentes* e se deslocaram para as periferias. Ainda assim, cabe perguntar, qual foi o impacto, no panorama cultural, da atuação dos grupos e das empresas?

No que se refere aos *grupos teatrais*, o perfil artístico, político e cultural fora decorrência do diálogo com os Centros Populares de Cultura da UNE, com o Teatro de Arena e com o Teatro Oficina. Embora esses dois últimos tivessem preservado a divisão social, no nível da produção, a interlocução propiciou o estabelecimento de perspectivas ideológicas e a constituição de um ideário artístico, proveniente da busca de unidade entre diferentes espetáculos[38]. Tais elementos possibilitaram aos *grupos* constituírem uma postura política e social decorrente de suas criações: *eles*

---

37. M. A. de Lima, Quem Faz o Teatro, em A. Novaes (org.), op. cit., p. 246.

38. Fernando Peixoto, no que diz respeito a esse debate, assim se manifestou: "as pessoas têm a impressão de que o Arena e o Oficina eram grupos que produziam seus espetáculos socializados. Não eram. Eram empresas capitalistas com patrões e empregados. O que havia é que a maioria dos patrões era socialista, não só pelo projeto de trabalho, mas o próprio projeto pessoal e visão de vida de cada um. Mas eram empresas capitalistas, não poderia ser de outra forma. Nós éramos patrões". F. Peixoto, *Teatro em Movimento*, 3. ed., São Paulo: Hucitec, 1989, p. 63.

foram contra as situações estabelecidas. Em vista disso, lhes foi possível promover um teatro mais ambicioso do ponto de vista criativo e crítico em relação ao trabalho desenvolvido pelo *teatro-empresa.*

A *empresa,* por sua vez, definiu-se como antagônica ao *grupo* e tornou-se *a face nítida do capitalismo na arte.* Ao preservar a *divisão do trabalho,* não contribuiu para o desenvolvimento de espetáculos críticos capazes de ecoar socialmente. Aliado a isso, ao produtor coube a tarefa de garantir a liberação do texto pela censura e a do espaço no circuito comercial, sem preocupação alguma com a unidade artística, nem com a politização da cena. Essas *empresas* desenvolveram modelos de apresentação para os grandes espetáculos, que, na opinião de Alves de Lima, conseguiram, por exemplo, diminuir o impacto cênico de um texto tão relevante como *Gota d'Água.*

No entanto, é oportuno recordar, vários espetáculos tiveram longas temporadas em palcos brasileiros e em diferentes cidades. Será que isso não deveria ser avaliado em termos de impacto político e cultural?

A montagem de *Gota d'Água* é uma boa referência para o caso, pois não se deve esquecer que ela colocou em cena discussões sobre os descaminhos do sistema habitacional do país e o descaso social em que viviam os segmentos de baixa renda, por meio da releitura e atualização da tragédia de Eurípedes às mazelas brasileiras. Apresentou os impasses no diálogo arte/sociedade e indústria cultural pela relação entre Jasão e Creonte. Além do mais, o texto levava a assinatura de artistas engajados, Chico Buarque e Paulo Pontes[39], fosse por posicionamentos públicos, fosse por suas criações estéticas, no combate ao arbítrio instaurado no pós-1964. Dessa feita, mesmo tendo sido encenada fora de um *grupo teatral,* não se pode, historicamente, desconsiderar o impacto artístico e

---

39. É importante recordar que a peça *Gota d'Água* foi inspirada na adaptação televisiva feita por Oduvaldo Vianna Filho, em 1972. Para maiores informações, consultar: Oduvaldo Vianna Filho, Medéia, *Cultura Vozes*, Petrópolis, Vozes, v. 93, n. 5, p. 127-158.

cultural da montagem, que teve a direção de Gianni Ratto e, em seu elenco, profissionais como Bibi Ferreira, Renato Consorte, Francisco Milani, cujas biografias exibem momentos expressivos na luta contra o Estado autoritário[40].

Da discussão apresentada observa-se que, no afã de defender sua ideia central, Mariângela Alves de Lima estabeleceu uma relação de causa e efeito em sua análise do espetáculo *Gota d'Água*, sem atentar para o impacto da temporada e da recepção por parte da crítica e do público.

Pelo exposto, constata-se que as análises de Mariângela e Arrabal são polêmicas, pois determinadas afirmações, presentes em ambos os textos, requerem um estudo mais aprofundado e envolvem diferentes níveis de reflexão, especialmente discussões atinentes à *estética da recepção*[41]. Contudo, interessa aqui ressaltar o fato de que suas ideias tornaram-se referências para os estudos sobre o teatro da década de 1970.

Essas reflexões contribuíram para o estabelecimento de uma interpretação na qual as *propostas alternativas* e/ou os *grupos independentes* representaram as respostas àquela conjuntura de exceção. Talvez por esse motivo as condições de produção dos grupos, o teatro empresarial e a localização das salas de espetáculos vieram para o centro do debate.

---

40. Acerca do espetáculo *Gota d'Água*, com direção de Gianni Ratto, consultar: Dolores Puga Alves de Sousa, *Pode Ser a Gota d'Água: A Tragédia Brasileira na Década de 1970*, dissertação de mestrado, Instituto de História-UFU, Uberlândia, 2009.

41. De acordo com Regina Zilberman, a exposição que Hans Robert Jauss, em 1975, no congresso bienal dos romanistas alemães, situou historicamente o surgimento da *estética da recepção* no quadro dos acontecimentos políticos e intelectuais da década de 1960. Nesse sentido, "a análise de Jauss leva-o a denunciar a fossilização da história da literatura, cuja metodologia estava presa a padrões herdados do idealismo ou do positivismo do século XIX. Somente pela superação dessas orientações seria possível promover uma nova teoria da literatura, fundada no *inesgotável reconhecimento da historicidade* da arte, elemento decisivo para a compreensão de seu significado no conjunto da vida social; não mais, portanto, na omissão da história. Indiretamente ele está acusando as correntes a- ou anti-históricas vigentes nos estudos literários alemães, resultantes das influências diversas recebidas desde o final da guerra". Regina Zilberman, *Estética da Recepção e História da Literatura*, São Paulo: Ática, 1989, p. 9.

Dessas questões nasceu uma oposição, definida pelo processo criativo, que, até hoje, organiza a maioria dos estudos sobre teatro brasileiro, a saber: *teatro comercial* x *teatro de vanguarda e/ou teatro de ideias.*

Tal polarização não considerou que, tanto na década de 1970, quanto nas anteriores, as atividades teatrais, no Brasil e em outros países do mundo, não são desenvolvidas de maneira uniforme, isto é, que no mercado de bens culturais convivem distintas maneiras de fazer teatro: a. o teatro comercial; b. espetáculos de companhias financiadas pelo Estado ou por fundações; c. trabalhos experimentais, desenvolvidos por grupos geralmente vinculados a instituições de ensino e de pesquisa; d. atividades artísticas de companhias e/ou grupos que almejam construir uma intervenção social e política por meio de suas montagens – este trabalho, muitas vezes, é realizado de forma independente, mas também pode ser vinculado a partidos políticos, sindicatos, associações de bairro etc.; e. teatro amador.

A não legitimação desses vários níveis de atuação permitiu análises comparativas entre as décadas de 1960 e 1970, muitas vezes reduzidas a dois polos antagônicos, nos quais a primeira década surge como sendo *revolucionária*, enquanto a segunda é avaliada como *conservadora*. Contudo, essas montagens não foram devidamente analisadas, tampouco o impacto cultural das mesmas, assim como as condições econômicas que viabilizaram os projetos vistos como *revolucionários* não foram observadas.

Nesse momento histórico, não se deve esquecer: as motivações, tanto dos artistas quanto da plateia, não se reduziam apenas ao entretenimento. A componente ideológica esteve presente nos trabalhos dos grupos e no teatro patrocinado por empresários. A comédia de costumes e o drama psicológico também frequentaram os palcos juntamente com os debates e as tensões dos espetáculos mais engajados política e socialmente.

Diante disso, vale ressaltar: a questão crucial para compreender tanto o movimento teatral no período de 1970,

200

quanto a sua construção historiográfica, é observar a presença de uma hierarquia de valores que tornou as atividades do Teatro de Arena e do Teatro Oficina parâmetros do que deveria ser um teatro de oposição, independente das relações econômicas que organizaram e/ou organizam a sociedade brasileira[42].

Em síntese geral, esses argumentos estiveram presentes na maioria dos trabalhos (já mencionados aqui em notas de rodapé) que se reportaram à década de 1970, seja no intuito de valorizar experiências artísticas de grupos, companhias, atores, dramaturgos e diretores, seja no sentido de enfatizar as limitações de teatros qualificados em sintonia com o mercado ou destituídos de intenções políticas lidas como consideradas consequentes com a vivência daquele momento histórico.

Como exemplos significativos do impacto dessas ideias na percepção histórica e cultural do teatro brasileiro da

---

42. Os argumentos apresentados por José Arrabal e Mariângela Alves de Lima nos ensaios aqui discutidos são também o *leitmotiv* dos textos publicados na série *O Nacional e o Popular na Cultura Brasileira*, na medida em que eles estão em consonância com as questões levantadas por Marilena Chauí nas três palestras que foram publicadas sob o título *Seminários*. É evidente que as temáticas analisadas na referida publicação são, pelo menos em parte, distintas das que foram trabalhadas na publicação *Anos 70*. No que diz respeito a Mariângela Alves de Lima, que assina quatro capítulos ("Você É Índio", "Ecce Índio", "Eu Não Sou Índio", "Eu Sou Índio"), por meio de questionamentos acerca do que vem a ser teatro de catequese, teatro nacional, modernização, entre outros, a autora problematiza momentos específicos da história do teatro brasileiro e da própria historiografia.

Já José Arrabal em seus textos ("O Poeta e a Inquisição: A Tragédia das Origens", "O Prazer de Macário Como Legado à Atualidade", "O CPC da UNE", "A Palavra de Paulo Pontes" e "E Não É Só Isso") versa inicialmente sobre o drama de Gonçalves de Magalhães, considerado pela historiografia do teatro como o fundador do drama nacional. Na sequência, Álvares de Azevedo e sua peça *Macário* são objetos de discussão. A partir de então, as atenções de Arrabal voltam-se para o teatro contemporâneo, mais precisamente um olhar crítico sobre a trajetória do CPC, ao lado de um aprofundamento das discussões apresentadas no texto "Anos 70: Momentos Decisivos da Arrancada", em especial em um embate com as ideias do dramaturgo Paulo Pontes.

década de 1970, merecem destaque as pesquisas de Silvana Garcia e de Sílvia Fernandes.

A primeira, em seu livro *O Teatro da Militância*, após realizar uma oportuna síntese acerca do diálogo entre teatro e política em fins do século XIX e início do século XX na Europa, volta-se para as experiências de teatro engajado no Brasil, especialmente aquelas relativas aos grupos de teatro independentes da década de 1970.

Nesse sentido, com a intenção de caracterizar artística, social e politicamente esses grupos, Garcia afirma:

> Dessas dezenas de grupos que proliferaram, não se pode dizer que haja uma diretriz única comum, mas guardam entre si semelhanças que podem configurar um mesmo perfil de traços básicos.
>
> Embora oriundos de experiências diferenciadas, há uma mesma intenção de não atuar no mercado profissional do centro. Isso se deve, por um lado, a uma insatisfação com o alcance do chamado *teatrão* junto às camadas mais populares, que não têm acesso facilitado às salas de espetáculo. De outro ângulo, o teatro produzido no centro é visto como afinado com setores das classes médias e alta, estabelecidas geograficamente na região, de nível cultural e poder aquisitivo mais elevados. Por opção, a maioria dos grupos adota um sistema amador de sustentação financeira, cada membro mantendo sua sobrevivência por meio de trabalhos de diversas naturezas e dedicando-se ao teatro durante os períodos noturnos e fins de semana.
>
> Há um consenso no sentido de ir buscar o público no seu *hábitat*, ou seja, nos bairros periféricos mais afastados, e de produzir um teatro que atraia e corresponda à realidade dessas populações.
>
> [...] O "rompimento" com o padrão do teatro profissional do centro se dá também a nível [sic] do modo de produção: as relações internas do grupo deixam de se pautar pela hierarquia e pela divisão de trabalho por especialização e passam a ter como base a produção coletiva e a realização das tarefas específicas através de subgrupos integrados. Todos no grupo tentam participar, na medida do possível, de todas as etapas do processo de criação. A remuneração cede lugar ao comprometimento com objetivos partilhados em comum[43].

Na caracterização proposta por Garcia dos grupos independentes, sobressaem-se, de forma inconteste, as ideias

43. *O Teatro da Militância*, São Paulo: Perspectiva/Edusp, 1990, p.123-124.

de Mariângela Alves de Lima em relação a grupos teatrais, na medida em que elas foram essenciais tanto para descrever as intenções e a dinâmica desses projetos quanto para diferenciá-los do teatro comercial, vulgo *teatrão*.

Evidenciar isso permite dizer que o entendimento de Alves de Lima acerca de grupos teatrais tornou-se uma das ideias-forças para a interpretação do teatro brasileiro da década de 1970, pois ela se tornou o parâmetro a partir do qual os espetáculos encenados e produzidos passaram a ser avaliados, como demonstra a ponderação de Sílvia Fernandes:

> Após a dissolução das companhias estáveis da década de 60 – o Teatro de Arena em 1971 e o Oficina em 1973 –, a atividade teatral paulista passara a desenvolver-se preferencialmente como produção isolada, não chegando a constituir fator que modificasse a linguagem e a prática do teatro. A preocupação com a experimentação estava pouco presente nos espetáculos, construídos segundo um processo semelhante, que previa a realização eficiente por diretor, atores e técnicos de um texto dramático, escolhido, na maioria das vezes, de acordo com os interesses de um produtor, sem a pretensão de enveredar pelos caminhos mais árduos da pesquisa.
>
> Os grupos teatrais vinham modificar esse panorama. Presentes com maior assiduidade, a partir de meados da década de 70, dividiam-se em duas correntes claramente identificadas, cuja única semelhança era o projeto coletivo do teatro[44].

Neste trecho, onde a autora anuncia o tema e os objetos da investigação, a ideia-força *grupo teatral* é a referência que lhe permitirá transitar por diferentes experiências artísticas, com o intuito de constituir um espaço comum da reflexão, pois:

> No confronto entre os vários grupos analisados, o que se observa imediatamente é a grande diversidade que separa os trabalhos de cada um deles. A impressão de uma tendência, no sentido de uma intenção semelhante que dirige as produções – aquela de fazê-las o resultado da escolha, do consenso e da participação de um núcleo de criadores –, sobrepõe à noção de movimento, entendido como

44. *Grupos Teatrais: Anos 70*, Campinas: Editora da Unicamp, 2000, p. 13.

uma série de atividades teatrais organizadas por criadores que trabalham em conjunto para alcançar um fim determinado, o que implicaria numa sintonia de posições e propostas bastante distante da fragmentação constatada por meio desse estudo.

Essa evidência das diferenças está apoiada, entretanto, numa semelhança. O teatro dos grupos se faz tão desigual por estar ancorado na experiência particular dos criadores, de formação, vivência, projeto estético ou ideologia. Cada agrupamento, como reunião de indivíduos singulares que se junta por alguma espécie de afinidade, manifesta-se de modo próprio, e a reunião em equipe de pessoas afins vai definir um resultado diferente daquele conseguido por outro núcleo que, do mesmo modo, quer fazer aquele teatro que julga interessante e procura um meio de viabilizá-lo, tanto econômica quanto cenicamente[45].

Os fragmentos acima destacados revelam que, semelhante à estratégia adotada por Silvana Garcia, Fernandes, ao se voltar para a análise dos grupos Asdrúbal Trouxe o Trombone, Ornitorrinco, Vento Forte, Pod Minoga e Mambembe, elaborou interpretações que evidenciaram a singularidade do trabalho e da organização, mas, por outro lado, com o intuito de estabelecer uma marca que a todos perpassasse, estruturou sua narrativa em torno da ideia "grupo teatral", haja vista que tal ideia-força deu, inclusive, título à aludida pesquisa.

Pode-se afirmar que as reflexões acerca das experiências teatrais da década de 1970 estiveram orientadas por dois princípios básicos que, em síntese, tornaram-se um, isto é, em termos teóricos e artísticos, houve um esforço em valorizar as iniciativas tidas como radicais e/ou transformadoras, com a intenção de explicitar o caráter específico nelas contido, bem como discutir elementos que ajudam a compreender as derrotas sofridas por elas no processo.

Com o questionamento do sentido único e com a perspectiva de evidenciar as múltiplas formas, começaram a se desvelar os diferentes moldes do fazer teatral e os espaços de veiculação dos mesmos. Por esse entendimento, mais

45. Idem, p. 219.

que pela fruição e pela realização cênica propriamente dita, a singularidade foi alocada nas oposições grupo teatral x companhias teatrais e teatro alternativo/arte x teatrão (teatro comercial).

Nesse debate, mesmo que não explicitamente, existiu um esforço em dimensionar positivamente as iniciativas que, em algum nível, conseguiram conjugar arte e vida. Dito de outra maneira: o processo criativo não poderia e nem deveria ser desvinculado do cotidiano vivido por aqueles artistas, como recordou Mariângela Alves de Lima, ao comentar o espetáculo *Hoje É Dia de Rock* (José Vicente), realizado pelo Teatro Ipanema, de Rubens Corrêa e Ivan Albuquerque, ou, como afirmou Sílvia Fernandes: "o Asdrúbal transformava um modo de vida em código teatral"[46].

Tal processo deveria estabelecer contrapontos com os espetáculos encenados e produzidos fora dos grupos, como atestou o seguinte depoimento de Paulo Betti, ao falar do trabalho do Pessoal do Victor:

> A gente não assume um posicionamento político imediato, entendeu? Quer dizer, o nosso trabalho é político na medida em que o grupo propõe uma nova maneira de se relacionar. No Rio, nos perguntaram como tivemos coragem de montar uma peça poética naquele momento. [...] Tá bom, a *Gota d'Água* é uma peça eminentemente política, só que o que acontece na peça acontece dentro do elenco: aquilo que a peça condena tá implantado no elenco, porque um ator ganha 2 mil cruzeiros, outro ganha não sei quanto e o produtor ganha tudo. Conosco todos fazem a mesma coisa e cada um ganha igual, tem o mesmo poder, a mesma participação[47].

Em meio a essa multiplicidade de formas e manifestações, o elemento cômico passou a adquirir maior evidência. Para isso, elegeu-se o absurdo do cotidiano, em seus mais diversos níveis, como tema privilegiado, ou, como atestou Miguel Falabella:

---

46. Idem, p. 73.
47. Depoimento de Paulo Betti, apud idem, p. 27.

205

Do meio desta balbúrdia, uma verdade parece saltar aos olhos: os tempos mudaram e se exige uma nova dramaturgia. Os últimos vinte anos não foram apenas a história da ditadura militar, de seus arbítrios, de suas torturas. Foram também marcados pelo poder cada vez mais avassalador da televisão, pela sedutora decupagem das histórias em quadrinhos. Uma geração inteira deparou-se com gigantescos "outdoors", repletos de garotas glamourosas e super--heróis, que coloriam os anos negros de nossa história recente.

[...] Vivemos sem anestesia num mundo de imagens. Crescemos em meio ao absurdo que reúne a dura fome da Etiópia e um dourado campeonato de surf num mesmo jornal. Os vilões da saudosa Glória Madagan foram tão reais quanto o napalm da guerra do Vietnã. As fadas e as bruxas do "Teatrinho Trol" estavam lado a lado com as tropas militares que desfilavam imponentes pelas ruas. Não sabíamos da guerrilha do Araguaia, mas conhecíamos o "milagre econômico", os sonhos de ascensão social da classe média. Uma Hollywood platinada nos foi impingida goela abaixo. E é para ela que olhamos criticamente quando fazemos nossa dramaturgia[48].

Olhar para si próprio e para seu grupo de convivência. Falar sobre o seu cotidiano e não sobre as grandes questões políticas e sociais, que não fizeram parte de seu aprendizado e de suas vivências. Falar de uma sociedade que se transformara e na qual a cultura de massas tornara-se uma realidade. Evidentemente, tal ângulo de apropriação do real foi de encontro com o teatro da resistência democrática, que continuou, até o final dos anos de 1970, a desfraldar as bandeiras da liberdade e da justiça social.

Ainda fizeram-se presentes, no decorrer dessas inquietações, especialmente no circuito carioca, os diretores Amir Haddad e Aderbal Freire-Filho. O primeiro, aliás, um dos fundadores do Teatro Oficina, após desenvolver atividades junto à Escola de Teatro de Belém (1961-1965), seguiu para o Rio de Janeiro e lá se fixou. Fundou grupos como Comunidade e dentre os espetáculos que dirigiu estão: *A Construção* (Altimar Pimental), *Agamêmnon* (Ésquilo) e *O Marido Vai à Caça* (Georges Feydeau). Já Freire-Filho, cearense que

48. Apud Flávio Marinho, op. cit., p. 81-82.

chegou ao Rio em 1970, organizou o Grêmio Dramático Brasileiro, em 1973. Assinou a direção de espetáculos como *Apareceu a Margarida* (Roberto Athayde), protagonizado por Marília Pêra, *Cordão Umbilical* (Mário Prata), *Réveillon* (Flávio Márcio). Em 1977, encenou *A Morte de Danton* (Georg Büchner) em um canteiro de construção.

Concomitante a estes acontecimentos, Antunes Filho, em São Paulo, assinara a direção de montagens como *Peer Gynt* (Ibsen), *Corpo a Corpo* (Oduvaldo Vianna Filho, protagonizada por Juca de Oliveira), *Nossa Vida em Família* (Oduvaldo Vianna Filho, interpretada por Paulo Autran), *Bonitinha, Mas Ordinária* (Nelson Rodrigues, que teve Miriam Mehler como intérprete), *Bodas de Sangue* (Federico García Lorca, com Maria Della Costa), além de *O Assalto* (José Vicente), *Esperando Godot* (Samuel Beckett, com um elenco feminino), *Quem Tem Medo de Virgínia Woolf* (Edward Albee, com Raul Cortez e Tônia Carrero).

Enfim, sob esse prisma, o teatro brasileiro da década de 1970 desenvolveu-se polifonicamente. A ideia da resistência democrática esteve presente, de forma marcante, durante todo o período, através de artistas como Fernando Peixoto, Gianfrancesco Guarnieri, Othon Bastos, Chico Buarque de Hollanda, Carlos Queiroz Telles, Antonio Fagundes, entre outros.

Já os mais jovens trouxeram outras vivências e expectativas, tanto na relação com o passado quanto no que deveria dizer ao seu tempo presente. Nesse sentido, com o objetivo de dar inteligibilidade a essa maneira diferenciada de fazer teatro, os que se opuseram a ela caracterizaram-na como *alienada*, mas os que nela enxergaram inovação e mudanças no nível da técnica e das temáticas definiram-na como *grupos teatrais*.

Aliás, essas transformações não se fizeram presentes apenas entre os jovens profissionais. Por exemplo, embora Antunes Filho possuísse na História do Teatro Brasileiro um lugar inconteste como um encenador original e ousado, o ano de 1978 marcaria a grande metamorfose de sua carreira, por força de um trabalho que, na avaliação de inúmeros críticos, tornou-se um marco artístico e cultural: a transposição para o teatro do romance *Macunaíma*, de Mário de Andrade. Tal empreitada originou-se de uma oficina com jovens atores e assinalou um momento de inflexão do teatro brasileiro e do próprio Antunes Filho. Desse mergulho artístico, nasceu o Centro de Pesquisas Teatrais – CPT – no Sesc-SP, que, sob a responsabilidade do referido diretor, pouco a pouco, intensificou sua interlocução com a cultural oriental e com o teatro antropológico.

Em meio a essas criações artísticas, o quadro político-social redefiniu-se. O processo de redemocratização, iniciado em meados de 1979, propiciou o retorno gradual das liberdades democráticas, do fim da censura prévia, enfim, de elementos fundamentais que constituem o Estado de Direito. A emergência dessa nova conjuntura fez com que se redimensionasse o teatro que, de forma majoritária, havia se pautado pelo incansável exercício de resistência à ditadura, pois as gavetas da censura foram abertas e as peças proibidas estavam sendo encenadas.

A partir das referências, aqui apresentadas, depreende-se a existência de uma cena teatral múltipla que, ainda em fins da década de 1970, delineou-se dentre os trabalhos que almejaram construir uma unidade e um caráter identitário. Para isso, temas como *civilização*, *justiça social* e *direitos humanos*, continuaram presentes, substantivando, na essência, os sentidos e os significados daquele momento e das interpretações que seriam legadas à posteridade.

Contudo, no decorrer desses embates, à medida que a presença, em discussões públicas, de ideias abrangentes foi se arrefecendo, questões singulares específicas começaram a conquistar espaço e, com isso, a fragmentação, já estabelecida com grande impacto em outras partes do mundo, passou a adquirir relevo na cena cultural, política e intelectual do Brasil.

Em síntese, o teatro brasileiro passou a viver, sob o ponto de vista das ideias e de sua própria prática artística, uma realidade que se tornara, nos últimos cinquenta anos, distante para atores, diretores, cenógrafos, dramaturgos: o confronto com o seu próprio ofício e, em decorrência disso, com suas especificidades.

A passagem dos anos de 1970 para a década de 1980 trouxe para as artes cênicas o desafio de investigar e confrontar suas próprias singularidades. Em um amplo espectro agregou, ao lado do teatro comprometido na luta contra o Estado autoritário, debates e realizações que abarcaram questões organizacionais, inclusive em caráter de oposição (grupos x companhias), em sintonia com temáticas e formas que, no decorrer do processo, evidenciaram a dimensão antropológica que, na década seguinte, viria a se acentuar nos palcos brasileiros. Começou, sob esse prisma, o fim de práticas e perspectivas teatrais que encontraram em projetos intelectuais e/ou em propostas políticas o *leitmotiv* de suas realizações simbólicas.

6. O FINITO DO INFINITO

Se conseguirmos deixar as ilusões para trás e voltar a ter esperança, e entender que temos, sim, uma responsabilidade que é coletiva, e que estamos um pouco como as pessoas no final da guerra, reconstruindo este país, e se conseguirmos abrir mão dessas ilusões e voltar a acreditar que vale a pena ter esperanças e arregaçar as mangas, talvez, possamos encontrar condições materiais e principalmente espirituais para construir uma dramaturgia que corresponda ao que precisamos fazer como artistas e ao que a comunidade espera que façamos como cidadãos.

AIMAR LABAKI[1]

[...] *para onde vai a encenação? Eis aí uma questão hoje em dia um pouco fora de moda*

---

1. Mesa II – Aimar Labaki e Gianfrancesco Guarnieri, em Silvana Garcia (org.), *Odisséia do Teatro Brasileiro*, São Paulo: Senac-SP, 2002, p. 57.

ou que perdeu sua pertinência, como se saber "para que o teatro?" fosse uma sobra idealista do pensamento das Luzes. Outrossim, não perguntaremos: para onde vai o teatro, porém mais modestamente: no que a ferramenta da encenação nos ajuda a compreender essa arte perpetuamente em trabalho, em movimento, em fusão? "A obra dramática é um enigma que o teatro deve resolver. Isso às vezes leva muito tempo".

PATRICE PAVIS[2]

I

Se a passagem da década de 1960 para a de 1970 trouxe, para os palcos e para o debate de ideias, a convivência entre perspectivas de um teatro engajado na luta contra a ditadura, de um lado, e novas formas de se fazer e de conceber este fazer artístico, de outro, os períodos que se sucederam, por sua vez, não apresentaram, nem ao público nem aos críticos e artistas, divisões tão nítidas.

Para que compreendamos tal constatação é preciso, inicialmente, considerar a profusão de temas, de realizações e de propostas que marcaram especialmente os anos de 1979 e 1980. No campo da política, além do fim do bipartidarismo, ocorreu a fundação do Partido dos Trabalhadores e a promulgação da Lei da Anistia, enquanto que na seara artística foram liberadas, pela Censura Federal, obras até então interditadas ao grande público.

A cena teatral coroou esse sentimento de renascer com a festejada montagem de *Rasga Coração*, de Oduvaldo Vianna Filho, que dividiu as atenções com o espetáculo *Papa Highirte*, também de autoria de Vianna. Mas ele não foi o único a ocupar os palcos. Carlos Queiroz Telles, Chico Buarque e Ruy Guerra, Plínio Marcos, Augusto Boal também tiveram suas peças encenadas e discutidas.

2. *A Encenação Contemporânea* São Paulo: Perspectiva, 2010, p. 400.

Vivia-se, naquele momento, expectativas com a abertura das gavetas da censura, que haveria de revelar o potencial criativo que fora reprimido durante o regime de exceção. No entanto, esse papel coube novamente a Vianna Filho, agora liberto, não mais da ação do Estado, e sim de sua própria autocensura, isto é, por decisão de sua viúva, Maria Lúcia Vianna, na primeira metade da década de 1980, veio a público, sob a direção de Aderbal Freire-Filho, as peças *Moço em Estado de Sítio* e *Mão na Luva*.

Enfim, novos tempos se apresentavam. Enquanto na esfera cultural e artística a distensão fazia-se presente, em termos institucionais o país assistia, em 1984, à derrota, no Congresso Nacional, da Emenda Dante de Oliveira, que restabelecia as eleições diretas para a Presidência da República. Em decorrência disso, novas articulações foram realizadas e elas garantiram a vitória no Colégio Eleitoral da chapa Tancredo Neves/José Sarney, que colocou fim aos governos militares.

Mas, o que esses acontecimentos têm a ver com o teatro que estava sendo desenvolvido nesse período?

Essa indagação e os desdobramentos decorrentes da mesma são de suma importância para que acompanhemos o processo vivenciado pelo teatro brasileiro na contemporaneidade. Como foi significativamente debatido nos capítulos anteriores, a atividade teatral no Brasil, desde o século XIX, foi norteada, em grande parte, por ideias-forças que impulsionaram avaliações e significados dessa arte para o país.

Temas como *nacional*, *modernização* e *modernidade*, *nacionalismo crítico* e *resistência democrática*, cada um a seu tempo e a seu modo, imiscuíram-se, a partir das demandas sociais e políticas, ao próprio fazer artístico. Sob esse prisma, podemos dizer que, em sentido amplo, as conquistas cênicas e interpretativas foram, quase sempre, avaliadas em função das discussões dramatúrgicas que se colocavam em sintonia com projetos que transcendiam o próprio campo teatral.

Nesse sentido, uma dimensão pública, para além do diálogo entre palco e plateia, caracterizou a arte teatral como um instrumento de ação e de formação política, que se redimensionou no jogo das conjunturas históricas.

Por esses princípios, é possível afirmar que, em meio às discussões críticas e teóricas, as agendas políticas, culturais e econômicas, de certa forma estabeleceram os horizontes de expectativas de inúmeros artistas e companhias teatrais. Se nos voltarmos para as décadas de 1960 e de 1970 e atentarmos para esses dados, constataremos que inúmeros percursos investigativos, assim como debates e ideias que reconhecemos nos anos de 1980 e de 1990, já estavam presentes. Entretanto, devido às circunstâncias históricas, esses elementos foram encobertos em prol de reflexões mais abrangentes e comprometidas social e politicamente.

Aliás, é sempre importante recordar, tal procedimento não foi exclusivo do teatro. Durante os anos de arbítrio, quando determinadas instâncias foram cerceadas em seus direitos de expressão e de prática social, algumas instituições, em vários momentos, abriram mão de suas atuações específicas e tornaram-se porta-vozes de princípios em defesa da democracia, da justiça social e do Estado de Direito.

Quando o país retornou à normalidade democrática, coube a inúmeros setores e segmentos sociais redimensionarem as suas próprias ações, uma vez que as bandeiras que alimentavam seus comprometimentos públicos haviam sido conquistadas. Em vista disso, como o teatro brasileiro reordenou-se em meio à nova conjuntura?

Talvez uma das expressões mais adequadas, para sintetizar o que passou a se viver em relação às artes cênicas no Brasil, é a de que *passamos a olhar com os olhos livres*, isto é, não havia mais a urgência de temas e de formas a serviço de uma causa.

Inúmeros artistas continuaram em atividade, mas foram transformando seus repertórios e suas inquietações. Por exemplo, Flávio Rangel dirigiu o espetáculo musical *Piaf*, protagonizado por Bibi Ferreira, e *Cyrano de Bergerac*, produzido e interpretado por Antonio Fagundes. Antunes Filho iniciou uma das mais bem sucedidas experiências do teatro contemporâneo à frente do CPT – Centro de Pesquisa Teatral – do Sesc[3].

Acentuaram-se os diálogos com as obras de Antonin Artaud e Jerzy Grotowski. Esses passaram a compartilhar espaços com os ensinamentos de Eugênio Barba, Bob Wilson, Tadeusz Kantor, com instigantes releituras da obra de Samuel Beckett e com o impacto da dramaturgia do alemão Heiner Müller.

Nesse período, explodiu no cenário brasileiro o trabalho de Gerald Thomas, dirigindo, inicialmente, atores consagrados como Rubens Corrêa, Sérgio Britto, Ítalo Rossi, Tônia Carrero, em montagens de textos de Müller. Em sua larga trajetória, encontramos adaptações de obras literárias para o palco, como *O Processo* e *A Metamorfose*, ambas de Franz Kafka, criações dramatúrgicas de sua autoria e peças de Samuel Beckett. A

---

3. Aqui é oportuno recordar que, no interior do Centro de Pesquisa Teatral (CPT), surgiu o grupo teatral Boi Voador, sob a direção de Ulysses Cruz. Em 1985, encenaram o espetáculo *Velhos Marinheiros*, inspirado na obra de Jorge Amado. Na sequência, foi a vez de *O Despertar da Primavera* (Frank Wedekind). Com a colaboração da coreógrafa Débora Colker, em 1988, Ulysses Cruz dirigiu *Corpo de Baile* e, no ano de 1980, com uma adaptação da obra do escritor peruano Mario Vargas Llosa, encenaram *Pantaleão e as Visitadoras*. Para o crítico Edélcio Mostaço, "O Boi Voador foi um celeiro de talentos e projetos. Guardando a inquietação originária do CPT, voltou-se para uma nova teatralidade, calcada quer sobre o realismo mágico latino-americano quanto o forte imaginário brasileiro, não se intimidando diante de formas novas ou limites inexplorados. Mestre de efeitos cênicos inesperados e surpreendentes, Ulysses Cruz tirou partido tanto de um jorro d'água em *Velhos Marinheiros*, ao som de *It's a Long Way*, com Caetano Veloso, quanto de carretéis de fios elétricos à guisa de corcéis em *Corpo de Baile*. Sua imaginação desenfreada – transferida ao grupo sob o formato de instigantes desafios a serem vencidos – levou-os a interpretações mediadas pelo simbólico e o arquetípico, calcadas na fusão do lúdico com o rigor formal. Gregário por excelência, Ulysses foi um disseminador, colocando o boi para voar. Forjou subgrupos, incentivou talentos, explorou potencialidades, tornando a década de 80 um dos pródigos períodos da cena brasileira". Edélcio Mostaço, O Boi Voador Foi um Celeiro, *Enciclopédia de Teatro Itaú Cultural*, Florianópolis, nov. 2003. Disponível em: <http://www.itaucultural.org.br/aplicexternas/enciclopedia_teatro/index.cfm?fuseaction=cias_biografia&cd_verbete=133>. Acesso em: 13 abr. 2011.

fim de dar continuidade ao seu processo de pesquisa, criou a Companhia Ópera Seca, que, de forma contínua, se aproximou radicalmente do grotesco em sintonia com uma perspectiva pós-moderna em relação a estilos e conteúdos.

As suas parcerias artísticas foram inúmeras e passaram pela cenógrafa Daniela Thomas, pelas atrizes Beth Goulart, Bete Coelho, Fernanda Torres, Fernanda Montenegro, Magali Biff, por atores como Luís Damasceno, por músicos como Phillip Glass, entre muitos outros.

Esse percurso polifônico pode ser identificado pela presença de uma cena constituída por situações dramáticas, com um narrador onisciente e ativo na dinâmica do espetáculo, em um palco notadamente marcado por um cenário que desconstrói o espaço realista e ganha vigor pela força da iluminação. Nas palavras de sua principal estudiosa:

> Sem território fixo, com espaço que se subleva à intervenção da luz, com a música impactante que desnorteia os sentidos, com os retalhos de personagens arrastados pelo ator com o narrador que é também encenador e, como ele, se recusa à narrativa, com os corpos de *leitmotive* seccionando a cena em minúsculas veias sentindo, com movimento construtivo em progresso, que leva o espetáculo seguinte a negar o anterior, a encenação de Thomas transforma o espectador em parceiro de um jogo libertário, feito sem regras fixas. Compõe um anteparo subversivo ao desejo, demasiado humano, de totalização[4].

Nesse ambiente, consolidou-se também o percurso artístico e intelectual do diretor, cenógrafo e figurinista, Márcio Aurélio. Ele mergulhou em um repertório denso e profundamente sofisticado que passou pela parceria com o dramaturgo Alcides Nogueira e resultou em trabalhos como *Lua de Cetim*, *Ópera Joyce* (a partir das cartas de James Joyce e de sua mulher Nora), com a atriz Vera Holtz, e *Pólvora e Poesia*, que versou sobre o romance poético de Paul Verlaine e Arthur Rimbaud. Ainda, com relação a Márcio Aurélio, convém lembrar o vigoroso espetáculo *Hamletmachine*,

4. Sílvia Fernandes, *Memória e Invenção: Gerald Thomas em Cena*, São Paulo: Perspectiva, 1996, p. 298-299.

216

protagonizado pela atriz e bailarina Marilena Ansaldi, estruturado pelos textos de Heiner Müller e pelos princípios artísticos de Bertolt Brecht, que apresentou profunda discussão acerca da contemporaneidade.

Essa época marcou também o surgimento, na cena teatral de São Paulo, do diretor Gabriel Villela. Mineiro, radicado na capital paulista, Villela produziu um trabalho singular, que se manifestou em espetáculos como *Você Vai Ver o que Você Vai Ver* (com o grupo Circo Grafitti), *O Concílio do Amor* (produzido pelo grupo Boi Voador) e *Relações Perigosas* (adaptação de Heiner Müller da obra de Choderlos de Laclos, protagonizada por Ruth Escobar).

Já no período seguinte, notabilizou-se pela direção de *Vem Buscar-me que Ainda Sou Teu* (Carlos Alberto Soffredini), *A Vida É Sonho* (Calderón de la Barca), mas a grande repercussão veio com a esplendorosa montagem de *Romeu e Julieta* com o Grupo Galpão. Retomando elementos fundamentais do teatro de rua, da arte circense, através de malabares, equilibristas, pernas de pau, entre outros, preservando a narrativa de Shakespeare, ambientando-a aos ritmos da rua, ao espaço em arena e à musicalidade dos sons mineiros, o espetáculo, inicialmente projetado para a cidade de Ouro Preto, ganhou os espaços públicos de inúmeras cidades do Brasil, fez carreira internacional e coroou sua temporada com apresentações no lendário Globe Theatre. De acordo com Alberto Guzik, nesse trabalho:

O mineiro Gabriel Villela mergulhou em suas memórias de infância. Buscou músicas de procissões e serenatas para compor a trilha sonora e encomendou a Luciana Buarque figurinos recriados a partir de velhas roupas de teatro. Usou vários elementos circenses para definir a estética do trabalho. Os atores se apresentam sobre pernas-de-pau ou caminham como se fossem equilibristas sobre a corda bamba. Esse *Romeu e Julieta*, interpretado com graça e arrebatamento pelo Grupo Galpão, ganha a plena dimensão quando apresentado na rua[5].

5. Alberto Guzik, "Romeu e Julieta", na Montagem Apaixonante do Grupo Galpão, *Jornal da Tarde*, São Paulo, 01 fev. 1994, p. 12.

Porém, ao nos referirmos a diretores como Márcio Aurélio e Gabriel Villela, não podemos, em absoluto, deixar de mencionar Naum Alves de Souza, um dos fundadores do grupo Pod Minoga, que se consagrou como dramaturgo (*No Natal a Gente Vem Te Buscar*, *Aurora da Minha Vida* etc.), diretor teatral (*Cenas de Outono*, *Lulu*, *Longa Jornada de um Dia Noite Adentro*), cenógrafo e figurinista (*Falso Brilhante* e *Macunaíma*). Naum ainda roteirizou o espetáculo de dança *Grande Circo Místico*, que teve músicas de Chico Buarque e Edu Lobo e adaptou os poemas de Adélia Prado para o espetáculo *Dona Doida*, protagonizado por Fernanda Montenegro.

Em meio a esse ambiente criativo sobressaiu-se, ainda na década de 1980, a dramaturgia de Luís Alberto de Abreu, na qual temas como a afetividade no mundo contemporâneo, a migração do campo para a cidade foram abordados em peças como *Foi Bom, Meu Bem?*, *Cala Boca Já Morreu*. Já em *Bella Ciao*, nascida de pesquisas realizadas com o Grupo de Teatro Mambembe, materializou-se cenicamente a imigração italiana e a militância anarquista. As experiências artísticas de Abreu foram importantes para o desenvolvimento de trabalhos na Escola Livre de Teatro de Santo André, da qual ele foi um dos idealizadores[6].

É evidente que o número de artistas em atividade, no período mencionado, é muito maior e bem mais expressivo. Porém, nosso intento é o de evidenciar a presença de alguns elementos de composição que, em alguma medida, guardam proximidade com a produção teatral predominante na década de 1970 e, em algum nível, estabelecem premissas que serão aprofundadas nos anos seguintes.

6. Para um aprofundamento mais detalhado sobre a dramaturgia de Luís Alberto de Abreu, consultar: Adélia Nicolete (org.), *Luís Alberto de Abreu: Um Teatro de Pesquisa*, São Paulo: Perspectiva, 2011. Como adverte a organizadora, embora o referido dramaturgo possua mais de cinquenta textos teatrais, foram editados, nesse livro, apenas quatorze. Entretanto, eles vieram acompanhados de três ensaios de natureza teórica do próprio Abreu, ao lado de análises que compõem instigante fortuna crítica, e das fichas técnicas dos espetáculos.

218

Através dos exemplos elencados, observa-se como a figura do encenador começou a ocupar um espaço até então delegado aos dramaturgos e à dramaturgia. Dito de outra maneira: os trinta anos que antecederam o período aqui destacado tiveram, na palavra, a mola propulsora do processo criativo. Contudo, com a distensão política intensificada, especialmente a partir de 1979, algumas mudanças começaram a se apresentar no cenário teatral.

Se, por um lado, o papel do diretor acentuava-se, com o apuro da pesquisa de linguagem, com a exploração de inúmeras possibilidades narrativas do palco, que incluíram a exacerbação da potência dramática contida na iluminação e na cenografia, por outro lado, esse mergulho criativo não se fez dissociado do texto dramático, tanto que se encenaram peças de Oduvaldo Vianna Filho, Plínio Marcos, Carlos Queiroz Telles, Antônio Bivar, Mário Prata, em sintonia com os trabalhos de novos escritores.

Companhias teatrais como o Tapa, liderada pelo diretor Eduardo Tolentino de Araújo e a Estável de Repertório, que teve à frente o ator e produtor Antonio Fagundes, consolidaram um padrão de qualidade artística e intelectual, por meio de um repertório, que articulou a dramaturgia brasileira a textos de autores estrangeiros, e de concepções cênicas que primaram por composições cenográficas e de iluminação, com vistas a evidenciar a interpretação dos atores e a força da palavra no palco. Nesse processo, é digno de menção o surgimento de comédias de autoria de Juca de Oliveira, Marco Caruso, Jandira Martini, que, através dos costumes, dialogaram com a conjuntura brasileira. Sob esse prisma, as questões políticas voltaram para o teatro sob a égide do riso e não mais com a força da composição dramática, que a luta contra o arbítrio exigira.

Essa diversidade de artistas e de formas, cada um a seu termo, construiu a fisionomia do teatro que, na década de 1980, passou a evidenciar não mais uma ideia-força capaz de orientar os interesses mais gerais daqueles que estavam, naquele momento, produzindo.

As percepções acerca do que estava ocorrendo cenicamente perderam um caráter predominantemente homogêneo e passaram a refletir um espectro mais amplo de preocupações e interesses. Por exemplo, em nível dramatúrgico, se a palavra deixou de ser colocada a serviço de ideias abrangentes, ela também não se dissociou, de forma abrupta, das questões mais gerais da sociedade. Em autores como Carlos Alberto Soffredini, Alcides Nogueira, Luís Alberto de Abreu, Naum Alves de Souza, por exemplo, é possível reconhecer indagações que não mais visavam a uma ênfase política e/ou sociológica e sim à construção de um percurso no qual o lirismo, em sintonia com a busca antropológica das personagens, acabou por dar origem a uma *minidramaticidade*.

Assim, se no âmbito local era possível detectar sutis transformações na concepção dramática e nas situações desenvolvidas, no que diz respeito aos autores estrangeiros, a presença constante dos escritos de Heiner Müller e Samuel Beckett aponta para hipóteses instigantes acerca desse momento, porque, juntamente com a narrativa fragmentada e a não adoção da forma dramática por excelência, as peças de um alemão – que passou a maior parte de sua vida adulta entre as duas Alemanhas – e de um irlandês – que, na impossibilidade de ser identificado por seus contemporâneos dentro dos padrões vigentes, teve seu trabalho nomeado como "absurdo" –, pouco a pouco contribuíram para que a presença de um *telos* e de propósitos fixos, que tanto marcaram o teatro brasileiro, fossem soçobrando diante de um tempo que, por princípio, não exigia, de imediato, a tomada de posição de seus protagonistas.

Começou a se desenhar, de maneira mais nítida, a valorização do elemento estético, isto é, o apuro formal tornou-se uma das preocupações centrais, através de cenografias e de figurinos que procuravam dizer muito mais das percepções individuais que das condições objetivas do tempo histórico. Dito de outra maneira: o tempo social cedeu lugar a tempos subjetivos que, cenicamente, traduziram-se em espaços de mutação. Nesse redesenhar, a iluminação ganhou significativa projeção dramática – é óbvio que isso não significa dizer que tal procedimento era inexistente em nosso teatro – e se tornou uma componente narrativa imprescindível dos palcos brasileiros.

Como já havíamos considerado anteriormente, o retorno ao Estado de Direito, de certa forma, retirou das artes a tarefa de ser uma das brechas a partir das quais a oposição manifestou-se. Pode-se dizer que a espada de Dâmocles fora retirada e as artes cênicas, em geral, puderam intensificar o diálogo criativo com outros países. Nesse sentido, a internacionalização, que já era um dado efetivo – para tanto basta recordar a contribuição dos artistas poloneses, italianos e a circulação de ideias dramáticas que se intensificara pós-década de 1940 –, projetou-se ainda mais nos espetáculos brasileiros.

O teatro se transformara. Não a olhos vistos, tanto que muitos estudiosos consideram a década de 1980 como perdida, em termos de realizações. Entretanto, este breve percurso analítico demonstrou que os anos de 1980 não foram perdidos e nem devem ser vistos como uma mera fase de transição. Os artistas que estavam em atividade, desde décadas anteriores, à medida que redimensionaram seus próprios trabalhos, contribuíram também para dar visibilidade a outras investigações e a jovens artistas.

Nesse quesito, como é sabidamente conhecido, os cursos de formação de atores, em diversas regiões do país, foram fundamentais para aqueles que ingressaram no teatro na segunda metade do século xx. Porém, com a criação dos cursos de Artes Cênicas, em nível superior, intensificou-se o diálogo entre teatro e universidade. Se, no início, essa interlocução estabeleceu-se em termos de grupos amadores, de professores universitários que ocuparam as páginas dos jornais e dos suplementos culturais como críticos, ou de dramaturgos que se tornaram professores, a década em questão começava a trazer para os palcos artistas municiados de um repertório intelectual que possibilitou

221

aprofundar o processo de internacionalização. Para tanto, pode-se mencionar diretores como Gabriel Villela, Márcio Aurélio, Cacá Rosset, Renato Cohen, ao lado de nomes consagrados como Antunes Filho, Flávio Rangel, Gerald Thomas, entre tantos outros.

Observado por esse ângulo, o movimento de grupos e coletivos teatrais, que ganhou visibilidade no período seguinte, não emergiu, de forma alguma, em condição autóctone. Por esse prisma, os artistas, e em particular os encenadores, viram nessas criações dos anos de 1980 a oportunidade de aprofundar e demarcar o surgimento de novos desafios em outro momento histórico que se anunciava da seguinte forma: como fazer teatro em uma sociedade que respeita minimamente as regras do Estado de Direito? Quais motivações deveriam reger o diálogo entre arte e sociedade?

II

Os anos de 1990 encontraram uma sociedade significativamente transformada. No nível teatral, as multiplicidades, vistas em perspectiva, constituíram-se em trampolins para a fragmentação, na medida em que o teatro de grupo passou a ocupar os espaços cênicos não mais com a preocupação de atingir a plateia em geral. Pelo contrário, começou a emergir a intenção explícita de buscar o interlocutor ideal, isto é, aquele que se identificasse com as pesquisas de linguagens e com as escolhas temáticas a serem desenvolvidas cenicamente.

Em caráter provocativo, ousamos dizer que várias experiências artísticas aqui destacadas inverteram os sinais dos desejos dos artistas da década de 1960. Aqueles, no afã de construírem um teatro que falasse diretamente aos oprimidos, elegeram as classes trabalhadoras e a intelectualidade progressista como seus interlocutores. Já os que estão em atividade nos dias de hoje nortearam seus caminhos sob o prisma das identidades, sejam elas étnicas, políticas, sociais, sexuais, entre inúmeras outras possibilidades.

Por exemplo, na cidade de São Paulo, devemos recordar a importância adquirida no cenário brasileiro pelas realizações do Teatro dos Satyros, que tem à frente o diretor Rodolfo Garcia Vázquez e o ator Ivam Cabral, através das seguintes palavras de Alberto Guzik:

> Quem hoje acompanha a atividade das duas salas administradas pelos Satyros na Praça Roosevelt fica impressionado pela quantidade e qualidade dos trabalhos em cartaz. Apostado em jovens diretores e dramaturgos, em novos atores ou em intérpretes veteranos, buscando talentos em bairros da periferia, a companhia dá uma lição de dinamismo, de vitalidade, de energia, que contrastam espantosamente com o marasmo e a mesmice da programação de tantas outras salas da cidade. Os dois Espaços dos Satyros estão hoje entre os principais bastiões do teatro independente paulistano. Os espetáculos se sucedem de segunda a domingo, em alguns casos com duas ou três produções diversas revezando-se na mesma sala, uma ciranda vertiginosa que atrai um número crescente de espectadores[7].

Indiscutivelmente, o Satyros, ao mesclar textos de autoria dos próprios integrantes à atualização cênica de obras como as do Marques de Sade e de Oscar Wilde, e à releitura de textos consagrados da dramaturgia brasileira, como *Vestido de Noiva*, de Nelson Rodrigues, marca, pela originalidade de suas interpretações, o panorama teatral contemporâneo.

Ainda em se tratando de Praça Roosevelt, merece destaque o espaço dos Parlapatões, criado pelo grupo que surgiu na cena paulistana no ano de 1992. No que diz respeito à sua proposta artística, o crítico Sérgio Sálvia Coelho, ao analisar o espetáculo *As Nuvens e/ou um Deu$ Chamado Dinheiro*, assim se pronunciou:

> Sempre houve algo de Aristófanes nos Parlapatões. Um enredo próximo da fábula, que serve como base para a sátira aberta, politicamente incorreta como toda boa política em teatro, foi o que destacou o grupo desde "Sardanapalo", de 1993, hoje em sua oitava versão. O ponto de partida literário, seja ele Shakespeare, Rabelais ou a vida

---

7. *Cia. de Teatro Os Satyros: Um Palco Visceral*, São Paulo: Imprensa Oficial, 2006, p. 15.

de Alexandre o Grande, alcança uma alta eficiência no contexto do circo e da chanchada. Nessa curiosa síntese de pesquisa erudita com o escracho mais popular está a principal marca parlapatônica. Ser fiel a Aristófanes (448-385 a.C.) é fazer com seu texto o mesmo que ele fazia com a mitologia: transformá-lo em pretexto para o sarcasmo contra as decadentes mistificações de nosso próprio tempo.

Hugo Possolo é hábil nessa transposição em *As Nuvens e/ou um Deu$ Chamado Dinheiro*, onde conjuga dois textos de Aristófanes, *Um Deus Chamado Pluto* e *As Nuvens*: o ataque original contra a filosofia de Sócrates, tema de *As Nuvens*, é inteiramente aplicável à mentalidade "motivacionista" que busca levar ingênuos "empreendedores" a fazer amigos e influenciar pessoas.

Essa ideia fixa de ser um "vencedor" é tratada com a irreverência devida, sobretudo quando as nuvens remetem às estrelas instantâneas da televisão: desautorização pública igual a essa pode ser contada nos dedinhos[8].

Feitas essas duas menções, cabe ainda dizer que a praça Roosevelt também tem acolhido as realizações do dramaturgo Mário Bortolotto e de sua Companhia Cemitério dos Automóveis. No que se refere a esse trabalho, deve-se frisar que o *leitmotiv* são as peças de Bortolotto, que possuem acentuado diálogo com a literatura *beat*.

Nelas, as personagens e as narrativas colocam-se como contraponto ao mundo do consumo e às soluções fáceis da vida contemporânea. A ideia de exclusão não assume o caráter social, por exemplo, presente nas obras de Plínio Marcos, a quem Bortolotto é frequentemente comparado. A sua tônica é acentuada pela ausência de expectativas culturais, ao mesmo tempo em que destaca modos de vida.

Nesse ambiente artístico também deve ser mencionado o trabalho, amplamente reconhecido, de mais de trinta anos, do Grupo Tapa, que, por ocasião da montagem de *Camaradagem*, de August Strindberg, recebeu o seguinte comentário do crítico Guilherme Conte:

---

8. Aristófanes Expõe Essência dos Parlapatões, *Folha de S. Paulo*, São Paulo, 11 jun. 2003. Disponível em: <http://www2.uol.com.br/parlapatoes/imprensa/esp/index.htm>. Acesso em: 29 de maio de 2011.

224

Essa montagem de *Camaradagem* coroa toda uma concepção de teatro defendida corajosamente pelo Tapa há quase três décadas. Verdadeiro bastião de resistência da dramaturgia, de um teatro cuidadosamente talhado e ciente de seu papel na sociedade, o grupo segue lutando apaixonado pela busca da essência do homem brasileiro. É um teatro que suscita a reflexão, que nos convida a olhar sobre nós mesmos. [...] Em um mundo de valores tão subvertidos, de relações cada vez mais frágeis e fugazes, em que a delicadeza há muito parece perdida, *Camaradagem* aparece com uma atualidade impressionante que torna difícil de acreditar que o texto foi escrito há mais de 130 anos. Bom que existe o TAPA para nos tirar de nossa cômoda e comezinha imobilidade. Que se abram os abscessos[9].

A referência a quatro importantes companhias em atividade na cidade São Paulo revelam que, se do ponto de vista estético elas são significativamente diferenciadas, no que diz respeito às preocupações mais abrangentes há certa aproximação, em especial, no olhar que constroem sobre o homem contemporâneo.

Nesse ínterim, é oportuno mencionar: Zé Celso Martinez Corrêa, Antunes Filho, Paulo Moraes e a Companhia Armazém de Teatro, Felipe Hirsch e a Sutil Companhia de Teatro, e a Companhia dos Atores que, em absoluto, esgotam a diversidade de referenciais e de formas que, atualmente, dão dinamicidade à cena teatral.

Por isso mesmo não podemos deixar de mencionar realizações que envolvem artistas como Irene Ravache, Fernanda Montenegro, Natália Thimberg, Bibi Ferreira, Juca de Oliveira, Marieta Severo, Andréa Beltrão, Sérgio Britto, Cleide Yáconis, Antonio Fagundes, Renata Sorrah, Beatriz Segall, Walderez de Barros, Esther Góes, Hélio Eichbauer, J. C. Serroni, Antônio Petrin, Francisco Medeiros, José Possi Neto, Miguel Falabella, Aderbal Freire-Filho, Renato Borghi, entre tantos outros.

As referências que fizemos acima recordam a presença efetiva nos palcos do país de companhias e atores

---

9. Strindberg e o Inferno de Todos Nós, *Digestivo Cultural*, São Paulo, 29 set. 2006. Disponível em: <http://www.digestivocultural.com/colunistas/imprimir.asp?codigo=2067>. Acesso em: 3 de maio de 2011.

que desenvolvem seus trabalhos a partir de uma dinâmica de mercado, mas com um repertório consistente, articulado e com espetáculos com qualidade técnica e artística. Sob esse prisma, possuem aguçado referencial artístico e cultural e este dado é fundamental no estabelecimento das peças que serão encenadas e no trabalho cênico e interpretativo realizado.

Ao lado disso, contribui, de forma decisiva, com o circuito teatral, o importante trabalho desenvolvido por Danilo Santos Miranda à frente do Sesc-SP, que tem, ao longo de vários anos, propiciado à população do estado de São Paulo um repertório diversificado, apresentado por artistas famosos ou não, oriundos de diferentes regiões, que colaboram fortemente para que esse estado da Federação continue sendo um dos grandes centros teatrais do Brasil.

Nesse processo, cabe recordar também as atividades do Sesi-SP[10], que mantém montagens diferenciadas em seu teatro, assim como o trabalho formativo que foi desenvolvido nessa instituição, durante muitos anos, por Sônia Azevedo.

Em meio a tudo isso, não é demais observar a forte presença dos musicais no circuito cultural do Rio de Janeiro e de São Paulo.

Musicais sempre foram bem montados no Brasil – nos anos de 1960, por exemplo, Bibi Ferreira e Paulo Autran encenaram uma versão de sucesso de *My Fair Lady*, que teve 700 apresentações no Teatro Paramount. Mas versões fiéis à Broadway, com idênticos figurinos e cenários e movimentando pequenos exércitos de técnicos, músicos e atores, são mais recentes. E tudo começou no dia 25 de abril de 2001, quando estreou *Les Misérables* no Teatro Abril (que antes abrigava o mesmo Paramount), iniciando uma nova e produtiva era.

Em dez anos, uma verdadeira revolução aconteceu nas cenas paulista e carioca, com o surgimento de profissionais do palco musical. Por conta disso, clássicos como *O Fantasma da Ópera, My*

10. Sobre Teatro Popular do Sesi, consultar: Robson Corrêa de Camargo, *O Mundo É um Moinho. O Teatro Popular no Século XX: Histórias e Experiências*, Goiânia: Kelps, 2009; Osmar Rodrigues Cruz, *Osmar Rodrigues Cruz: Uma Vida no Teatro*, São Paulo: Hucitec, 2001.

Fair Lady, *Gypsy* e *Hair*, entre outros, puderam ser montados com cuidado e fidelidade ao original, deslumbrando plateias que antes só conseguiam ver algo similar em Nova York ou Londres.

"Os musicais são o evento mais significativo do teatro brasileiro dos últimos dez anos", atesta Claudio Botelho que, ao lado de Charles Moeller, é responsável pela montagem de grandes espetáculos. "A abertura de um mercado de trabalho que mudou a vida de algumas centenas de atores, técnicos, músicos, produtores e casas de espetáculos já representa mais que qualquer revolução estética. E, mais que isso, a adesão em massa de um público que havia anos não frequentava o teatro mostra que os musicais não são uma invenção autoindulgente, uma veleidade artística, mas sim uma nova possibilidade profissional e madura para o entretenimento no Brasil".

[…] "Com isso, houve uma grande formação de plateias", observa o produtor e diretor Jorge Takla, profissional que há anos trabalha na área, antes mesmo desse novo boom. "Houve especialmente uma grande formação de artistas com trabalho de palco mais amplo (canto, dança e interpretação), uma apuração técnica muito grande entre maquinistas, camareiros, peruqueiros, maquiadores, iluminadores, sonoplastas. Surgiram até novas profissões, como a de *stage manager*, o responsável pelo cumprimento à risca de todas as exigências de cada musical"[11].

As referências que apresentamos nos dão um pequeno indício do movimento teatral ocorrido na região Sudeste, em particular nas cidades de São Paulo e do Rio de Janeiro, que vão do musical, como estilo artístico, até pesquisas de linguagem que discutem a contemporaneidade do homem, questões de gênero e singularidades que efetivamente caminham no sentido da antropologização cultural e sexual.

Aliás, Mariângela Alves de Lima, em seu texto de balanço acerca das atividades teatrais na cidade de São Paulo, teceu as seguintes considerações:

Cada observador do teatro paulista terá o seu recorte diante de uma oferta de milhares de espetáculos de todos os gêneros, e em todos os recantos, e há tantas escolas florescendo no momento que é

11. Ubiratan Brasil, Uma Década aos Som dos Musicais, 24 abr. 2011. Disponível em: <http://www.estadao.com.br/estadodehoje/20110424/not_imp709970,0.php.>. Acesso em: 24 abr. 2011.

possível que essa experimentação dos aprendizes iguale em número as representações profissionais. São incontáveis os assuntos: repertório, dramaturgos novos, intérpretes talentosos entrando em cena, novas perspectivas de organização da produção e a simbiose cada vez mais necessária entre a cenotécnica e a tecnologia. Essas duas menções a acontecimentos pontuais do ano de 2010, no entanto, não se acomodam no limite da temporada ou do ano. A expansão do Teatro Oficina pelo seu entorno a partir de um eixo cultural e o aproveitamento que o Teatro da Vertigem faz do vestígio histórico impregnado na arquitetura das instituições e na conformação da cidade são alicerces da poética desses dois grupos. Em ambos os casos a cidade entra em cena na dupla condição de presença viva e imperativo simbólico.

Há outros sentidos que se acomodam muito bem dentro do palco italiano. Dispensam terra e tijolo e foi suficiente para Antunes Filho fazer deslizar cenas contra fundo neutro para evocar a alma devastada de Policarpo Quaresma. Em *Casting*, Ulisses Cohn emoldurou a pobreza material e intelectual da Rússia depois do desmoronamento da União Soviética com um comentário visual que vale uma lição de história[12].

Contudo, fora desse espaço geográfico e cultural, mais especificamente em cidades do Nordeste, o aspecto antropológico assumiu princípios étnicos e políticos. A título de ilustração, cabe recordar, na cidade de Salvador, em 1990, a criação do Bando de Teatro Olodum. Nele, os assuntos e os estilos cênicos adequados estão em sintonia imediata com as condições que propiciaram o nascimento do projeto. Isso pode ser constatado pelas palavras do diretor Márcio Meirelles, em entrevista concedida na estreia do espetáculo *Bença*.

— O Bando começou a partir de uma ansiedade estética, por ver que uma cidade de maioria negra não tinha negros no palco. Pelo fato de não existir uma dramaturgia negra, sendo que os elementos das tradições africanas são extremamente cênicos e dramáticos — explica Meirelles. — O ritual do candomblé, por exemplo, é como

12. Em Cena, a Cidade e Sua Poética, São Paulo, 28 dez 2010. Disponível em: <http://estadao.br.msn.com/cultura/artigo.aspx?cp-documentid=26931998>. Acesso em: 23 abr. 2011.

uma ópera oriental... Os gestos coreográficos são códigos de uma narrativa. Mas isso nunca havia se transformado em teatro. Era essa a minha inquietação e o que fiz ao longo dos anos e com *Bença*. Me dá orgulho ver que hoje fazemos parte da História, que somos referência de um modo negro de se fazer teatro.

[...] — O que vejo hoje é que aquilo que era um projeto estético se transformou num projeto político — afirma. — Afinal, quando comecei a fazer teatro, em 1972, durante a ditadura, encarava o palco como uma ferramenta política. Fazia teatro para conscientizar, contestar, mudar o mundo e transformar o Brasil. O teatro continua sendo isso para mim. É um discurso político[13].

A questão social, de certa forma, também esteve presente no processo que deu origem, em 1978, ao palhaço Xuxu, palhaço cidadão, que se fez presente em inúmeras comunidades carentes do estado da Paraíba. Seu intérprete, o ator Luiz Carlos Vasconcelos, nesse mesmo ano, em parceria com outros artistas fundou, em João Pessoa, a Escola Piollin.

Vasconcellos, depois de graduar-se em Letras, desenvolveu sua formação artística, entre 1988 e 1989, no Laboratório Internacional de Atores do Odin Teatret, na Dinamarca. De volta ao Brasil e ao Grupo Piollin de Teatro, encenou, em 1992, o espetáculo *Vau da Sarapalha*, adaptação de um conto de Guimarães Rosa.

O espetáculo do grupo Teatro Piollin (com adaptação, direção, cenografia e iluminação de Luiz Carlos Vasconcelos) é ilusoriamente simples e extraordinariamente elaborado: assim como o conto é uma fábula e não uma descrição, os atores apresentam "a imagem de" tudo o que fazem, detalhando cada ação a tal ponto que ela supera e abandona o realismo para adquirir nível muito mais amplo e profundo de comunicação.

[...] O cenário, que cria uma espécie de círculo mágico ou ritual em torno do universo do Vau, fala de um mundo que nos envergonha

---

13. Val Benvindo, O Bando de Teatro Olodum Celebra 20 Anos com "Bença", uma Articulação Entre Seu Passado e Presente. Disponível em: <http://bandodeteatrogaleira.blogspot.com/>. Acesso em: 10 fev. 2011. Essa matéria foi redigida para o jornal *O Globo*, foi publicada na Editoria de Cultura/Segundo Caderno e foi postada pelo Bando de Teatro em Cena no endereço acima mencionado.

pela forma clamorosa com que proclama a distância entre dois brasis. A direção de Luiz Carlos Vasconcelos desenha o espetáculo com muito cuidado e o estilo interpretativo fala de um trabalho longo e integrado. O recurso sonoro da imitação pelos atores das vozes dos animais que os cercam é brilhantemente executado e mais notável ainda quando este, a música e o jogo corporal formam um só conjunto orgânico.

É necessário dizer que principalmente no início do espetáculo é muitas vezes impossível compreender o que dizem os primos, o que não significa que não se possa seguir o que está acontecendo. [...] Não creia ninguém que *Vau de Sarapalha* só tem os méritos de alguma mensagem sociológica ou pesquisa antropológica: se o espetáculo tem um extraordinário impacto como um retrato de um Brasil no qual devemos pensar mais, é porque a arte que merece tal nome não é alienadora: muito pelo contrário, os vários níveis nos quais nos atinge levam-nos a uma enriquecedora reflexão. *Vau de Sarapalha* pode e deve ser visto[14].

Iniciar algumas reflexões sobre o teatro que se faz no Brasil a partir da década de 1990 por meio do Bando de Teatro Olodum e do Grupo Piollin de Teatro permite que consigamos realizar significativas ponderações. A primeira remete à visibilidade que as iniciativas, que sempre existiram fora do eixo Rio de Janeiro-São Paulo, passaram a desfrutar. Provavelmente, para além da qualidade estética e da importância temática, a existência de preocupações abrangentes por parte da sociedade brasileira fez com que certos trabalhos ficassem restritos à região que os produziu.

As motivações do grupo teatral baiano e dos artistas paraibanos foram estabelecidas, no caso do primeiro, em um exercício de identificação entre arte/vida, na medida em que houve um esforço criativo e de pesquisa em traduzir esteticamente o que, de forma geral, poderia ser denominado identidade cultural da população negra da cidade de Salvador. Por este caminho, como observou Márcio Meirelles,

---

14. Bárbara Heliodora, Todo Impacto de uma Fábula Universal, em Cláudia Braga (org.), *Bárbara Heliodora: Escritos Sobre Teatro*, São Paulo: Perspectiva, 2007, p. 861-862. Texto originalmente publicado no Segundo Caderno de *O Globo*, em 15 de dezembro de 1992.

é um teatro que se engaja em lutas específicas, ao dialogar com aqueles que estão representados no palco, com a finalidade de, por meio da tradição e das práticas culturais, afirmar o espaço social e político da população negra, ao mesmo tempo em que reflete acerca da situação de miséria e de opressão a que ela foi exposta em distintos momentos históricos.

Já o Grupo Piollin de Teatro, embora tenha construído o espetáculo que lhe deu projeção internacional, por meio de uma fábula de Guimarães Rosa, desenvolveu cenicamente uma poética na qual a performance dos atores, o ritmo das falas, o cenário e os figurinos acentuam a penúria dos grotões brasileiros articulada à miséria da própria condição humana.

É evidente que, em relação a essas duas propostas artísticas, existem inúmeros aspectos sobre os quais poderíamos discorrer, entre eles um acentuado processo de antropologização aliado a um trabalho altamente criativo do ponto de vista estético. Nesse aspecto, pode-se depreender que tanto a antropologização quanto a estetização de práticas artísticas tornaram-se as ideias norteadoras do teatro brasileiro contemporâneo.

Todavia, com relação aos grupos mencionados, ocorreram algumas ressalvas pelo fato de que eles, mesmo adquirindo projeção dentro e fora do país, optaram por permanecer em seus estados de origem e não migrarem nem para o Rio de Janeiro, nem para São Paulo, como ocorreu com vários outros que transferiram suas sedes para essas cidades. Porém, mesmo com toda a repercussão das criações artísticas, no caso do Bando, não se deve ignorar que a visibilidade obtida pelo ator Lázaro Ramos, integrante do grupo baiano, a adaptação cinematográfica da peça *Ó Paí, Ó*, pela cineasta Monique Gardenberg, que posteriormente foi adaptada em forma de seriado para a Rede Globo de Televisão – esses dois trabalhos foram protagonizados pelos atores do Olodum –, contribuíram para a divulgação, em todo país, dessa empreitada teatral.

Pelo fato de reconhecermos a singularidade do Olodum, cabe-nos indagar: como apreender a diversidade cênica em um território de dimensões continentais?

Nesse sentido, dois novos acontecimentos foram essenciais não só para dar maior dinamicidade ao teatro, mas para propiciar a circulação de ideias e de processos criativos. O primeiro nos remete ao lugar que os festivais de teatro adquiriram para a cena contemporânea, tais como o Festival Internacional de Londrina (FIT), um dos mais longevos do Brasil, criado em 1968, o Festival de Curitiba e o Porto Alegre em Cena, que surgiram em 1992. Com edições anuais, estes festivais são espaços significativos para a divulgação de espetáculos, de ideias (através dos debates e das mesas-redondas), bem como de apresentação de jovens artistas e de trabalhos de pesquisa. À medida que se consolidaram, suas programações foram sendo diversificadas, inclusive com a participação de companhias estrangeiras. Por exemplo, o Porto Alegre em Cena já teve a oportunidade de contar com a presença de Ariane Mnouchkine e o Théâtre du Soleil, de Peter Brook, de Pina Bausch e de representantes dos países do Cone Sul.

Esses encontros, além de permitirem a circulação de montagens artísticas, possibilitam a troca intelectual e criativa, ao mesclar jovens iniciantes com profissionais mais experimentados, sendo que, em vários deles, as Mostras Paralelas tornam-se o *locus* privilegiado para a experimentação. Por esses motivos, os Festivais funcionam como um caleidoscópio do teatro que se faz no Brasil, dada a diversidade temática, estilística e geográfica. De outro lado, dada a capacidade de atrair artistas e espectadores, eles se incorporaram aos calendários de programação cultural das cidades que os acolhem – Londrina, Curitiba e Porto Alegre.

Ainda no que se refere aos festivais, deve-se mencionar as contribuições do Festival Universitário de Blumenau e do Festival Internacional de Teatro de São José do Rio Preto.

Em síntese, a pequena amostragem que realizamos demonstra, em caráter inegável, o crescente movimento de

232

estetização que tem mobilizado as companhias na busca de formas e de recursos cênicos capazes de realizar as inquietações que as motivaram para a composição de seus espetáculos, a fim de que eles sejam interpretados e ressignificados socialmente.

III

A partir do que foi elencado, evidenciamos elementos que, se não constituem ideias-forças em relação ao teatro contemporâneo, apresentam perspectivas antropológicas e forte acentuação estética que são reconhecidas em diferentes processos criativos, em especial em companhias que se formam através de interesses artísticos e da intenção de se profissionalizarem no circuito profissional.

Ao lado dessas experiências, com o passar dos anos, tem adquirido grande relevância no teatro brasileiro realizações que estão vinculadas a grupos/coletivos que se organizaram inicialmente nas universidades e depois se estruturaram em torno da figura de um diretor.

A fim de que se compreenda esse processo que, para muitos, fora considerado original, devemos levar em conta o impacto, na cena teatral, dos cursos de graduação[15] e de

15. O levantamento que fizemos aponta para a existência de cursos de teatro, em nível de graduação, nas seguintes instituições: Região Norte – Universidade Federal de Rondônia (Unir) e Universidade Federal do Pará (Ufpa); Região Nordeste – Universidade Federal do Maranhão (Ufma), Universidade Federal de Alagoas (Ufal), Universidade Federal da Paraíba (ufpb), Universidade Federal de Pernambuco (Ufpe), Universidade Federal do Rio Grande do Norte (ufrn), Instituto Federal de Educação, Ciência e Tecnologia do Ceará (Ifce), Universidade Federal do Sergipe (ufs), Universidade Estadual do Sudoeste da Bahia (Uesb), Universidade Federal da Bahia (Ufba); Região Centro-Oeste – Universidade de Brasília (UnB), Universidade Federal de Goiás (ufg), Faculdade de Artes Dulcina de Moraes (fa-fbt), Universidade Federal da Grande Dourados (ufgd-ms); Região Sudeste – Centro Universitário Geraldo Di Biase (ugg), Universidade Federal de Uberlândia (ufu), Universidade Estadual de Montes Claros (Unimontes-mg), Universidade Federal de Ouro Preto (Ufop), Universidade Federal de Minas Gerais (ufmg), Universidade

233

pós-graduação[16] em artes cênicas em diferentes regiões do país. Esses, sem sombra de dúvida, transformaram não só a paisagem artística, mas também o debate teórico e crítico. Os desdobramentos são inúmeros. No que se refere ao trabalho do crítico, como foi observado ao longo deste livro, inicialmente essa atividade fora exercida por literatos e indivíduos detentores de um repertório cultural e de valores estéticos bem definidos, que atuaram com o firme propósito de colaborarem para a constituição social de um gosto artístico em sintonia com o que eles definiam como civilização.

Mesmo com esses escritores em atividade, no decorrer do século xx, de forma paulatina começou a ocorrer certa profissionalização da atividade crítica, com a presença de nomes como Alfredo Mesquita, Décio de Almeida Prado, Miroel Silveira, Sábato Magaldi, Yan Michalski, Bárbara Heliodora, Anatol Rosenfeld, Jacó Guinsburg, em sua maioria com formação adquirida no exterior, que foi essencial no estabelecimento de novos parâmetros para o exercício da crítica teatral.

A essa contribuição, devemos acrescentar o papel que esses intelectuais tiveram na formação não só de outros

---

do Rio de Janeiro (Unirio), Universidade Estácio de Sá (ues), Universidade Estadual de Campinas (Unicamp), Universidade Estadual Paulista (Unesp), Universidade do Sagrado Coração (usc), Universidade São Judas Tadeu (usjt), Universidade de Sorocaba (Uniso), Faculdade Paulista de Artes (fpa-sp), Escola Livre de Teatro de Santo André (elt); Fundação das Artes – São Caetano do Sul; Região Sul – Universidade do Estado de Santa Catarina (Udesc), Universidade Federal de Santa Maria (ufsm), Universidade Federal do Rio Grande do Sul (ufrgs), Faculdade de Artes do Paraná (ufpr), Universidade Federal de Pelotas (ufpel).

16. Os programas de pós-graduação estão assim distribuídos pelo Brasil: Artes Cênicas – Universidade de São Paulo (usp); Universidade Federal da Bahia (Ufba); Universidade Federal do Rio de Janeiro (Unirio); Universidade Federal do Rio Grande do Norte (ufrn); Universidade Federal do Rio Grande do Sul (ufrgs); Teatro – Universidade do Estado de Santa Catarina (Udesc); Artes – Universidade Federal de Uberlândia (ufu); Universidade Estadual Paulista (Unesp); Universidade de Brasília (UnB); Universidade Federal do Pará (Ufpa); Artes da Cena – Universidade Estadual de Campinas (Unicamp); Ciência da Arte – Universidade Federal Fluminense (uff).

críticos, mas de atores, de diretores e de dramaturgos, por intermédio da docência que exerceram junto à Escola de Arte Dramática de São Paulo (EAD), à Escola de Comunicações e Artes da USP (ECA – Artes Cênicas), à Faculdade de Filosofia, Letras e Ciências Humanas da USP (FFLCH – Letras Clássicas e Vernáculas) e à Escola Nacional de Teatro (atual Escola de Teatro da Unirio).

Embora o país já contasse com escolas para habilitação de atores, em nível técnico, como a Escola Técnica Estadual de Teatro Martins Penna[17], criada em 1908, é possível dizer que as preocupações com a formação intelectual mais abrangente dos profissionais de teatro, adquiriram maior densidade com as referências acima destacadas.

Esses intelectuais, ao atuarem em cursos de pós-graduação, capacitaram inúmeros professores/pesquisadores que, posteriormente, integraram-se ao ensino superior e passaram também a desempenhar uma função importante na formação de jovens artistas e/ou pesquisadores.

Nesse processo, a Universidade de São Paulo (USP) teve papel pioneiro ao acolher o primeiro programa de pós-graduação em artes cênicas e por capacitar docentes de diversas regiões do Brasil, a partir do Programa de Capacitação Docente – PICDT – da Capes. Em decorrência disso, como bem observou o historiador francês Michel de Certeau:

> Toda pesquisa historiográfica se articula com um lugar de produção socioeconômico, político e cultural. […] É em função deste lugar que se instauram os métodos, que se delineia uma topografia de interesses, que os documentos e as questões que lhes serão propostas, se organizam[18].

---

17. Evidentemente, a grade curricular foi alterada através dos tempos, porém, à época de sua criação, a Escola oferecia as seguintes disciplinas: Prosódia Portuguesa, Elementos da Estética, Arte de Dizer, Arte de Representar e Caracterização, História e Literatura Dramática, Psicologia das Paixões, Expressão das Emoções, Mímica, Cenografia, Perspectiva Teatral, Indumentária e Tecnologia, Exercício do Corpo Livre, Atitude e Esgrima.

18. *A Escrita da História*, trad. Maria de Lourdes Menezes, Rio de Janeiro: Forense-Universitária, 1982, p. 66-67.

Essa evidência, em nível de pesquisa e de temáticas, auxilia-nos a compreender de que maneira as motivações dos professores/orientadores estimularam pesquisas e abriram veios investigativos, especialmente em trabalhos de alunos oriundos ou radicados na cidade de São Paulo, porque, geralmente, aqueles que vieram de outros Estados da Federação trouxeram objetos e inquietações de suas regiões de origem.

Por esse caminho, começou a se construir sistematicamente uma bibliografia sobre teatro brasileiro que dialogou, direta ou indiretamente, com as ideias-forças que mobilizaram os debates do período em que foi produzida. Não obstante, embora se trate de uma discussão abrangente e de suma importância, não nos deteremos nela aqui, pois nos interessa, sobretudo, compreender como determinadas concepções vão assumindo lugares centrais nas interpretações e nas narrativas da História do Teatro Brasileiro.

Nos dias de hoje, em torno desse debate, deparamo-nos com uma realidade profundamente rica e diversificada, na medida em que os numerosos cursos de graduação e de pós-graduação ora existentes no Brasil obrigam a levar em conta, por seu volume e amplitude, a massa crítica que neles se desenvolveu e se consolidou em teses e livros.

Aliás, apenas a título informativo, convém notar que uma rápida consulta ao *site* <www.dominiopublico.gov.br> evidenciará a abundância de pesquisas realizadas no referido contexto universitário. Todavia, a exposição desse dado em absoluto significa dizer que não cabe desculpá-lo, mas sim valorá-lo como indicador de que estamos nos apoiando em seu peso quantitativo. Ao lado disso, vale destacar ainda que os índices das últimas décadas demonstram que houve uma efetiva descentralização da pesquisa em artes cênicas/teatro.

Essa nova realidade, ao promover o descentramento da produção acadêmica, também propiciou a fragmentação dos temas de pesquisas, na medida em que interesses específicos de segmentos sociais, de regiões e de grupos e/

236

ou companhias teatrais ganharam visibilidade ao se associarem com proposições de recuperar memórias e experiências que, mesmo carregadas de significados, ficaram restritas às comunidades que as acolheram. Provavelmente, um dos motivos que justificou tal esquecimento diz respeito à força que certas ideias, em determinados momentos históricos, adquiriram na seleção dos temas de pesquisa e na interpretação dos acontecimentos.

Essa diversidade oriunda do caráter múltiplo da sociedade brasileira encontrou-se com o processo de distensão intelectual vivenciado pelo país, com o fim da ditadura civil-militar e, em vista disso, as singularidades têm sido a marca da produção acadêmica que se volta tanto para manifestações artísticas contemporâneas quanto para aquelas ocorridas em períodos anteriores. Alguns programas de pós-graduação foram, pouco a pouco, adquirindo projeção nacional, em decorrência de especializações temáticas e proposições teóricas. Por exemplo, o Curso de Pós-Graduação em Artes Cênicas da USP, ao longo do tempo, vem marcando a sua presença por meio de pesquisas que, majoritariamente, voltam-se para estudos do tempo presente, com o intuito, talvez, de dar inteligibilidade às inquietações vivenciadas por seus contemporâneos. É claro, isso não significa dizer que estudos voltados para uma perspectiva histórica estejam ausentes das preocupações deste programa, porém não se apresentam como centrais.

Por sua vez, os cursos de mestrado e de doutorado da Unirio (Universidade Federal do Estado do Rio de Janeiro) notabilizaram-se por pesquisas que buscaram recuperar companhias, atores, dramaturgos que, em princípio, estariam situados fora da temporalidade que deu identidade estética e histórica ao teatro brasileiro, sob o signo da modernização, ao lado de estudos que privilegiam a performance e o teatro como rito.

Já a Universidade Federal da Bahia (UFBA), por meio de um forte diálogo com universidades francesas e canadenses, consolidou-se como polo de pesquisa da região Nordeste,

237

com ênfase acentuada em etnocenologia e narrativas contemporâneas.

Mas, para além das particularidades envolvendo cada programa e/ou cada região, no que se refere às bases artísticas, as produções teatrais da década de 1990 e da subsequente, no Brasil, apresentam uma ideia, ou melhor, uma prática, que vem sendo compreendida como dado de inovação e de ruptura no teatro brasileiro: o *processo colaborativo*.

Mesmo com a advertência da pesquisadora Adélia Nicolete[19], no sentido de alertar que a figura do dramaturgista já estava presente nas experiências teatrais do diretor alemão Erwin Piscator e de seu coletivo, em Berlim, na década de 1920 os artistas e os críticos vinculados a grupos de pesquisa universitários têm, sistematicamente, enfatizado a originalidade do que está sendo identificado como teatro colaborativo.

Em decorrência disso, com a intenção de estabelecer demarcações, advindas do processo produtivo, para reordenar a cronologia do teatro brasileiro contemporâneo, encontramos, na bibliografia disponível, a seguinte periodização:

> Pilar do melhor teatro produzido nos anos de 1960-1970, o teatro de grupo sofreu uma retração na década seguinte, dando lugar ao domínio do diretor [...] Com o decorrer dos anos de 1990, a tendência dos artistas a compartilhar democraticamente o espaço da criação e a reduzir o destaque dos protagonistas – fossem diretores ou atores – em favor da prática coletiva, veio, paulatinamente, impor-se[20].

A organização proposta por Silvana Garcia traduz, em tempos atuais, uma tentativa de politizar a forma de organização teatral, assim como Mariângela Alves de Lima o fizera no texto *Quem Faz Teatro* em relação aos grupos teatrais da década de 1970. Ambas optaram por enfatizar as iniciativas que visavam à eliminação da divisão social

19. Adélia Nicolete, *Da Cena ao Texto: Dramaturgia em Processo Colaborativo*, dissertação de mestrado, ECA-USP, São Paulo, 2005.
20. Silvana Garcia, La Nueva Dramaturgia y el Proceso Colaborativo en la Scena Paulista, *Conjunto*, Havana, out.-dez. 2004, n. 134, p. 24-28.

do trabalho no processo criativo, aliás, algo que, de acordo com Nicolete, já se anunciara nos processos de criação coletiva do Living Theatre e de Enrique Buenaventura, do Teatro Experimental de Cali.

Nesse sentido, embora haja um esforço para constituir uma referência histórica para tais experiências, podemos dizer que ela se apresenta de maneira superficial, na medida em que foram necessidades e circunstâncias específicas que suscitaram as práticas teatrais e políticas de grupos como os acima mencionados.

No entanto, em relação ao Brasil, observamos uma vontade em estabelecer o surgimento do processo colaborativo. A primeira referência que encontramos reporta-nos à fundação da Escola Livre de Teatro de Santo André (ELT), à sua primeira diretora Maria Thaís Lima Santos e ao projeto de ter em sala de aula um professor criador, o ator proponente e o espaço vivo. Desse ponto de vista, avalia-se que, antes de qualquer outro desdobramento, o processo colaborativo está fundado em uma concepção pedagógica de mundo, isto é, todos estão, a qualquer tempo e em qualquer lugar, inseridos em processos de aprendizagem. Mas, para que isso se torne eficiente, as hierarquias devem ser abolidas e os espaços não podem e nem devem estar delimitados.

Por intermédio dessas premissas gerais, como identificar o que vem a ser processo colaborativo?

Processo contemporâneo de criação teatral, com raízes na *criação coletiva*, teve também clara influência da chamada "década dos *encenadores*" no Brasil (década de 1980), bem como do desenvolvimento da dramaturgia no mesmo período e do aperfeiçoamento do conceito de ator-criador. Surge da necessidade de um novo contrato entre os criadores na busca da horizontalidade nas relações criativas, prescindindo de qualquer hierarquia preestabelecida, seja de texto, de direção, de interpretação ou qualquer outra. Todos os criadores envolvidos colocam experiência, conhecimento e talento a serviço da construção do espetáculo, de tal forma que se tornam imprecisos os limites e o alcance da atuação de cada um deles, estando a relação criativa baseada em múltiplas interferências.

239

O texto dramático não existe *a priori*, vai sendo construído juntamente com a cena, requerendo, com isso, a presença de um dramaturgo responsável, numa periodicidade a ser definida pela equipe. Todo material criativo (ideias, imagens, sensações, conceitos) deve ter expressão na forma da cena – escrita ou improvisada/representada. Sendo assim, a cena como unidade concreta do espetáculo, ganha importância fundamental no processo colaborativo.

Não existe um modelo único de processo colaborativo. Em linhas gerais, ele se organiza a partir da escolha de um tema e do acesso irrestrito de todos os membros a todo material de pesquisa da equipe. Após esse período investigativo, ideias começam a tomar forma, propostas de cena são feitas por quaisquer participantes e a dramaturgia pode propor uma estruturação básica de ações e personagens, com o objetivo de nortear as etapas seguintes. Damos a essa estruturação o nome de *canovaccio*, termo que, na *Commedia dell'Arte* italiana, indicava o roteiro de ações do espetáculo, além de indicações de entrada e saída de atores, jogos de cena etc.[21]

Apesar de inúmeras vezes nos depararmos com tentativas de identificar, no processo colaborativo, ausência de hierarquias e de competências específicas, a descrição acima, em momento algum abole as especificidades do trabalho, isto é, não estará habilitado a construir o texto dramatúrgico aquele que não dominar, por exemplo, as técnicas da linguagem escrita. Da mesma maneira, o escritor poderá participar de todo processo criativo, mas, se não for detentor de técnicas corporais e interpretativas, não será capaz de construir personagens e densidades dramáticas.

Outro dado a considerar na ideia apresentada é o fato de que a mesma está pautada nas experiências artísticas do Teatro da Vertigem e em iniciativas da Companhia do Latão e do Grupo Galpão[22].

A partir desses dados, depreende-se que a ideia de processo colaborativo foi sendo construída e desenvolvida

---

21. Luís Alberto de Abreu, Adélia Nicolete, Processo Colaborativo, em J. Guinsburg; João Roberto Faria; Mariângela Alves de Lima (orgs.), *Dicionário do Teatro Brasileiro: Temas, Formas e Conceitos*, 2. ed., São Paulo: Perspectiva/Sesc, 2009, p. 279- 280.

22. Cf. verbete Processo Colaborativo, em idem, p. 280.

artisticamente em meio a práticas pedagógicas e criativas, na medida em que se buscavam novas maneiras de organizar o processo de trabalho, de garantir que todos os participantes tivessem direito à opinião. Ao mesmo tempo, houve também a necessidade de dar inteligibilidade e originalidade ao que estava sendo elaborado e, com isso, esforços teóricos foram despendidos com essa finalidade.

Quando essas realizações vieram a público, o impacto foi muito grande, especialmente pelo fato de serem artistas muito jovens, com capacidade crítica e temática densas que, efetivamente, tocaram aqueles que tiveram contato com essas criações.

Evidentemente, muito já se escreveu sobre esses grupos e/ou coletivos de teatro. Em quase todos os textos, exaltam-se as pesquisas de linguagens, o diálogo com outras formas de arte, em especial com a linguagem cinematográfica, com os quadrinhos, ao lado do aprimoramento da expressão corporal dos atores e da potencialização do uso dramático da iluminação.

Para dar conta da complexidade dessas criações, a literatura especializada tomou "emprestado", de experiências anteriores, o termo processo colaborativo, como uma das ideias-forças capazes de traduzir o trabalho empreendido por esses artistas. Outra expressão muito recorrente entre os pesquisadores/críticos vem a ser "teatralidade", como uma maneira de sintetizar a diversidade e a complexidade narrativa que o palco contemporâneo assumiu.

Para isso, recordemos os trabalhos de Sílvia Fernandes, José Da Costa e Stela Fischer. O primeiro, intitulado *Teatralidades Contemporâneas*, é a reunião de um conjunto de ensaios sobre diferentes espetáculos que estiveram em cartaz nos últimos anos. Partindo das pesquisas que embasaram sua tese de doutorado, Fernandes retoma a cena teatral construída por Gerald Thomas, o caráter híbrido e a polifonia de linguagens desse encenador para, na sequência, dialogar com a adaptação que a cenógrafa e diretora Daniela Thomas fez da peça *A Gaivota*. A Sutil Companhia de Teatro e o Teatro

Oficina surgem articulados a análises de espetáculos específicos, *Os Solitários* e *Boca de Ouro*, respectivamente, em um jogo entre a existência de textos dramáticos e a vigorosa reapropriação em parâmetros artísticos não previstos pelas suas rubricas. Nessa primeira parte, os voos teóricos ficam por conta do diálogo com a obra de Renato Cohen – *Work in Progress* – e com as reflexões em torno da obra de Hans--Thies Lehmann, *Teatro Pós-Dramático*.

As partes dois e três estabelecem uma interlocução com as ideias de "processos colaborativos" e "dramaturgia contemporânea". Através das criações de O Teatro da Vertigem e da Companhia dos Atores são discutidos aspectos da teatralidade dos grupos mencionados fundados em balizas estabelecidas por Luís Alberto de Abreu e Adélia Nicolete. Há um mergulho nas pesquisas e nas realizações de Antonio Araújo, dos dramaturgistas que com ele trabalharam (Sérgio Carvalho, Luís Alberto de Abreu, Fernando Bonassi e Bernardo Carvalho), ao lado de elementos de composição cênica. Entretanto, um dado salta aos olhos: mesmo em se tratando de trabalhos colaborativos, no qual todos os integrantes participam dos processos, deparamo-nos com uma ausência significativa da criação interpretativa, exceção feita à figura do ator Matheus Nachtergaele que, com seu trabalho de composição do atormentado Jó, tornou-se maior que o grupo. Após o fim da primeira temporada, Nachtergaele optou por construir uma carreira solo no cinema, no teatro e na televisão.

Nesse sentido, há inegável ênfase nos diretores Antonio Araújo e Enrique Diaz, talvez, como ecos das pesquisas anteriores, que se voltaram para a figura visceral de Gerald Thomas. Já os capítulos concentrados na dramaturgia há o esforço de apresentações críticas de dramaturgistas contemporâneos que desenvolvem atividades significativas, para além do teatro, junto ao cinema, à literatura e, às vezes, à televisão. Finalmente, no item IV, o olhar da autora volta-se para a o Curso de Artes Cênicas da Unicamp e para a experiência do Grupo Lume, com algumas digressões referidas à sua pesquisa de mestrado – *Teatro: Anos 70* – na qual se dedicou aos grupos de teatro que surgiram fora e dentro das universidades brasileiras, ao lado de rápidas considerações sobre o diálogo entre teoria e prática no teatro.

Por sua vez, José Da Costa, em seu livro *Teatro Contemporâneo no Brasil*, resultado de sua tese de doutorado em Letras, na UERJ, apreende a discussão a partir de dois eixos centrais. O primeiro, denominado "Escrituras Contemporâneas", volta-se para a narrativa elaborada em espetáculos dirigidos por Gerald Thomas, José Celso Martinez Corrêa, Antonio Araújo e Enrique Diaz. Para tanto, ele assim apresenta o seu argumento:

A noção de uma escritura cênico-dramatúrgica conjugada determina o caminho no qual sou levado a investigar a escrita teatral, não apenas em textos e roteiros impressos, mas também nos próprios espetáculos, não somente como escrita de palavras, mas também de sons, gestos, movimentos, objetos, iluminação, imagens etc. É a noção de uma escritura articulada e colaborativa entre os âmbitos verbal e cênico, corporal e imagético, vocal e laborativo [?], que me leva a priorizar um teatro efetivamente encenado e não propriamente um certo universo de obras dramáticas disponíveis em livros. […] Nesse sentido, a dramaturgia em que me detenho não se confunde com a noção tradicional de literatura dramática (de criação de dramas). Diz respeito a um campo de mediações intertextuais, intertemporais, intersemióticas, interartísticas e/ou intermídias, que a vertente teatral abordada parece priorizar como seu território preferencial, um território limítrofe intersticial.

A articulação entre leitura e escrita como procedimento de criação e de escritura é fundamental no teatro dos dias atuais, em primeiro lugar devido ao grande número de transposições para a cena de textos não produzidos originalmente para o teatro e muitas vezes compostos com a finalidade propriamente literária. A atividade de ler e de manipulá-la e transformá-la, a partir de novos objetivos ou contextos, de reagir a ela em um meio outro que não o dos textos impressos me parece ser, de fato, um tópico fundamental para a compreensão não só da dimensão cênica, mas também do âmbito dramatúrgico-literário de parte considerável do teatro contemporâneo[23].

23. José Da Costa, *Teatro Contemporâneo no Brasil: Criações Partilhadas e Presença Diferida*, Rio de Janeiro: 7 Letras, 2009, p. 33-34.

De acordo com nosso entendimento, o esforço de Da Costa nessa primeira parte é apreender, por meio da escritura cênico-dramatúrgica, a teatralidade de espetáculos dos diretores escolhidos, no sentido de observar que a escritura não se faz independente do processo colaborativo, ela só se realiza quando se aciona as possibilidades narrativas contidas no jogo teatral.

Com esse intuito, na segunda parte do livro, o autor faz quase uma descrição quadro a quadro dos espetáculos que são seus objetos de estudo, em um esforço de demonstrar a força adquirida pela palavra modificada pelo gesto, pela cenografia, pela ambientação, enfim, a palavra que se constrói pela própria ideia do espetáculo e, por este motivo, só ganha significados quando ela é recriada.

Já Stela Fischer, em sua dissertação de mestrado defendida junto ao Programa de Pós-Graduação de Artes da Cena da Unicamp, *Processo Colaborativo e Experiência de Companhias Teatrais Brasileiras*, ela se ancora na ideia "processo colaborativo", termo que ela atribui ao Teatro da Vertigem por disseminá-lo no meio teatral, com a intenção de localizar antecedentes históricos, no caso, na criação coletiva *Gracias, Señor*, do Teatro Oficina.

A partir de certo desenvolvimento linear, para chegar ao processo colaborativo, Fischer se volta para os grupos Ói Nois Aqui Traveiz, Lume, Teatro da Vertigem e Companhia do Latão. É evidente que, na aplicação da ideia, há o circunstanciar dos trabalhos com a preocupação de evitar a homogeneização. Entretanto, mesmo guardadas as especificidades, a autora evidenciou um dado comum entre eles: a relação entre os grupos teatrais e a universidade.

Escolas e cursos técnicos ou superiores de teatro sempre foram pontos de encontro entre artistas que se mobilizaram para a formação de grupos. Companhias formadas a partir da saída de atores da Escola de Arte Dramática (SP), como o Teatro de Arena, Royal Bexiga's Company, o Pessoal do Victor, são alguns exemplos. Seguindo essa iniciativa, muitas companhias teatrais dos anos de 1990 tiveram suas origens nas universidades. Normalmente, jovens estudantes associados ou não aos seus professores de cursos superiores de Artes Cênicas, reúnem-se por afinidades para propor pesquisas de linguagens e experimentações de processos de criação.

[…] Foi recente a mobilização dos próprios alunos em criar seus grupos não apenas por afinidades entre os integrantes ou para dar andamento em suas investigações teatrais, mas muitas vezes por causa da dificuldade de inserção individual no mercado de trabalho. Atualmente, a opção mais conveniente para o aluno tem sido sair do seu curso de formação teatral associado a algum núcleo. Como bem observa o diretor e professor Antonio Araújo, "dou aula desde 86 e até 92 a perspectiva dos alunos era sair da escola e fazer uma carreira solo, individual. Agora, percebe-se que as pessoas saem da universidade como grupo. Percebe-se uma mudança de mentalidade." Muitas vezes é mais difícil um ator isoladamente continuar desenvolvendo-se artisticamente e sobreviver ao mercado de trabalho se não estiver inserido em um grupo. Por essa e outras razões, o perfil dos alunos e das próprias universidades têm se modificado ao reconhecer no teatro de grupo o caminho mais viável de inserção profissional e na continuidade de suas pesquisas[24].

Por essas delimitações, tal qual o teatro de grupo, da década de 1970, essas experiências contemporâneas colocaram-se em contraposição a atores, diretores e demais companhias, que realizam trabalhos distintos das linhas de investigação propostas, isto é, por manterem a divisão do trabalho e de acordo com inúmeras avaliações, são destituídos de inovações. Acerca deste debate, é oportuno recuperar os seguintes aspectos da ponderação de Fischer:

Sobre o panorama teatral dos anos de 1990, grande parte dos diretores que estiveram em evidência na década anterior galgou espaços em meio à disseminação de companhias. Muitos se mantiveram em atividade associados a uma companhia de continuidade de trabalho artístico. Eduardo Tolentino e o Grupo Tapa prosseguiram com sua estética definida nos bastidores como "teatrão", ou seja, encenações em que predominavam a montagem de textos consagrados na cena mundial, apresentados geralmente em palcos

---

24. Stela Fischer, *Processo Colaborativo e Experiências de Companhias Teatrais Brasileiras*, São Paulo: Hucitec, 2010, p. 53-54. (Série Pedagogia do Teatro.)

italianos, com pouca abertura e visibilidade para experimentalismos. Gerald Thomas resistiu aos anos de 1990 com produções que apenas repetiam o seu estilo e definiram a marca da Companhia de Ópera Seca. Bia Lessa destacou-se nas suas primeiras montagens, como *Orlando* (1990), mas em seguida passou a desempenhar com mais substancialidade a criação de instalações e trabalhos cenográficos. No contexto da cena contemporânea, o grupo Orlando Furioso (*Tempestade e Ímpeto*, 1993) evidenciou as experimentações míticas e performáticas do diretor Renato Cohen. Outro remanescente diretor foi Antônio Abujamra, associado à Companhia Fodidos e Privilegiados, que manteve-se em atividade sem muita expressão. E ainda os veteranos Antunes Filho, que continuou a coordenar o CPT e a criar obras magistrais, mas que foram perdendo seu potencial na década seguinte, e José Celso Martinez Corrêa, que, retomando suas atividades com a atualizada Companhia de Teatro Oficina Uzyna Uzona, construiu polêmicas e alegóricas encenações, como *As Bacantes* (1996) e *Cacilda!* (1998)[25].

Adotando um ponto de vista altamente positivo acerca do momento atual do teatro brasileiro, em relação a décadas anteriores, a narrativa de Fischer adquire o caráter de voz de autoridade no sentido de demarcar o velho e o novo, ou seja, o presente coloca-se como superior, em nível de projetos e no âmbito artístico, com relação ao passado.

Foi perceptível a proeminência de companhias que se vertiam nos caminhos de pesquisas das mais variadas técnicas e linguagens cênicas, principalmente pela via das artes circenses, máscaras e pelo estudo do *clown*. Entre muitos, essa investigação foi adotada pelo grupo paulistano Parlapatões, Patifes e Paspalhões. [...] Acrescento ainda que outra frente que se afirmou, a partir das pesquisas cênicas das companhias, foi a dramaturgia. Idealizado por Ednaldo Freire e Luís Alberto de Abreu, o Projeto de Pesquisa de Comédia Popular Brasileira incentivou o resgate à dramaturgia nacional. [...] Entre os grupos já citados, merecem destaque ainda o Teatro da Vertigem (1992), Os Fofos Encenam (1992), Engenho Teatral (1992), Folias D'Arte (1995), As Graças (1995), Companhia do Latão (1996), Teatro de Narradores (1997), Companhia São Jorge de Variedades (1998), Companhia do Feijão (1998), Pessoal do Faroeste (1998),

25. Idem, p. 57-58.

246

Núcleo Bartolomeu de Depoimentos (1999), Brava Companhia (1999), Ágora – Centro para o Desenvolvimento Teatral (2000)[26].

Após esse movimento em relação à bibliografia disponível sobre teatro colaborativo e sobre os grupos identificados com essa prática artística, pudemos observar a existência de uma sintonia teórica e interpretativa. Tal constatação possui importantes desdobramentos para o campo da pesquisa e para a circulação de ideias e temas em nível social e estético propriamente dito. Aliás, nesse debate, há que se recordar também o impacto não só do processo criativo, mas também das reflexões do diretor teatral Antonio Araújo.

Nesse sentido, devemos mencionar a sua dissertação de mestrado e a sua tese de doutorado, em Artes Cênicas, sendo que na primeira encontram-se análises do espetáculo *Paraíso Perdido*, enquanto a segunda faz uma incursão nos espetáculos do Teatro da Vertigem, com o objetivo de interpretar, de forma acurada, a ideia de processo colaborativo, tanto para construir uma "tradição", a partir de experiências históricas anteriores, quanto para apresentar o processo vivenciado por ele e pelo grupo na construção dos espetáculos *O Livro de Jó*, *Apocalipse 1.11*, *BR-3*, além de retomada de *O Paraiso Perdido*[27].

Pelo que foi aqui exposto, verifica-se a existência de uma sintonia entre as ideias dos autores apresentados. Nesse sentido, embora, nos dias de hoje, exista grande diversidade tanto nos temas de pesquisa como nas regiões em que elas se desenvolvem, conseguimos observar, mesmo que de maneira tênue, a recorrência de abordagens interpretativas que se aproximam.

---

26. Idem, ibidem.

27. Para maiores detalhes, consultar: Antonio Araújo, *A Gênese da Vertigem: O Processo de Criação de* O Paraíso Perdido, São Paulo: Perspectiva, 2011; idem, *A Encenação do Coletivo: Desterritorializações da Função do Diretor no Processo Colaborativo*, tese de doutorado, ECA-USP, São Paulo, 2008.

Tal constatação apresenta pelo menos duas faces do mesmo processo. A primeira remete à diversidade que caracteriza atualmente as pesquisas em artes cênicas no Brasil e que, por sua própria natureza, é ampla e descentralizada. Já a segunda refere-se ao fato de que, mesmo com a pluralidade de interesses e de espaços de pesquisa, as referências bibliográficas e teóricas mantêm-se relativamente próximas de uma homogeneidade.

IV

Nesse ambiente, as ideias de processo colaborativo e identidade entre universidade e criação artística tornaram-se propulsoras de análises e de exercícios interpretativos, com a intenção de definir o que vem a ser a cena teatral do Brasil de hoje. Por exemplo, nas palavras do crítico e pós-graduando em Artes Cênicas da ECA-USP, Valmir Santos, encontramos a seguinte ponderação:

A profusão de grupos no panorama atual do teatro brasileiro é um fenômeno intrínseco ao cotidiano dos departamentos de pós-graduação de artes cênicas em vários Estados. Teóricos e práticos se dão as mãos para derrubar a quarta parede, no jargão do drama naturalista clássico, que prescreve a separação de mundos. A última década, ao contrário, viu irradiar o pensamento acadêmico nos espetáculos mais ousados. Como professores e alunos com mestrado, doutorado ou pós-doutorado, os artistas alinham-se cada vez mais ao pensamento científico para balizar os procedimentos formais e poéticos levados ao palco, ao ar livre ou aos espaços não convencionais. A noção de pesquisa passou a ser valorizada sistematicamente em editais públicos e privados, júris de premiações e nas curadorias de festivais.

O espectador de São Paulo que assistir à montagem de *Prometheus Nostos*, dirigida por Maria Thais, cuja próxima apresentação será no fim do mês na sede da Cia. Dolores (datas e horários estarão em breve no site www.ciateatrobalagan.com.br), e de *Ópera dos Vivos*, por Sérgio de Carvalho, estará diante de trabalhos assinados por docentes do Departamento de Artes Cênicas da Escola de Comunicações e Artes da Universidade de São Paulo (USP).

Maria Thais pertence à Companhia de Teatro Balagan e foca a condição do encenador como pedagogo. [...] Carvalho integra a Companhia do Latão pautado pela reflexão crítica sobre a sociedade capitalista por meio de proposições épicas assentadas em técnicas do dramaturgo e pensador alemão Bertolt Brecht (1898-1956).

Nos corredores e tablados do mesmo departamento, diferentes nomes e estéticas conjugam a tríade artista-pedagogo-pesquisador: Cibele Forjaz, da Companhia Livre; Beth Lopes, da Companhia de Teatro em Quadrinhos; Zebba dal Farra, do Grupo dos 7; José Fernando de Azevedo, do Teatro de Narradores; e Antonio Araújo, do Teatro da Vertigem, entre outros[28].

As palavras de Santos, no exercício de sua atividade como crítico teatral, vêm ao encontro das premissas e dos argumentos defendidos por pesquisadores da área de artes cênicas, no sentido de delimitar o *métier* do espaço e do circuito teatral às criações de professores universitários. Sob esse prisma, mesmo com o reconhecimento de todas as dificuldades, não se pode negar que a universidade é, por excelência, o espaço no qual são inerentes, a ele, questionamentos, problematizações e caminhos de pesquisas. Assim, o artista que se integra a cursos de graduação e de pós-graduação, tem, como intrínseco à sua escolha, o papel de professor/pesquisador.

Porém, mais que constatar a presença deste profissional no circuito teatral contemporâneo, novamente reencontra-se o esforço analítico em constituir um *antes* e um *depois*, para além do trabalho artístico, no diálogo da universidade com o teatro.

"Essa contrainfluência do pensamento acadêmico sobre o movimento dos grupos revela uma novidade bem significativa frente à distância abissal que havia entre os grupos e a universidade nos anos de 1960. Naquela época ficou célebre a tirada do Oficina [núcleo e teatro dirigido por José Celso Martinez Corrêa] que nomeava

28. Valmir Santos, O Encenador Pedagogo. Disponível em: <http://www.teatrojornal.com.br/v1/index.php?option=com_content&view=article&id=635:-o-encenador-pedagogo&catid=47:valor-economico&Itemid=1>. Acesso em: 1 maio 2011.

como 'universotários' aqueles que se debruçavam sobre a vida acadêmica. Hoje essa ideia dicotômica, de separar a prática da teoria, está vencida e a tendência é percebê-las como indissociáveis", afirma o crítico Luiz Fernando Ramos, da *Folha de S.Paulo*, pesquisador e professor da USP desde 1998 e até há pouco coordenador do departamento. Ramos atribui essa tendência ao próprio crescimento da pós-graduação em artes em geral no Brasil, nos últimos 30 anos, e seu "amadurecido como área científica", coroando o ambiente universitário brasileiro desde a instituição dos primeiros cursos livres, nos anos de 1940 e de 1950, e das graduações nos anos de 1960[29].

Novamente, deparamo-nos com estratégias narrativas no sentido de estabelecer avanços do presente em relação ao passado. Para isso, Valmir Santos vale-se da voz de autoridade e da memória de Luiz Fernando Ramos, professor universitário e crítico de teatro do jornal *Folha de S. Paulo*, quando este recorda o tratamento jocoso dispensado a professores/pesquisadores e pós-graduandos da área de Artes pelo diretor José Celso Martinez Corrêa.

Esse rememorar é extremamente oportuno no sentido de ratificar um "antes" e um "depois" no diálogo entre universidade e circuito teatral. Porém, a ênfase nesse argumento tende a ignorar que o curso de Artes Cênicas da USP teve entre seus professores, no aludido período, Sábato Magaldi, Clóvis Garcia, J. Guinsburg, Renata Palottini, José Eduardo Vendramini, Elza Vincenzo. Ao lado disso, cabe recordar, na área de letras, a atuação fundamental de Décio de Almeida Prado.

Recuperar essa interlocução e nomear alguns dos professores daquele período é imprescindível para que constatemos que o diálogo entre universidade e circuito teatral já existia, de forma bem acentuada, na medida em que a maioria deles, em algum nível, teve atuação destacada em ambos os espaços.

Com as transformações ocorridas no âmbito universitário, isto é, quando os cursos de artes cênicas começaram a

29. Idem, ibidem.

250

capacitar os seus próprios quadros, sem ter que recorrer sistematicamente às áreas de letras, filosofia, história, os cursos de pós-graduação tiveram de se adequar às normas da Capes, a fim de manterem seus credenciamentos nas avaliações trienais da agência de fomento. Mais que isso, como inúmeras outras áreas do conhecimento, as artes cênicas criaram a sua associação com vistas a constituir um diálogo acadêmico em nível nacional e isso, sem dúvida, repercutiu sobre artistas, pesquisadores, professores, discentes.

Outro fator determinante foi o nascimento da Associação Brasileira de Pesquisa e Pós-Graduação em Artes Cênicas, a Abrace, em 1998. […] Há diferenças naturais em linhas de pesquisa, currículos, metodologias, mas a resistência e o preconceito diminuem na percepção do encenador Fernando Villar, professor-adjunto da UnB. […] Em Santa Catarina, a produção oriunda da Udesc contribuiu para o surgimento de novos grupos e fortalecimento de redes no movimento teatral, e não apenas na capital. […] O distrito de Barão Geraldo, no entorno da Unicamp, a 12 quilômetros do centro de Campinas, é profícuo na intermediação de artistas com a universidade – mais por perseverança daqueles do que clareza desta. O Grupo Lume foi idealizado e cofundado em 1985 pelo diretor, ator e professor Luís Otávio Burnier (1956-1985). O então Laboratório Unicamp de Movimento e Expressão, do Instituto de Artes, transformou-se, nove anos depois, no atual Núcleo Interdisciplinar de Pesquisas Teatrais. […] Na capital mineira, o diretor teatral e professor Fernando Mencarelli, da UFMG, desdobra-se no projeto Criação e Pesquisa no Teatro Brasileiro Contemporâneo: Grupos e Processos Criativos em Belo Horizonte. […] O dramaturgo Marcos Barbosa, autor de *Virgolino e Maria – Auto de Angicos*, é professor da Escola de Teatro da UFBA e contextualiza que, historicamente, a instituição fundada nos anos de 1950 compreende e se organiza como parte integrante da produção profissional de Salvador. Não foi diferente após abrigar a pós-graduação nos anos de 1990. […] De volta à USP, o diretor e um dos fundadores do Teatro da Vertigem, Antonio Araújo, se recorda de que a vontade inicial não era compor um grupo de teatro, mas de estudos. Ele e os colegas recém-graduados queriam pôr em xeque o que seria pesquisar artes cênicas em 1991, aferir subjetividades e razões. O espírito científico que vingou a história desses colaboradores propiciou obras memoráveis, vide *Apocalipse 1,11*, encenada em presídios desativados, e *BR-3*, à margem e no leito de um trecho do rio Tietê. Tudo por causa da passagem pela universidade, defende Araújo. "Falar da prática artística contemporânea no Brasil é falar de teatro de pesquisa"[30].

Em vista de nossa discussão, foi necessário apresentar, de forma exaustiva, os argumentos de Santos e elaborar uma síntese, a fim de apreender as ideias contidas. Em primeiro lugar, eles nos auxiliam a constatar a existência de uma postura analítica comum entre determinados críticos teatrais, que atuam profissionalmente em jornais, revistas, blogs etc., autores de teses e dissertações de mestrado, professores/encenadores e professores que voltam suas reflexões para o trabalho criativo desenvolvido por seus colegas.

Novamente, deparamo-nos com elipses que, de certa forma, obscurecem momentos importantes da formação artística e cultural no Brasil, uma vez que a interação entre sala de aula (não necessariamente vinculada ao ensino superior) e o teatro sempre se fez presente. Recordemos, por exemplo, a Escola Dramática Municipal (RJ), depois denominada Escola de Teatro Martins Pena, criada em 1908, por Coelho Neto, que, em termos pedagógicos, assim foi estruturada:

A Escola Dramática Municipal organiza seu primeiro corpo docente quase todo ele de "imortais" da Academia Brasileira de Letras. Com exceção dos professores da disciplina "Arte de Representar" – que eram diretores de teatro –, todos os outros pertencem à ABL. Possivelmente, esse elenco de professores tenha sido escolhido com o objetivo de dar credibilidade à escola e de atrair jovens da classe burguesa, que, certamente, se sentiriam mais bem orientados por um corpo docente tão ilustre. Mas também podemos perceber nessa escolha uma tendência à formação de um profissional à altura do grande teatro burguês, sério e erudito, aquele que diz com perfeição as palavras do texto. É evidente que essa proposta de formação contraria o repertório de peças em cartaz na cidade do Rio de Janeiro, naquela ocasião, eixo centralizador das temporadas teatrais do país. Na primeira década do século XX, as temporadas estão

30. Idem, ibidem.

252

lotadas de espetáculos de teatro de revista e comédia de costumes, gêneros considerados "menores" pela "inteligenzia" carioca, que, em sua maioria, apenas se satisfazia frequentando as companhias estrangeiras que nos visitavam[31].

Para Elza de Andrade, desde a fundação da primeira escola de arte dramática, as conexões entre artistas e sala de aula, de maneira mais ou menos acentuada, sempre estiveram presentes, isto é, as intenções formativas, com vistas a constituir uma cena em sintonia com determinadas concepções de cultura e civilização, como já discutimos amplamente. Outra menção que devemos fazer é à Escola de Arte Dramática (EAD). Nela, como bem observou Armando Sérgio da Silva, o seu corpo docente sempre teve uma composição híbrida, isto é, entre seus integrantes encontravam-se críticos teatrais, atores/atrizes, diretores, coreógrafos, bailarinas etc.[32]

Nesses termos, é possível observar também esse mesmo esforço na composição do quadro docente nas origens, em 1971, do curso de Artes Cênicas da ECA-USP. Porém, diferentemente dos cursos citados, essa iniciativa não surgiu como escola técnica, mas com as exigências e os objetivos da estrutura universitária, tanto que os primeiros doutores a atuarem no aludido curso obtiveram sua titulação na área de letras, em particular sob a orientação dos professores Décio de Almeida Prado e Antonio Candido de Mello e Sousa.

Essas instituições de ensino, sem sombra de dúvidas, estabeleceram um profícuo intercâmbio com o circuito teatral de cidades como o Rio de Janeiro e São Paulo. O número de

---

31. Elza de Andrade, Escola de Teatro Martins Pena: A Primeira Escola de Teatro no Brasil, *O Percevejo (Online): Periódico do Programa de Pós--Graduação em Artes Cênicas [PPGAC/UniRio]*, 2009, v. 1, n. 2. Disponível em: <http://www.seer.unirio.br/index.php/opercevejoonline/article/view/534/490>. Acesso em: 1 maio 2011.

32. Para maiores informações, consultar: Armando Sérgio da Silva, *Uma Oficina de Atores: A Escola de Arte Dramática de Alfredo Mesquita*, São Paulo: Edusp, 1989.

atores, diretores, dramaturgos, iluminadores formados por esses cursos, por si só, seria um capítulo à parte. Contudo, a maioria desses formandos não optou por dar continuidade a pesquisas no âmbito da pós-graduação. O caminho foi a profissionalização e a atuação no circuito teatral do país.

Outro desdobramento importante, com a implementação do programa de pós-graduação em Artes Cênicas, em 1981, foi a permanente qualificação de profissionais que, pouco a pouco, passaram a integrar o corpo docente, tanto nos cursos de graduação quanto no que diz respeito aos estudos pós-graduados.

Com a ampliação do debate acadêmico e com o redimensionamento da cena teatral, em particular, em termos de produção, a universidade tornou-se o *locus* privilegiado para gestar caminhos e possibilidades criativas. Nesse sentido, o artista que buscava desenvolver seu trabalho apenas no diálogo com as outras instâncias sociais, encontrou no ambiente universitário um porto seguro para a experimentação, para a pesquisa e, fundamentalmente, para o intercâmbio com artistas/pesquisadores e/ou somente com pesquisadores de outros países.

Nesse sentido, o trabalho intelectual passou a não ser mais depreciado, como observou Luiz Fernando Ramos, acerca da expressão "universotários", cunhada por José Celso Martinez Corrêa. Aqui, mais uma vez, cabem alguns reparos: a grande maioria dos artistas brasileiros do século xx, em algum nível, possuía formação universitária. Vários deles, ao longo de suas existências, desenvolveram um constante e sofisticado repertório intelectual e artístico (Oduvaldo Vianna Filho, Gianfrancesco Guarnieri, Jorge Andrade, Augusto Boal, Fernando Torres, Fernando Peixoto, Walderez de Barros, Fernanda Montenegro, Sérgio Brito, Ítalo Rossi, Gianni Ratto, Othon Bastos etc.), em um tempo em que o diálogo mais efetivo entre produção artística e universidade acontecia por intermédio da crítica teatral (Sábato Magaldi e Décio de Almeida Prado, por exemplo, durante muitos anos acumularam as atividades de críticos e professores universitários). Assim, cabe reiterar, entre divergências de posturas e de críticas, um artifício muito utilizado foi o da desqualificação do outro, com o estabelecimento de uma distinção radical entre artista e pesquisador, para, deliberadamente, ignorar que o artista não pode prescindir da contínua investigação e que o pesquisador deve ser capaz de apreender, ao menos cognitivamente, os percalços do processo criativo.

Feitos os devidos esclarecimentos e retornando ao debate contemporâneo, ressaltamos que, embora as ideias *processo colaborativo* e *teatro de grupo* tenham predominado no circuito universitário e tenham se tornado as chaves a partir das quais são efetuados balanços acerca do teatro no Brasil de hoje (anos de 1990 e de 2000), isso não significa dizer que tudo se resume a elas.

V

Assim, em meio às ideias apresentadas, pudemos observar que elas possuem forças específicas, isto é, elas assumem lugares centrais em grupos e/ou regiões particulares, porém não conseguem abranger o conjunto, com vistas a dar identidade ao debate teatral do nosso tempo. Para os artistas vinculados às universidades, a perspectiva do teatro contemporâneo, sem dúvida, passa pela ideia de teatro colaborativo. Por sua vez, para os integrantes da Companhia do Latão[33], o fundamental está na interlocução com

---

33. Dentre os inúmeros trabalhos disponíveis sobre a Companhia da Latão, cabe mencionar: Fátima Antunes Silva, *Manifestações Contemporâneas do Teatro Político: Estudo da Produção e da Poética da Companhia do Latão e do El Galpón,* dissertação de mestrado, FFLCH-USP, São Paulo, 2002; Danilo Ramos, *Teatro de Espelhos: O Efeito de Estranhamento Gerado pela Cia. Do Latão de Teatro,* relatório científico apresentado em fevereiro de 2003, FFLCH-USP, São Paulo; Margarete Maria de Moraes, *O Auto dos Bons Tratos, da Companhia do Latão: Dramaturgia de Raízes Fincadas na Realidade Brasileira,* dissertação de mestrado, FFLCH-USP, São Paulo, 2005; Marília Carbonari, *Teatro Épico na América Latina: Estudo Comparativo da Dramaturgia das Peças Preguntas*

as obras de Bertolt Brecht e com a crítica à estrutura social dominante numa significativa versão brasileira do ideário épico. Já para os Satyros ou o Oficina Uzyna Ozona, a diversidade e o palco transgressor são os elementos essenciais. Já para os que estão voltados para os espetáculos musicais, as condições de produção e a repercussão de público são apreendidas pela ideia de entretenimento.

Se, em termos de ideias, identificamos uma polifonia, que evidencia caminhos singulares nos quais o problema estético torna-se o elemento específico e identitário de cada projeto teatral, qual seria o lugar em que poderia haver convergência entre os grupos e os artistas contemporâneos?

Salvo melhor juízo, a questão na qual todos convergem é, especificamente, a econômica, que, nos debates e nas discussões da categoria, transubstancia-se em promoção da cultura. Desde há muito tempo, o apoio público às artes, à cultura e à educação tem sido objeto de longos e importantes debates, no sentido da preservação e direito à memória, do estabelecimento de valores culturais e na promoção da cidadania.

Para isso, basta recordar as iniciativas do Serviço Nacional de Teatro (SNT), durante a ditadura civil-militar (1964-1985), cujos desdobramentos se deram com a Lei Sarney e, posteriormente, com a Lei Rouanet – Lei Federal de Incentivo à Cultura (Lei n. 8.313 de 23/12/1991) –, as quais instituíram políticas públicas para o apoio à cultura no Brasil, com recursos fiscais advindos de pessoas físicas e jurídicas. Em linhas gerais, o espírito dessa lei é o de incentivar a sociedade civil, com apoio estatal, a investir em atividades culturais (teatro, cinema, literatura, artes plásticas, música, livros) e desportivas.

Inutiles, de Enrique Buenaventura (TEC-Colômbia), e O Nome do Sujeito de Sérgio de Carvalho e Márcio Marciano (Cia do Latão-Brasil), dissertação de mestrado, Prolam-USP, São Paulo, 2006; Gabriela Villen, *Companhia do Latão: 10 Anos de Caminhada com Bertolt Brecht,* projeto experimental para conclusão da graduação em jornalismo, PUC-SP, São Paulo, 2006; Eduardo Campos Lima, *Círculo de Giz e de Latão,* projeto experimental para conclusão do curso de jornalismo, ECA-USP, São Paulo, 2007.

Como lei de fomento, ela tem sofrido severas críticas pelo fato de que, em primeiro lugar, a proposta tem sido utilizada por empresários para financiarem suas próprias iniciativas, assim como a decisão final de apoiar ou não um projeto cultural foi, majoritariamente, delegada aos setores de marketing das empresas dispostas a investir. Entretanto, mesmo com todas essas restrições, inúmeros grupos teatrais têm sido financiados pela Petrobrás, via Lei Rouanet. Basta lembrar os apoios recebidos pelo Teatro da Vertigem, pela Companhia do Latão, pela Companhia Armazém de Teatro, pela Companhia dos Atores, pelo Teatro Oficina Uzyna Ozona, pela Companhia Livre de Teatro, entre inúmeros outros. Aliás, o apoio recebido pela Petrobrás, possibilitou aos coletivos citados não somente a realização de espetáculos, mas a criação e a manutenção de sites, com o histórico de suas trajetórias, além de produção de livros e DVDs de seus espetáculos.

Contudo, esse investimento continuou restrito e, aos olhos da maioria, apresentou-se como insatisfatório. Em decorrência disso, na cidade de São Paulo, artistas de teatro reuniram-se, em fins dos anos de 1990, para reivindicar à prefeitura do município de São Paulo a criação de uma lei de fomento ao teatro produzido na cidade.

As reuniões envolveram nomes expressivos da cultura teatral e produziram manifestos que se tornaram conhecidos como Arte Contra a Barbárie. Esse foi o primeiro resultado de uma série de encontros realizados no Teatro Aliança Francesa, ocupado pelo Grupo Tapa naquele período, e expôs as seguintes conclusões:

O teatro é uma forma de arte cuja especificidade a torna insubstituível como registro, difusão e reflexão do imaginário de um povo.

Sua condição atual reflete uma situação social e política grave.

É inaceitável a mercantilização imposta à cultura no País, na qual predomina uma política de eventos.

É fundamental a existência de um processo continuado de trabalho e pesquisa artística.

Nosso compromisso ético é com a função social da arte.

A produção, circulação e fruição dos bens culturais é um direito constitucional, que não tem sido respeitado.

Uma visão mercadológica transforma a arte em "produto cultural". E cria uma série de ilusões que mascaram a produção cultural do Brasil de hoje.

A atual política oficial, que transfere a responsabilidade do fomento da produção cultural para a iniciativa privada, mascara a omissão que transforma os órgãos públicos em meros intermediários de negócios.

A aparente quantidade de eventos faz supor uma efervescência, mas, na verdade, disfarça a miséria de investimentos culturais a longo prazo que visem à qualidade da produção artística.

A maior das ilusões é supor a existência de um mercado. Não há mecanismos regulares de circulação de espetáculos no Brasil. A produção teatral é descontínua e no máximo gera subemprego.

Hoje, a política oficial deixou a cultura restrita ao mero comércio de entretenimento. O teatro não pode ser tratado sob a ótica economicista[34].

Sob esse prisma, a identidade se estabelece pelo que eles não são. Dito de outra maneira, não se veem como mercadorias e, por esse motivo, padecem das mesmas carências que as humanidades em geral, a saber: os cursos de licenciatura, o exercício do magistério, a edição de livros (que não sejam *bestsellers*, de autoajuda, entre outros), o apoio, via agências de fomento, a pesquisas que não estejam diretamente ligadas às ciências aplicadas.

Atualmente, todos aqueles que estão envolvidos com a realização cultural sofrem com os impasses que envolvem a obtenção de condições de produção para que se efetivem projetos e ideias considerados consequentes histórica e socialmente. Esse, talvez, seja o nosso desafio e, provavelmente, a grande ideia-força do mundo contemporâneo.

Como responder a isso? Não sabemos!

---

34. Manifesto Arte Contra a Barbárie, em Iná Camargo Costa; Dorberto Carvalho, *A Luta dos Grupos Teatrais de São Paulo por Políticas para a Cultura: Os Cinco Primeiros Anos da Lei de Fomento ao Teatro*, São Paulo: Cooperativa Paulista de Teatro, 2008, p. 21-22.

Possuímos dúvidas como todos esses artistas que a cada ano se desdobram com o intuito de colocar em cena mais um espetáculo. No entanto, por meio de observações acuradas, constatamos que para o teatro no Brasil contemporâneo há inúmeras perspectivas de abordagens para o que está sendo vivenciado. Nesse sentido, ideias como fragmentação, desconstrução, processo colaborativo, internacionalização, academicização, politização, entre outras, são recorrentes na tentativa de dar inteligibilidade à cena atual que se redefine por meio de suas temáticas, de seus recursos artísticos, de seus protagonistas e dos locais em que se desenvolvem.

Em decorrência dessa multiplicidade, colocou-se em xeque, indiscutivelmente, ao menos por enquanto, a ideia de síntese. Porém, por outro lado, esses múltiplos interesses contribuíram para que se estabelecesse uma democratização artística, na qual elementos identificados, de forma estanque, como eruditos ou populares, tornaram-se instituintes de relações sociais e simbólicas por meio da circularidade e propiciaram a vinculação entre o alto e o baixo.

Apesar dessas mediações, é importante ressaltar que o teatro contemporâneo requer, da parte de quem assume essa empreitada, adotar um olhar livre, que possibilite reconhecer ousadia e inventividade em diferentes formas de produzir e conceber teatro. Por esse motivo, aqueles que se interessam pelo teatro brasileiro não podem, em absoluto, perder a dimensão plural que, muitas vezes, a produção acadêmica e os exercícios críticos não permitem vislumbrar, como bem observou Susana Singer, *ombusdman* do jornal *Folha de S. Paulo*. Para ela:

É importante mexer nessa cobertura, porque o teatro em São Paulo nunca foi tão variado: de "Mamma Mia!" à "Macumba Antropófaga" de Zé Celso, há alternativas de sobra nas 140 peças em cartaz semanalmente. Hoje, o teatro é para todos, mas as críticas, para poucos[35].

35. Vá ao Teatro, Mas Não Me Chame, *Folha de S. Paulo*, 21 ago. 2011.

É evidente que tais palavras remetem a discussões polêmicas, pois, mesmo que se opte pela abrangência, o exercício da crítica, em última instância, sempre pressupõe escolhas, interesses e, por que não dizer, juízos de valor. Com a intenção de refutar a avaliação, por ele considerada como parcial, em relação ao trabalho dos profissionais que exercem a função de crítico, no periódico em questão, o professor da ECA e crítico Luiz Fernando Ramos afirmou:

> O modo como entendo a crítica, além da informação clara sobre os conteúdos e a forma do espetáculo, de preferência contextualizados historicamente, prevê um diálogo com os seus criadores e, acima de tudo, a ampliação do campo de referências do leitor que nunca tenha ido ao teatro[36].

Já o diretor Aderbal Freire-Filho, em entrevista recente, também ao jornal *Folha de S. Paulo*, em outras circunstâncias, acerca dos inúmeros debates que permeiam a produção cultural no país, expressou a seguinte opinião:

> Até acho que a classe C tem ido a um tipo de teatro como extensão da TV. Mas [o teatro] não está no repertório de consumo, então é difícil associar isso à ascensão de uma parte da população para a classe média.
> O teatro no Brasil não criou uma necessidade de consumo como no primeiro mundo. O fenômeno das telenovelas estabeleceu uma concorrência brutal. Você tem em casa um folhetim que te prende e que, apesar de ter uma outra linguagem, uma outra poética, é teatro, tem os atores, os diálogos.
> [...] O Gil e o Juca [Ferreira, ex-ministros da Cultura no governo Lula] estruturaram um ministério como nunca houve. Mas eu tive divergências: quando quiseram polarizar famosos x não famosos, por exemplo [na discussão sobre direcionamento de patrocínios públicos]. Os famosos brasileiros fazem o melhor teatro. O Wagner [Moura] faz *Hamlet*, a Renata Sorrah trouxe para o teatro brasileiro autores importantes que a gente não conhecia, como [o alemão] Botho Strauss. A gente não tem uma companhia dramática nacional,

---

36. Crítica Teatral Pedida pelo Ombudsman Empobrece o Leitor, *Folha de S.Paulo*, 4 set. 2011.

quem faz esse papel são alguns famosos. Não faz sentido colocar famosos contra não famosos, dá para atender os dois[37].

* * *

Visto dessa forma, o debate, por mais que se deseje, não será capaz de abarcar a amplitude das manifestações do fenômeno teatral. Isto se deve ao fato de que as análises, geralmente, são elaboradas à luz dos referenciais e dos interesses que motivam aquele que as emite. Sob esse aspecto, mais uma vez reconhecemos a presença de um lugar de origem, isto é: uma jornalista que assumiu uma função na qual lhe cabe defender os interesses dos leitores; um crítico teatral e professor de teatro que, evidentemente, mobiliza sua formação em favor de reflexões que poderão abrir o horizonte de expectativas do espectador em potencial dos espetáculos comentados; e, por fim, um consagrado diretor de teatro, que sedimentou sua carreira na cidade do Rio de Janeiro, mas cujo trabalho possui repercussão nacional, na medida em que os trabalhos, por ele dirigidos, percorrem inúmeras praças teatrais do país.

À luz do que foi apresentado, podemos dizer, com alguma certeza, que a diversidade teatral no país nunca esteve tão exposta. Provavelmente, isso decorra da ausência de ideias-forças que, em um passado não tão remoto, foram capazes de dar unidade a realizações teatrais e reflexões críticas, na medida em que elas se tornaram norteadoras não apenas de formas, mas de valores e princípios morais do ponto de vista político.

Nos dias de hoje, a fragmentação foi assumida, em diversas áreas do conhecimento, como uma maneira de compreender e de interpretar o mundo. Como desdobramento dessa postura, os temas tornaram-se amplos e as abordagens mais ainda.

---

37. Marco Aurélio Canônico, Aderbal Freire-Filho Diz que TV É Concorrente do Teatro Hoje, *Folha de S.Paulo*, 5 set. 2011.

Foi em decorrência dessa percepção que partimos de apreensões amplas e generalizantes, que procuraram abarcar todas as realizações possíveis de serem vinculadas à atividade teatral, a exemplo do livro de Lafayette Silva, para chegarmos a um momento da nossa história artística, na qual se exacerbou a *consciência* de um fazer teatral. Porém, à medida que esta compreensão torna-se mais aguda e crítica, o nível de reconhecimento do trabalho do outro também se torna fluido e altamente tênue. Em outras palavras, a consciência do processo, de certa forma, sempre esteve presente, porém os artistas contemporâneos transformaram-na em linguagem cênica.

Nesse sentido, por meio de inúmeros trabalhos chegamos a uma multiplicidade de caminhos, e alguns deles foram aqui apresentados. Todavia, se os caminhos são infinitos, a nossa contribuição, aqui, torna-se finita, mas ciente de que, se não se chegou a uma síntese, conseguiu apresentar temas, ideias, impasses, divergências/convergências do que hoje se denomina *teatro brasileiro contemporâneo.*

FINALMENTE – AS VOZES DA DIFERENÇA

Há um quadro de Klee que se chama Angelus Novus. Representa um anjo que parece querer afastar-se de algo que ele encara fixamente. Seus olhos estão escancarados, sua boca dilatada, suas asas abertas. O anjo da história deve ter esse aspecto. Seu rosto está dirigido ao passado. Onde nós vemos uma cadeia de acontecimentos, ele vê uma catástrofe única, que acumula incansavelmente ruína sobre ruína e as dispersa a nossos pés. Ele gostaria de deter-se para acordar os mortos e juntar os fragmentos. Mas uma tempestade sopra do paraíso e prende-se em suas asas com tanta força que ele não pode mais fechá-las. Essa tempestade o impele irresistivelmente para o futuro, ao qual ele vira as costas, enquanto o amontoado de ruínas cresce até o céu. Essa tempestade é o que chamamos de progresso.

WALTER BENJAMIN[1]

---

1. *Sobre o Conceito de História, tese 9*, em *Obras Escolhidas – Volume 1: Magia e Técnica, Arte e Política*, 3. ed., São Paulo: Brasiliense, 1987, p. 226.

Ao chegarmos ao final dessa empreitada, é necessário que sejam apresentados alguns desdobramentos desse processo que se iniciou com indagações acerca dos procedimentos e dos referenciais utilizados para a escrita da história e, em especial, aquela que se refere ao teatro brasileiro.

Para tanto, voltamo-nos para obras e autores, tidos como referências bibliográficas na área, e constatamos, assim como demonstramos, que, no âmbito reflexivo, o teatro surgiu por intermédio da história da literatura.

Esse lugar de origem não apenas instituiu o teatro como objeto de análise, mas o reconheceu como pertencente a uma escola literária – o romantismo – e identificado a uma temática que abarcou os debates do século XIX em distintos segmentos de atuação (social, político, econômico e cultural), a saber: o nacionalismo.

Tal evidência fez com que nos atentássemos para o fato de que o ingresso da atividade teatral, como objeto de estudo e de interpretação, não se fez dissociado dos esforços em encontrar marcos vinculados à identidade da nação e, no teatro, essa busca se deu no campo dramatúrgico.

Constatada a predominância do texto para identificar e qualificar o que se denominou teatro brasileiro, passamos a observar quais critérios nortearam essas escolhas e observamos que os referenciais estavam estabelecidos por críticos e intelectuais que possuíam intimidade e identificação com o repertório europeu, em particular, com as discussões ocorridas na França. E foi a partir dessas premissas que algumas ideias passaram a vigorar com bastante ênfase entre nós: o teatro deveria ser o veículo condutor de valores morais, culturais e artísticos, e mais especialmente tinha que levar em conta a preocupação em fortalecer a identidade nacional por meio de obras que valorizassem os sentimentos nobres e a fruição estética. Nesse caso, os gêneros adequados seriam a tragédia e o drama.

Embora tenhamos conseguido desenvolver análises críticas, avaliando historicamente a produção dessas interpretações e, salvo melhor juízo, demonstrando como tais ponderações estavam marcadas pelos debates e pelas motivações da sociedade brasileira do século XIX, não nos foi suficiente este recorte bibliográfico porque interessava-nos reconhecer a partir de quais prismas a História do Teatro no Brasil passara a ser escrita com ênfase no fenômeno teatral.

Para isso, voltamos nossa atenção para trabalhos que, em maior ou menor grau, inseriram as apresentações públicas de companhias brasileiras e estrangeiras e os edifícios públicos e/ou particulares que foram erguidos para tal fim. E é claro, nesse ambiente, a dramaturgia sempre foi uma constante.

Os autores e as obras selecionadas para esse momento ofereceram-nos, ao contrário do que imaginávamos, uma diversidade muito instigante, na medida em que estivemos diante de narrativas que se valeram de registros e indícios esparsos para compor, minimamente, uma história da cena, como é o caso da pesquisa de Lafayette Silva, ou daquelas que, em sintonia com as premissas que nortearam os intelectuais do século XIX, buscaram estabelecer interlocuções entre os espetáculos apresentados no país, majoritariamente as comédias de costumes, e as expectativas advindas de uma tradição do pensamento europeu.

Nessa segunda abordagem, percebemos que o tema do *nacional* permanecera como proposta e objetivo a ser alcançado. Porém, ele não se apresentava de maneira estanque, mas em sintonia com as dinâmicas dos processos históricos. Assim sendo, ele se mantivera, agora, em compasso com as ideias de *modernidade* e de *modernização*.

Em vista disso, tínhamos a permanência de premissas norteadoras que passaram a orientar diferentes narrativas. Dito de outra maneira: poderiam existir distinções em termos de abordagens, de regiões, de período e, inclusive, de manifestações artísticas, mas havia uma ideia-força que continuara presente: o nacional ao qual fora agregado a perspectiva da modernização.

Começamos a observar, de forma reiterada, a presença de temas como o nacional e a modernização como elementos

265

ordenadores e explicadores. Apesar de serem externos à dinâmica da vida teatral brasileira, eles foram introduzidos para explicar as deficiências ou enfatizar as conquistas artísticas.

Nesses termos, tais conceitos tornaram-se efetivamente ideias-forças. Oriundos dos debates e das interpretações construídas por críticos e intelectuais, eles passaram a orientar o ponto de vista da escrita das histórias teatrais e, com o passar do tempo, tornaram-se a própria história.

Tal procedimento teórico e metodológico manteve-se em períodos seguintes, especialmente com as discussões atinentes ao nacionalismo crítico e ao processo de politização vivenciado pelo teatro e pelas artes em geral durante o período da ditadura civil-militar (1964-1985).

Sob esse aspecto, é correto dizer que eles se agregaram às ideias-forças já existentes, uma vez que entre elas não existiam contradições aparentes, isto é, o nacional que, desde o final do século XIX, passou a ser almejado, continuou no horizonte crítico, no decorrer do século XX, mas renovou-se sob a premissa da modernização. Posteriormente, assumiu a vertente do nacionalismo crítico, a fim de estar em sintonia com o processo de modernização que contribuiria com a realização da revolução democrático-burguesa. Entretanto, com a derrota dessas expectativas no processo histórico, o nacionalismo crítico, que já incorporara as ideias anteriores, redimensionou-se a caminho da politização, com a exacerbação da questão social e do debate político nas formas e nos conteúdos artísticos.

Em síntese, ao longo de mais ou menos um século, o teatro brasileiro foi registrado e interpretado a partir das ideias-forças mencionadas. Talvez, um dos elementos explicativos desse procedimento advenha do fato de que o olhar direcionado para essa manifestação cultural esteve, nesse período, recoberto pela premissa de que essa arte deveria cumprir um papel social muito acima da expectativa de entretenimento ou de suas próprias motivações como linguagem.

266

O teatro, enquanto tal, tornara-se importante elemento de identidade e de identificação da vida pública. Em decorrência disso, as suas realizações e aspirações situavam-se para além da ribalta e do diálogo específico entre palco e plateia.

Acrescentemos a esse processo as interpretações motivadas pela ideia de síntese histórica, nas quais as ideias-forças foram capazes de estabelecer sentidos e significados, que passaram a orientar a temporalidade e a construção de narrativa cronológica, que instituem antecedentes e consequências em torno de marcos orientadores, isto é, dos acontecimentos eleitos como momentos chave daquele processo.

No entanto, à medida que nos aproximamos do fazer teatral do tempo presente, defrontamo-nos com uma série de debates que se acentuaram no país, dentre os quais estavam os que se referiam ao caráter limitador da síntese interpretativa.

Novos temas suscitaram abordagens diferenciadas e, em muitos casos, opuseram-se a narrativas já consagradas. Passou-se a vivenciar, de forma explícita, o processo de fragmentação, que se manifestou, inclusive, durante o período ditatorial.

Com esse redimensionamento e com o retorno ao Estado de Direito, outras preocupações vieram nortear as escritas atinentes ao teatro brasileiro e, aos poucos, começamos a constatar que as narrativas particulares e específicas estavam ocupando os lugares até então destinados aos grandes modelos explicativos.

Os lugares continuaram a ser diversificados e, cada vez mais, a ideia-força tornou-se rarefeita. Em um campo mais abrangente, esse processo foi o da crise dos paradigmas explicativos (marxismo, estruturalismo, psicanálise) e na área de história, propriamente dita, ficou conhecido como *história em migalhas*, termo cunhado pelo historiador francês François Dosse. Em verdade, a fragmentação passou a ocupar lugar destacado em diferentes práticas e representações e, com isso, as especificidades adquiriram maior legitimidade.

267

As artes cênicas voltaram-se para si próprias e construíram um diálogo à luz de seu *métier* que, no Brasil, adquiriu ressonância significativa com a disseminação de cursos de graduação e de pós-graduação por diversas regiões do Brasil. Dessa feita, seriam os tempos da pós-modernidade e do pós-dramático?

É claro que essa resposta é muito complexa e não se esgotaria nessas Considerações Finais. Entretanto, podemos dizer, com alguma convicção, que as escritas pluralizaram-se e as ideias-forças retiraram-se de cena, pelo menos em caráter hegemônico. A Companhia do Latão, por exemplo, continua tendo como referencial de trabalho o materialismo dialético e a obra do dramaturgo alemão Bertolt Brecht.

Essa mudança implicou em novas dinâmicas e nelas pudemos reconhecer, mesmo que ainda tenuemente, ideias que, se ainda não adquiriram sentido de abrangência, poderão assumir, mais à frente, esse papel, agora não mais pelas temáticas e sim pelo repertório artístico e intelectual.

Nesse sentido, de nossa parte, a trajetória de investigação que construímos partiu das sínteses interpretativas para chegar às narrativas fragmentadas. Porém, nesse percurso, mesmo sem ter consciência plena, de certo modo, tal qual o anjo de Paul Klee, elaboramos leituras a contrapelo das escritas da História do Teatro Brasileiro, uma vez que ao trabalharmos com as ideias-forças conseguimos ir além delas e dialogamos, em algum nível, com a diversidade de motivações e de ideias presentes no processo em curso. Por outro lado, ao nos inserirmos nos debates relativos ao fazer teatral dos anos de 1990 e 2000 pudemos, em meio à multiplicidade, reconhecer que, mesmo indiretamente, alguns núcleos comuns de discussão se formaram ao longo do tempo.

Dito de outra forma: pode parecer ousadia fazermos tal afirmação, mas, enquanto nos questionávamos acerca dos procedimentos e dos métodos adotados pelos autores das obras estudadas, conseguimos apreender os elementos de alteridade e de pluralidade, que são inerentes à própria história, e, com isso, retomarmos a especificidade do processo sob as

ideias-forças, assim como pudemos perceber algumas proposições abrangentes na contemporaneidade fragmentada,
uma vez que nela continuamos a assistir à permanência do
caráter lúdico como dado instituinte do teatro enquanto manifestação artística e cultural.

Assim, a nossa aproximação com o anjo da história
ocorre quando temos a oportunidade de enxergar não apenas uma cadeia de acontecimentos e sim, de um lado, a
abertura para a diversidade de linguagens, a pretensão he-
gemônica estilhaçada e a integração cultural/geográfica efe-
tivada, enquanto, de outro, evidenciamos indícios, pistas
de que, em meio à fragmentação, existem possíveis interpretações mais amplas que emergem, tímida, e sutilmente
nuançadas.

É evidente que esta hipótese, por si só, justificaria não
encerrarmos as reflexões que aqui propusemos. Entretanto,
como bem advertiu o historiador francês Michel de Certeau: "enquanto a pesquisa é interminável, o texto deve ter
um fim, e esta estrutura de parada chega até a introdução,
já organizada pelo dever de terminar"[2].

Dessa maneira, chegamos ao nosso finito do infinito
e aos resultados que este livro apresenta. Longe de encer-
rar debates e investigações, a nossa reflexão teve a oportunidade de fazer ecoar as vozes da diferença e através delas
renovar o convite à continuidade do diálogo e da pesquisa,
com vistas a contribuir com as formas e os sentidos de se
escrever a História do Teatro no Brasil.

2. *A Escrita da História*, Rio de Janeiro: Forense Universitária, 1982,
p. 94.